成语里的万年中华史

郭志坤　陈雪良　著

远古五帝卷

龙马精神　三皇五帝　开天辟地　女娲补天　夸父追日　野耕女织

上海人民出版社　上海书店出版社

自　序

　　把中国的成语典故串联起来，撰成一部中国通史的构想，是 20 世纪 80 年代的事。本书作者之一、时任文汇出版社总编辑的郭志坤策划了一部《世界成语典故辞典》（文汇出版社 1989 年 9 月出版），我们从中获得一种启迪，深感中国成语典故丰富多彩，若把中国成语串起来就是一部通俗生动的中国历史，可迟迟没有落笔。一则是因为时间紧，我们还在各自的工作岗位上，二则是因为我们也先后忙于《中华一万年》、"提问诸子"丛书以及"细讲中国历史"丛书的编纂工作。虽然课题搁了下来，可在上述著述编辑进程中不时冒出鲜活的成语典故，并纳入著述，如《中华一万年》涉及两百余则中国成语，"提问诸子"丛书也有一百余则成语。经长时间的酝酿与积累，我们更加意识到，中国成语是语言的精华、历史的缩影、文明的积淀、智慧的结晶，是传承中华文明的重要纽带。把一则则成语典故缀连起来，就是一部丰富翔实而充满着现场感的中国通史。

　　于是，退休之后，我们将构思多年的《成语里的中国通史》（三册本）编撰出来，很快就在上海人民出版社出版。该书出版后引起较好的反响，媒体纷纷作了报道。上海市文史研究馆与上海人民出版社联合举行了出版座谈会，与会者对此书予以褒奖，认为首创中国通史"成语体"，即以成语为切入口，将与中国历史发展脉络密切相关的成语缀连在一起，叙其历史原貌，述其历史过程，深入浅出、生动有趣，并美言这是挖掘阐发中华优秀传统文化精神内涵之创新。会上专家学者赞赏有加的评论以及后来媒体的众多报道，给予我们极大的慰勉。

《成语里的中国通史》的出版，获得了中央有关部门的重视与关注，出版当年被列入中宣部2019年"优秀青少年读物出版工程"，这是极大的鼓励和鞭策。盛名之下，我们在重读之后，觉得离褒奖实际还有差距。众多好友提出了不少意见，认为中华优秀传统文化有很多重要元素，共同传承了中华文明，其中文献记载以及口口相传的中国成语起了作用，建议尽量把优秀传统文化的精神标识提炼出来、展示出来。尤其在网络音频专家的启发下，我们觉得有必要在原著的基础上进行扩充改写，使文稿更加通俗化、口语化，有利于进一步扩大宣传，帮助更多读者深入了解中华文明的历史，更有力地推进中国特色社会主义文化建设。

　　由是，我们重读"二十四史"，对本纪、世家、列传等以及相关文人笔记、历史小品等，进行了一番钩沉探奥。按照一些权威学者的界定："成语是长期习用、结构定型、意义完整的固定词组。"本书所讲述的成语，不仅涵盖了习惯意义上所说的成语、典故、掌故、谚语和俗话等，还泛指从历史中留存下来的、民众在社会生活中长期习用的"固定词组"。为了便于读者查阅及贯通历史，本书在每则成语典故前，以类似"旁白"的形式，紧扣历史事件、历史人物，简明扼要地叙说了成语典故出现的背景，以增强历史现场感。同时出于对成语典故产生的深刻背景和含义的理解，书中还进行适量中外对比，以全球的视角来评述中华民族在世界历史发展中的特殊地位。

　　中国成语典故尽管是三言两语，但所蕴含的思想内容相当丰富。我们脑际一直回荡着这样一种心愿：让口口相传以及文献记载下来的中国成语，精准地描绘源远流长、博大精深的中国通史。这部《成语里的万年中华史》（十册本）成稿后，我们自认为是一部"别具一格"的中国通史，本书至少有三个重要特色：

　　其一，昭示着我们中华民族和平发展的脉络。中华民族是热爱和平的民族，这已是世所公认的不争事实。一部中国成语发展史，生动地展现了我们民族爱好和平发展的精神血脉。五帝时代，舜对禹提出了"允执厥中"的重要观念，这是以"中正"塑造民族性格，并要求走和平发展之路才能治理好国家。到了商代，商汤见有人"网布四面"，明确提出"网开三面"。"网开三面"（也称"网开一面"）体现了人际关系中的和平精神，对后世影响巨大，唐太宗曾以此作为建设大唐盛世的思想武器。武王灭商后的"刀枪入库，马放南山"更是具体生动地表达了对和平的热爱和向往。《论语》中的"礼之用，和为贵。先王之道，斯为美"，就把和平精神与礼让观念完美结合在一起。之后"言归于好""退避三舍""同舟共济""不战而屈人之兵""和而不同"以及"协和万邦"等成语倡导的和平发展的内在基因，流淌在中华民族的血脉中，从根本上决定了中国始终是世界和平的建设者。

其二，彰显着中华民族爱国爱民的崇高情怀。中国人在爱国爱民的情怀上是热烈而富于激情的。神话传说中，开天辟地的盘古在完成了他的伟业后，将自己的血、肉、皮、毛全都献出，"化生万物"，无私奉献了所有。"夸父追日""女娲补天""道法自然""厚德载物"等成语表达的都是先民对养育自己的皇天后土的感怀深情。大禹的"三过家门而不入""克勤克俭""沐雨栉风"，商汤的"自我牺牲"，商王朝发展过程中有五代商王在王业衰微后成功实现了"复兴伟业"，孔子的"任重道远"，墨子的"兼爱天下"，孟子的"得民心者得天下""乐以天下，忧以天下"，都是爱国爱民情怀的集中体现。至于苏武的"完节归汉"，高颎的"以天下为己任"，岳飞的"精忠报国"，东林党人的"家事、国事、天下事，事事关心"，顾炎武的"天下兴亡，匹夫有责"，更是激情满怀，掷地有声。正由于此，中华文明的绵延传承至今从未中断，对人类文明的进步事业贡献巨大。

其三，展现着中华民族自强不息、艰苦奋斗的精神面貌。《易》是

《五经》之首，是中国最具哲学意味的一部传世经典。这部经典有六十四卦，其第一卦称"乾卦"，亦称"龙卦"，在乾卦的《象传》中有这样的一句话："天行健，君子以自强不息！""自强不息"这则成语，成了支撑中华民族奋勇前行的主心骨。中国人的事情靠中国人自己来操办，只要"自强"了，就没有过不去的"火焰山"。这体现了中华民族不惧挑战的无畏品格。"精卫填海""愚公移山""卧薪尝胆""千里之行，始于足下""铁杵磨成针"等成语，所表述的都是"自强不息"的艰苦奋斗精神。司马迁在《报任安书》中写过一段激昂文字："古者富贵而名摩灭，不可胜记，唯倜傥非常之人称焉。盖文王拘而演《周易》；仲尼厄而作《春秋》；屈原放逐，乃赋《离骚》；左丘失明，厥有《国语》；孙子膑脚，《兵法》修列；不韦迁蜀，世传《吕览》；韩非囚秦，《说难》《孤愤》；《诗》三百篇，大抵圣贤发愤之所为作也。"在这里，司马迁以七大文化名人和《诗经》作者群体为例证，说明圣贤之所以为圣贤，可贵之处在于"发愤"，在于奋斗。司马迁的这段激情文字，就是一部浓缩了的中华民族发愤图强史。

正是在浩瀚璀璨的中华优秀传统文化的感化和召唤下，我们坚持不懈，久久为功，不知熬过多少不眠之夜。虽然此"工程"完结了，但实际还没有结束，还要充实修改。其中必有错漏之处，诚望指正。

郭志坤　陈雪良
2023 年 6 月 2 日

目 录

远古岁月

远 古 五 帝 卷

成语里的万年中华史

前　言

这是一片古老而神奇的土地，中华儿女，就世世代代生息在这片被称为"神州"的大地上。

淮南八公山发现的一颗古猿牙齿化石，以及 21 世纪初发现的"上陈村旧石器遗址"，以铁一般的事实告诉世界，这里的人类发展史，至少有三百万年之久，与非洲大陆早期人类发展进程大致上并驾齐驱。我们可以毫无愧色地说，中华大地是人类起源的摇篮之一。

中华先人的创世是长达数百万年的长程跋涉。从最原始的八公山猿，到懂得使用和制作粗石器的"巫山人"和"元谋人"，时日流淌了一百多万年。之后再过去一百多万年，就到了脑容量超类人猿一倍、能直立行走、会使用火、有一双灵巧的手的"北京人"时代。再过五六十万年，那时的"山顶洞人"不只有了像模像样的"家"，还神通广大地远行千里去拓展自我的生存空间。一步又一步，我国先民的脚步正在逼近文明的起跑线。

我国的原始先民迈出的每一步，都要付出巨大的代价。诚如被尊为"民族魂"的鲁迅先生所言："华土之民，先居于黄河流域，颇乏天惠，其生也勤。"（《中国小说史略》）这里道出了一个最基本的历史事实："华土之民"的生存条件是艰难困苦的，不只有长年的洪水泛滥，且多干旱之灾，"颇乏天惠"的自然条件考验着中华先民，也锻铸着我们的民族性格，最终形成了"其生也勤"的民族风貌。勤劳、奋进、志向高远，这就是顶天立地的中国人！一些传奇的神话故事和以此为基础形成的成语，就是民族性格的最好佐证。"精卫填海""愚公移山"，还有被斩首后"以乳为目，以脐为口，操干戚而舞"的刑天，其勤奋、其勇武、其一往无前，都是无与伦比的。这些巨大的艰难困苦，也使中华先民懂得了单打独斗没有出路，只有团结起来奋斗才有远大前程的道理。古典的文献资料证明，中国先民在实际斗争中很早就懂得了"一加一大于二"的真理，于是在早期经典中有了"二人断金"的成语。更为难能的是，中华先民更懂得了"一加一加一大于三"的真理，于是有了"三人为众"的成语。

在那筚路蓝缕的艰苦岁月里，鬼神观念在世界各国产生了，中国也不会例外。产生鬼神观念的根底在于初民对于大自然认知的有限和肤浅。当然，由于生存条件的不同，鬼神观念在世界各地也是很不相同的。"颇乏天惠"的生存条件使中国的先民真真切切地体会到在这个世界生存的艰辛。于是，在中国先民那里就有了作为"人"的盘古开天辟地的神话故事。他们塑造的第一个最高神是"西王母"。她的情状、她的作为、她的丰姿，就是按照我国母系氏族时期西部地区的女性部落联盟长"复制"出来的。因此，称中国先民创造的"神"为"人性之神"，是一点也不过分的。中国先民之所以需要创造"神"，是因为通过"神乎其神"的神的创造，可以更加有力地激励自己在"神力"的驱策下向着光明的前程奋进！在中华先民的心目中，"神"不再是一种打压的力量、束缚的力量，而是一种保护的力量，或者说能给予人、神同行的共进力量。

中华先人的创世说

现代科学证明，地球的历史至少有几十亿年之久，而人类的历史最多只有三四百万年，人类发展史还不到地球发展史的千分之一。在人类的童年，远古人的头脑中时时会浮现出如是的历史性追问："我"从哪里来？在无"我"之前，天地是否存在？古人凭借着丰富的想象交出了这样有趣的答案——

天地浑沌

从现在开始我们要讲第一章"远古岁月"。我们将花较长的时间讲述这段悠远而充满神奇色彩的历史，也就是从盘古开天辟地讲起，讲到这块古老的土地上出现了人类的足迹，再到向文明社会开始迈进。因为那时还没有文字，因此我们使用的资料大多来自神话传说。这一章共分两节。第一节的标题叫"中华先人的创世说"，第二节的标题是"中华先人的艰难创业"。我们现在先讲第一节的第一个课题：天地浑沌。

"我"从哪里来？远古时代科学不发达，只能凭想象。古人凭借自己的想象力交出了这样有趣而充满智慧的答案——在未有人类之前，天地是早已存在着的，不过，那时的天地很不完满，被人们称之为"天地浑沌"。

不知道大家注意到了没有，我们中华民族是个特别喜欢谈天说地的民族。你看看吧，在日常的谈吐之间，常常会以天地为谈资来表述自我的感怀。比如说，形容时间恒久，就称之为"天长地久"。同样形容经历的时间极久远，可称为"天荒地老"。形容天然生成、十分匹配，就称之为"天造地设"。形容恩泽深厚，无以复加，可称之为"天高地厚"。形容相距范围遥远，就称之为"天涯地角"（也称"天涯海角"）。形容发生巨大变化，就称之为"天翻地覆"。形容诚实无欺、胸怀坦白，就称之为"天地良心"。形容发生巨大的灾变，就称之为"天塌地陷"。形容发生地震，就称之为"天摇地动"。形容法网森严、罪犯无法逃脱，就称之为"天罗地网"。形容罪恶深重、为天地所不容，就称之为"天诛地灭"。总之，人们一有闲暇，就会谈天说地。

这样的例证还有很多很多。就是清代的反朝廷民众秘密结社组织，也将自己的团体定名为"天地会"，其宗旨很明确，就是要在"拜天为父，拜地为母"的前提下，替天行道，铲除恶势力。这个以"天地"命名的结社组织从清初一直生存到辛亥革命时期，而"为天地立命"的观念一直是这一组织的精神支柱。通过上面的简单梳理，我们可以得出这样的结论：天地观念已经渗入了每一个中国人的骨髓之中。

我们中国人又称天地为宇宙。"宇宙"一词，是我们的祖先对天地自然的一种相当恰切而又生动的描述。古人为我们留下了这样一句名言："四方上下曰宇，古往今来曰宙，以喻天地。"这句话出自数千年之前的中国人之口，真了不起，也真值得我们这个民族的子孙后代自豪啊！"四方上下"是一个空间的概念，在古人看来，天地可大着呢，东西南北的四方和上至苍穹下至地心，都属于天地的范围。"古往今来"是一个时间和历史的概念，天地从来就是变化着的，也是不断发展着的。几千年前的中国人已经把天地明白无误地看成是一个孕含四方上下的无穷世界，看成是古往今来不断变化发展的更新世界。从思想观念上说，这无疑是领跑世界的。

上古时代的人们以为，"天地，含气之自然也。"（王充《论衡·谈天》）值得注意的是，在这里，我们的古人把"天地"与"自然"紧紧地联系在一起了。也就是说，在古人看来，天地的存在，天地的变化发展，都是一种自然现象，都是自然而然的事，而不是以人或神的意志为转移。中华文化一开始就与西方文化的神学观念分道扬镳了。

在人类产生之前，天地这一"自然体"该是怎样的呢？对此，我们的古人充分地展开了想象的思想翅膀，认为那时的天地该还处于浑沌状态之中。那么，"天地浑沌"又是怎么回事呢？

在古人看来，"天地浑沌"时代，就是元气未分的时期。何为元气呢？王充在《论衡·谈天》中说"元气未分，浑沌为一"。意思是说，所谓"元气"，就是清浊未分的浑沌状态。古代的哲学家都认为，元气那是一种云雾状的最最原始的东西，苍苍茫茫，无边无垠，里面浑杂各种各样的东西，其中最主要的是浊气和清气。这种天地间的元气把浊气和清气黏合在一起，混杂在一起，搅和在一起，这就是所谓的"浑沌"状态。在浑沌状态下，清浊不分，天地间的万物就难以滋生。

为了把"天地浑沌"解释得更加形象生动些，有人把那时的天地比喻成一只鸡蛋。（见《艺文类聚》引《三五历记》）其意是说，那时的天地像一只鸡蛋一样，蛋的内里涌动着的是浊气和清气相混杂的元气，但是，由于有一层坚硬而密不通风的蛋壳紧紧包裹着，因此根本透不进一点光，通不进一点气。要想打破"天地浑沌"的局面，就得把包裹在外的那一层硬壳打碎。

我们的古人是相当聪明的，想象力也是极为丰富的。他们想象中的天地不是一成不变的，相反，是无时无刻在不断变化着的，不会永远"浑沌"下去。浑沌状态的打破既是天地自然发展的要求，又是天地自然发展的必然结果。一些古典文献上有人作了这样猜测性的论述："万八千年，天地开辟，阳清为天，阴浊为地。"（《艺文类聚》引《三五历记》）我们的老祖宗这样认为，天地从存在的第一天起就变化着，变了一万八千年以后，才开始有了开天辟地的初型。初初听来，好像是时间够长的了，其实地球从形成变到适宜于人类居住，何止于一万八千年，实际的时间要长得多呢！至少得有几十亿年吧！但我们必须承认，认识到天地间的一切都在变，变到一定程度就会发生"开天辟地"这样的大事变，这就了不起。那清清的阳气冉冉上升，变成了天；那重浊的阴气一点点下沉，变成了大地，这是早期人类的识见。

最有意思的是，我们的古人关于"天地浑沌"的猜想，还真有一点儿道理呢。科学证明，在宇宙的发展史上，还真有过悠远而漫长的"天地浑沌"期呢！

宇宙是怎么诞生的？说法种种，目前最流行和最为人们认可的是"大爆炸论"。说大约一百亿年之前，宇宙中的物质都密集地挤在一起，其密集度是水的一百亿倍，温度高达150亿度，这些挤在一起的宇宙物质被称为"原始火球"，或者叫做"宇宙蛋"。中国的古书《三五历记》不也说"天地浑沌如蛋"吗？我们的古人"猜"对了。

这些原始物质挤得那么紧，就产生了极大的不稳定性。到距今四十多亿年前，宇宙大爆炸发生了，灼热的物质碎块、碎片、碎粒向宇宙空间四溅，宇宙物质的温度也迅速下降，当温度下降到100亿度之下时，四近的一些物质碎块、碎片、碎粒又复合成某种"浑浑沌沌的气体"，这些气体再降温，就演化为我们今天看到的星空世界。英国剑桥大学的资深科学家 A. J. 麦克迈克尔在《危险的地球》一书中是这样说的："宇宙最早的事件——创世大爆炸——形成了一个超热的亚原子粒迅速扩展成的火球，经过冷却，形成了一个由低重量元素氢、氦和锂组成的灼热的雾状物。这些气体出现了局部化的混合。十来亿年之后，在那些明亮的气体状结合体内，无数星系形成了。我们知道，至少有一个这样的行星'有机生命'可以在其上演化，这就是地球。"这位科学家说的地球等星球形成过程中"雾状物""气体""亚原子粒"的冷却和不断的混合，不正好与我国古人"猜想"的所谓"天地混沌"

暗暗相合吗？

上面说了，浑沌是一种自然状态，可是，我们聪明的古人又将它拟人化为所谓的"浑沌氏"。在庄子写的《应帝王》篇中，写到了一则有趣的寓言故事，说一位称为浑沌氏的帝王，他的特点就在于浑浑沌沌，七窍全无，"浑沌无面目"。可是，这位浑沌氏是个急性子，为了使自己聪明起来，他让人给他凿眼、鼻、耳、口等七窍。有人劝说他："浑沌就是浑沌，要聪明起来，得顺应自然，得慢慢来，七窍是不能凿出来的。"他固执地回答："不，我要使自己马上聪明起来，凿，快凿！"周围的人只得顺着他的意愿，给他凿，一日凿一窍。七天过去了，七窍是凿出来了，可是，"七日而浑沌氏死"，他是被凿死的。这是一则富于哲理的悲剧故事，这则寓言告诉人们，要告别"浑沌"，不能靠人为的硬"凿"，还是得靠自然。

我们的古人的伟大之处在于：不仅承认大自然自身在变，更认为这种天地之变，最终还是由一个叫盘古的"人"帮助开辟出来的。下一讲我们就要讲"开天辟地"这件事儿了。

中华文化一开始就与西方传统的神学文化分道扬镳，显示其浓郁的人文色彩和人文魅力。西方把天、地、人的创造归功于"上帝"，而中华先人则把创世之功完全归功于盘古这样一个有灵性、有超凡活力的"人"，而且成就了如是伟业——

开天辟地

"开天辟地"这一成语在民间广泛而久远地流传着，在人们的日常生活中被广泛运用，表示的基本意思就是说前所未有，或是有史以来的第一次，也指创建空前宏伟的事业。我们的开国领袖毛泽东主席在讲到中国共产党的诞生时，曾运用了"这是开天辟地的大事变"的经典说法。

从语源学意义上讲，"开天辟地"源于盘古创世的神话传说。

中国人把开天辟地的第一个大英雄命名为盘古，那是很有意思的。人们一定很想知道，为什么人们把他的名字定名为盘古呢？元代人陈桱（音劲）在他著的一部大书《通鉴续编》中说："相传首出御世者，曰盘古氏。盘古者，盘（磐）固也。"这句话的意思是说，神话传说认为，盘古是中国第一个带领大家开创出天地并改变社会面貌的人（"首出御世"），他的之所以取"盘古"这个特殊的名字，为的是表明了心如磐石的改天换地的坚固决心。

在这里，"盘"通"磐"，"古"通"固"。磐石在中国文字中指的是又厚又重的千斤巨石，古诗中有"磐石无转移"的说法，意思是说，磐石扎根在哪里，就再决无可以移动的份儿，用在盘古身上，指的当然是盘古开天辟地之志万不可移的意思。我们华夏子孙都是盘古的子孙，我们在新的开天辟地的伟大事业中，变革之志也理所当然地应如磐石般坚固。从一定意义上讲，我们是新时代的盘古。

盘古开天辟地的神话故事认为，盘古这一创世的中华伟人与天地是共生的，在《艺文类聚》卷一中有这么一句话："天地浑沌如鸡子，盘古生于其中。"这里的文献资料特别强调：盘古是生于天地之中的。在中华文化中，历来强调天、地、人的一体化，合称为"三界"。盘古这个开天辟地的伟人。中华神话把盘古本身看成是天地的一分子，是名副其实的大地之子，当然也是上天之子。当天地浑沌之时，他是浑沌天地中的一分子。当天地发生变化、与时俱进时，盘古又与天地一起变化着，并从天地那里吸取神圣之精气，变化着，成长着。"盘古神于天，圣于地。天日高一丈，地日厚一丈，盘古日长一丈。如此万八千岁，天数极高，地数极深，盘古极长。"我们可以作这样机械式的推算，既然是天高一丈地厚一丈，盘古便日长一丈，那么，长了一万八千岁的盘古，已是身高亿万丈的、顶天立地的大英雄了。他是吮吸天地灵气长大的，而开天辟地这样的壮举则可以看成是对天地养育与恩惠的一种最有价值的回报。

神话故事告诉世人，经过多少万年的变化和历练，天地在变，盘古也在变，变成了足以支撑天地的巨人。文献上说："盘古氏将身一伸，天即渐高，地即坠下。"这是何等了不起的大手笔，又是何等了不得的大神功、大气派。经"一万八千岁"的修炼，"一万八千岁"的等待和期盼，最终就是为了开天辟地时那勇猛的"将身一伸"。为了这一天的到来，为了开天辟地这一大事业的成功，盘古可以不顾一切。从那"盘古氏将身一伸"的描述中，我们的耳际似乎听到了"轰"然一声巨响，透过天地裂开后透出的光和热，仿佛看到了一个无比伟岸的大英雄昂首挺胸站立在天地间的雄姿。

当然，像开天辟地这样的大事业，不能凭一时之勇，需得久久为功，文献上也说"久而天地乃开"，强调的是一个"久"字。当时，盘古"将身一伸"虽然把裹在天地这个大"鸡蛋"外的那层外壳给撞开了一个不大不小的口子，但是"天地更有相连者"，要把连接在天地间的<u>丝丝缕缕</u>切割掉，花的精力会更大，也更加艰辛。要让"清者上为天，浊者下为地"，还得下一番艰难困苦的打磨功夫。于是，他"左手执凿，右手持斧"，不倦地奋斗着，不倦地清理着开天辟地的现场。大家知道，"凿"是挖槽或穿孔用的工具，"斧"是用于砍削的工具。凿和斧是人类最早发明的工具。盘古就是使用这两种简单而实用的机械从事他的伟业的。同时，这样做并非一天两天。不知花了多少时日，也不知度过了多少不眠之夜，才赢得了开天辟地这一大事业的成功。这是多大的韧劲啊！把开天辟地与盘古这样巨人的作为联系在一起，这在世界神话史上是独一无二的，历史在开局之时就突现了中华民族的奋斗精神。

上面讲了那么多，大家一定很想知道，这个神通广大的盘古长成何等模样呢？文献的记载，可谓说法众多。不同的时代，在不同的地域，人们会有不同的想象，也会绘画出千姿百态的形象。在宋代人一本叫《事物纪原》的书中，说盘古是长着龙的头颅和蛇的身体，体魄十分巨大，十分奇特。在广东肇庆市郊外七公里处有一座盘古神殿，殿堂上端坐着的是"狗头人身"的塑像，那狗头的眉眼间却透着人气。在中原河南省泌阳县南三十公里处有一座盘古山，盘古山上有座盘古庙，庙中塑有完全是一位伟岸男子的盘古神像。从这些不同形象的盘古神像中，我们依稀可以想见，盘古传说又在一定意义上与一些民族的狗的图腾崇拜、龙的传人的传说纠合在一起。

盘古开天辟地的神话广泛流传于民间，并为广大民众所接受和传颂，那是不争的事实。有学者自筹资金，历时数年，行程万里，考察了全国各地，查阅、搜集、记录了有关民族、民俗、考古、历史、志书等资料，证明盘古开天辟地的传说，的确广泛地扎根在中华民族各族普通民众的心胸间。

中华民族是一个倡导利他精神的民族，也是一个弘扬自我牺牲精神的民族。这种伟大的民族精神，深深地植根在我们民族的肥土沃壤之中。在人们的心目中，传说中的盘古是一位永远的英雄。他不只竭尽心力地成就了开天辟地的伟大事业，还在生命的最后一刻立下了极为宏大的志愿，他要把自己身上的一切器官都无私地贡献出来，用以——

化生万物

"化生万物"，是说盘古不只成就了开天辟地的伟大事业，还在生命的最后一刻，立下了这样的伟大志愿——要以自己的身躯上的一切器官，来化生出天地间的万物来。

"化生"一词，它的原始意思是化育生长，也就是把原先已经老旧的东西通过改造加工以后，重新变成对社会和天下有用的东西。这话的意思后来记述在中国的经典《易经》中了，成为中华传统文化的有机组成部分。盘古"化生万物"的思想和作为，使他的生命体永远不会死亡，他的生命在万物那里得到了新生和延续。只要我们接触和看到世间的万物，就会想到无私无畏的大英雄盘古。

有人说，盘古是活了一百多岁的，也有说他是活了五百岁的。更有人说，他在"天地浑沌"时期，就活了一万八千岁，开天辟地以后，至少又活了一万八千岁。这显然只是神话传说，并非实在。作为一个生命体，谁都有生，也都有死。盘古也不会例外。重要的是他通过"生化万物"求得了真正的永生。

盘古为了开天辟地，辛劳了一辈子。晚年，他自觉自己的身心都大不如前了，但还是勉为其难地劳作着。他身边的人规劝他说："你是个开天辟地的大英雄，现在事业成功了，也该好好歇歇了。"他却说："开天辟地虽说是成功了，可是，开天辟地以后，要做的事还多着呢，比如，现在天地是有了，却还没有光明，没有空气，没有肥土沃壤，缺少的东西可多呢，没有这些，这个天地还是很不完美的。"盘古心中如明镜似的，知道自己离生命的结束不会太远了。每一个生命体，最终都会死去，这一点他很明白，对于死也不害怕，问题是：怎样利用自己生命最后时刻，为这个世界多做一点什么。

"好好保养自己吧，那样也许可以多活几年。"晚年的盘古，耳际似乎常能听到这样的声音。

"不，不!"盘古重重地摇了摇头，"如果什么事也不干，单是多活几年，会有什么意义和价值呢?"

盘古想了又想，觉得生命的最后一段岁月，应该是特别珍贵的；告别世界的最后时刻，应该是特别庄重的，也应是严肃而有价值的。告别可以是简单的离别，但是，是否也可以形成另外一种崭新的形式呢? 在这时，在他的脑际突然跳出了闪闪发光的两个大字——"化生"!"化"是转化，"生"是新生，也就是通过转化获取新生。这是完全符合事物辩证发展规律的。一触及"化生"两字，他的思想异常活跃起来。

"对，化生，那是对生命的最大尊重。"盘古自言自语着。

"对，化生，那是对天地恩泽的最后回报!"盘古激励着自己。

盘古想到了"雀入大海为蛤"的俗语。一只小小的麻雀，融入大海以后，经过海浪的冲刷和洗礼，可以化生为一只外壳坚硬、性格坚强的蛤蜊。

盘古又想到了"百物皆化"和"化，犹生也"的说法，既然任何事物都可以"化"，而且"化"就意味着新生，那么，我盘古是否可以以自己的老年之躯去化它一化呢? 并且化出一个新"我"来呢?

最后，盘古终于想出了这样一个献身的奇招，也就是把自己身体上的一切器官都奉献出去，用以"化生"为天地间的万物，这样做，不就可以让自己永远永远地与天地山河同伴同在了吗? 盘古想定了，就向苍茫的天穹，向广阔的大地，向天下所有的人，许下了一个个宏大的心愿:

愿把我的呼气化生成和顺的风和彩色的云，日夜运行在天际；

愿把我的声音化生成隆隆的雷霆，为这个世界带来生气和活力；

愿把我的双目化生成日月——左目化生成太阳，右目化生成月亮，照亮天地，照亮人间，给人们带来温暖和光明；

愿把我的四肢五体化生成五岳，日后人们可以登高望远，永远不会迷失前进的方向；

愿把我的血液化生成江河，人们日后可以汲取甘霖，也可用它灌溉田园；

愿把我的筋脉化生成地脉，人们可以顺着地脉去寻找属于自己的幸福；

愿把我的肌肉化生成亿万顷的田土，人们通过耕耘肥田沃土求得生存的基本条件，并过上幸福美满的生活；

愿把我的须发化生成星辰，为夜空增添美丽和色彩，也为夜行的人们指点迷津；

愿把我的皮毛化生成草木，使大地成为绿色的原野，并将地球这颗星球装点成美丽的绿色的星球；

愿把我的齿骨化生成金石，作为矿藏供后世的人们开采使用；

愿把我的骨髓化生成珠玉，为这个世界增光添彩；

愿把我的汗流化生成雨泽，春风化雨，泽被天下；

愿……愿……愿……

这一段激情文字，记述在明代董斯张书写的名著《广博物志》第九卷中。他记述了开天辟地的大英雄盘古留给我们这个民族的所有后代人的永远的遗言。他把自己身上的一切都"化生"成了世间的"万物"。后世的人们日后目睹这历历在目的"万物"的时候，犹如见到了盘古其人一样。有人说，盘古不只是中华民族之祖，也是世间万物之祖。这话还是极有道理的。

这是一个多么美丽的神话传说！盘古开天辟地的精神，盘古死后献出一切的精神，不正是我们民族发祥的惟妙惟肖的精神映像吗？

已经高度人格化的盘古受到世人深深的崇敬。据《述异记》上记述，在不少地方都有传说中的盘古冢。在海南地区，在连绵三百余里的范围内，到处都是盘古的坟墓。同一个盘古，怎么可能到处都安葬他的躯体呢？人们的回答是："我们葬的是盘古之魂，非盘古之身也。"盘古之身有限，而盘古之魂则无限了。体现着无私献身精神的盘古之魂，在神州大地上处处都有安身之所。在成都、淮安等地都有盘古祠，北到黑龙江，南到桂林，都有盘古庙。在江西会昌有盘古山，据说登上盘古山，在风雨中，可以依稀见到盘古的伟岸的身影。在湖南、湖北的一些地方，人们都认定每年农历的十月十六日为盘古氏生日，在那一天民间会进行庄重的祭祀活动。更为有意思的是，不只是汉族，还有苗、蒙、回、瑶等众多的少数民族，都异口同声地说自己是盘古的后代，盘古是自己民族的先祖。可见，盘古精神是那样深入人心了。

黄皮肤、黑眼珠的中国人，可以说与生我养我的黄土地浑然天成。中国人独具特色的外部形象，使这里的民众自然而然地形成"我们是黄土地的儿女"的根深蒂固的传统观念。与这一传统观念相对应的，是这样一个生动有趣而又耐人寻味的传说故事——

黄土抟人

这里要讲的主题是"女娲抟黄土作人"。

人是怎么被"造"出来的？长期以来，这在世界上一直是一个有趣而充满神秘色彩话题。中国人认为天地是由一位名叫盘古的巨人开天辟地创建起来的，而人是由一位叫女娲的伟人抟黄土创造出来的。

从时序上说，女娲的出现要比盘古大约略晚一点。盘古不只开了天，辟了地，还将自己躯体上的一切都奉献给了天地，化生为万物，使天地间有了山川湖泊，有了阳光雨露，有了飞禽走兽。女娲来到这个世界以后，文献上说她"一日七十化"，这里说的"化"，也就是化生的意思，通俗地讲就是发明创造，促进变化。她一天的所谓"七十化"，也就是说她一天有七十项发明创造，可见是个多智多慧的了不起的伟人。她一边创造着，一边又认真地思索着，她觉得天地间总还少了最关键的什么。终于有一天，她想出来了，天地间应该有万物之灵的一种生物体，即后来人们说的"人"。这种生物体有灵性，能创造，能驾驭天地间的一切。有了这种生物体，天地就完美了。

女娲，真是了不起的伟人。她不是凭空去造人，而是借助于苍茫的大地，取其大地的精气和灵气以造就人类。在《太平御览》一书援引《风俗通》的一段文字中，有一句关键性的话："女娲抟黄土作人！"短短的七个文字符号，把女娲造人的精彩描述得淋漓尽致了。这里的"抟"字，就是现在我们常用的"团"字的异体字，在这里作动词用。我们平时说"团结就是力量"，就是指通过不断用"抟"（团）的方式使物体紧紧和合在一起，形成一种不可抗御的力量。

女娲造人的过程大致上是这样的：先是从大地母亲那里取一方净土，"和"上一定量的水，和合之后就放在女娲的手中不断地"抟"，也就是不断地揉着，捏着，搓着，再加以巨大外力的压迫，使这块净土的每一个分子都紧紧地相互融会成一体，然后再照着自己的样子制作成"人"。女娲对着这精心的制作品吹一口气，灵气十足的人就被制作出来了。这样制作出来的人当然是黄土地的儿女了。"女娲作人"的过程，也是"抟黄土"的过程。

女娲以黄土和上净水"作人"的说法，是被广大的中华民众接受了的。《红楼梦》这部传世的名著的主人公贾宝玉说过一段看似荒诞实则颇具哲理的言辞，他说："世间的男人都是用泥土制成的，而世间的女人都是水制成的。"这话虽然被他道貌岸然的父亲斥之为"痴"，但细细思之，这个小男生宝玉所说的，在情理上不正好与我国传世的女娲抟黄土作人完完全全一致吗？被贾宝玉视为泥土的男生，和被他视为水的女生，"抟"（团）合在一起，不就是完整意义上的人了吗？

大概当时"人"的需求实在多，需要加快"作人"，觉得一个一个地手工业作坊式"抟"人实在太累了，也太慢了，就开始寻求新的更有效力的方式。女娲把大团的黄土放进一个十分宏大的容器中，注入一定量的水，形成满容器的泥浆。过后，女娲便把一根神异的绳索抛入泥浆中，然后用力搅动，绳子舞动中泥浆洒落在地上，立马就变成了一个又一个鲜活可爱的人。这就是女娲发明的"引绳于泥中，举以为人"的快速作人法。

女娲造人的伟业后来又了新的发展。虽然，她利用快速作人法，每天都可以制作不少的人，但长期这样下去总不是事。后来他想出了"化生阴阳"的好办法。也就是在制作人时，就制作出阴性之人和阳性之人，再让阴性之人与阳性之人自然交配，人类不就可以自然发展，生生不息了吗？女娲是这样做了，而且是成功了，因此一些文献中又有女娲"为女媒，置昏（婚）姻"的颇为符合现实生活的说法。

这也是创世说的一种版本。说盘古开天辟地之后，由于原因种种，有一段时期天地间出现了"四极废，九州裂"的危象，人类面临着灭顶之灾。这时，一个叫女娲的伟人站了出来，她不畏艰难，率民抗灾，这就是传世的神话故事——

女娲补天

人类初始时的民族大英雄女娲抟黄土作人之后，经过若干年月，人类在中华大地上就繁衍发展了起来。可是，天有不测风云，有一段时期天地间出现了天崩地裂的大灾变。那是一场怎样的灾变呢？说法种种，不一而足。有的文献上把它描述成是一场大火灾，所谓的"火燃焱而不灭"。当时地球上到处覆盖着原始大森林，一着了火，漫延开去一时难以收拾也是可能的。你看，就是到现如今，北美森林区和澳大利亚森林区的大火还会漫延数月以至于难以扑灭的呢，可想而知，在远古时代原始森林大火造成的危害是够恐怖的了。有的说不是森林大火，是一场大洪灾，也就是所谓的"水浩洋而不息"。在远古时代，在大禹治水之前这样的大水灾至少有十来次之多。有的书上说，那可不是纯粹的天灾，而主要是人祸，几股势力都想争夺天下，闹得不可开交，结果是出现了"四极废，九州裂"的危象。总之，当时人类似乎面临着灭顶之灾。在这危急关头，作为母系氏族社会首领的女娲又一次站了出来，她不畏艰难，率民抗灾，这就是传世的神话故事——女娲补天。

女娲补天的传说流传于民间那是很早的事，最早见之于文字是在汉初。在《淮南子》中有着一段十分形象详细的文字记载。

这场发生在远古时代的大灾变，可说是天翻地覆，已经极大地危及人类的生存。从当时人的感觉来说，好像支撑天穹的四根大柱子都突然折断了，半边天塌陷了下来，黑苍苍的天幕上露出了一个大窟窿；九州的大地也似乎崩裂了，碎裂成一块一条的。天不再能覆盖大地，地也不再能负载万物了。洪水在四处泛滥，地火在到处燃烧。凶猛的野兽从森林中窜向大地，吞噬着善良的民众，凶狠的鹰雕在空间盘旋，企图攫食老人和孩子的血肉。

可以说，人类又一次处于生死存亡的危急关头。

正是在这万难时刻，救世的大英雄站了出来，她就是"抟黄土作人"的那个女娲。应该说，人类是黄土地的儿女，也是女娲用黄土造就的儿女，她绝不允许灾异毁灭了人类的幸福，她决心要尽全力拯众生于水火之中。

女娲先是把最脆弱的老人与小孩抢救到了天地间最安全的地方——昆仑山上。这是一座颇有仙气的大山，据说上天的神仙王母娘娘就长期生活在昆仑山上。在这次大劫难中，许多地方都被洪水淹没了，可是，昆仑山一直高昂着骄傲的头，安然地挺立在天地之间。老人孩子是人世间的弱势群体，不把他们安顿好，其他什么事都干不了。女娲派出一支千余人的搜寻队伍，到各处去寻找受难的老人孩子，再通过水路用船只把他们运送到昆仑山上。安顿好老人和孩子以后，女娲的心才得以平静下来。长生不老的王母娘娘善心大发，热诚地安顿了众多的老人孩子。

女娲接着对灾害中趁火打劫的不良分子进行了坚决彻底的清算。在一些文献中提到的女娲为了成就补天的大事业，把大海龟的腿给斩了，又把那条作恶多端的黑龙给杀了。实际上，这里说到的"大海龟"和"黑龙"，都是社会恶势力的代称。他们唯恐天下不乱，一有机会就会在动乱中干出种种危害民生的恶行来。对此类"海龟""黑龙"，非斩非杀不可。女娲集结了精兵强将，组建起了一个精悍的团队，专门应对这些恶势力。

做了上面两个方面的工作之后，女娲就着实带领补天大军开始补天的实际工作了。她与她的同事们决心要把塌陷的苍天补上。于是，她又一次来到了神山昆仑山上，亲手熔炼出了一种色彩斑斓的"五色石"。有些典籍上说，这件事也得到了天神王母娘娘的助力。这样说当然也没有什么不可。这些五色石据说每块高有十二丈，宽有二十四丈。经过千万人的长时期努力，终于把塌陷的天穹给补上了。之后，她又把已经砍下的大乌龟的四条腿，用来代替四根天柱，挂在了大地的东西南北四极，这样把天空支撑牢了，生活在黄土地上的老百姓就得以安心了。然后，女娲又把芦苇烧成灰烬，和上水堆积起来，以防洪水卷土重来。

文献中记述的女娲形象，真是个值得中国世代民众记住的大英雄。她不只勇敢，有大爱之心，敢于面对一切艰难险阻，而且沉着细致，把一件件要做的事都想到了。一件件、一桩桩认认真真地去干，去落实，最后把"补天"的伟业办好了。

那么，补天这件大事是不是"女娲"一个人干的呢？当然不是。在中国传统社会中，"五色"常常与"五方"相通。所谓"五色石"云云，实际上蕴涵有动员东、西、南、北、中五方人士齐心协力，大家一起来补天的意思，而女娲实际上是这场遍及天下的抗灾斗争必不可少的领头人和组织者。

上面在讲盘古时说到了"化生万物"一事，在女娲的相关传说中，也有"化生"一说。在《山海经》这本奇书中，有"女娲之肠"的说法。大意是说，女娲创造了人类，又带领人类补天之后，多少年后当然是死亡了。而她的肠后来"腹化为神"，化为以稻、粟为代表的各色各样的动植物，供后代食用。

说了上面这些，下面还有一点余话。女娲用五色石补天的典故流行于民间，使"石头"在人们心目中身价倍增。石头性坚硬，有补天济世之材，更有利物济人之德。清代伟大作家曹雪芹的惊世名著《红楼梦》的原名就是《石头记》。作者说道，当年女娲在山中为了补天炼石，炼就了三万六千五百零一块五色石，最后把其中的三万六千五百块五色石用上了，只有一块被遗弃在荒凉的青埂峰下。谁知此石经女娲锻炼之后，灵性已通，并不甘于被遗弃不用的遭遇。见众石俱得补天，独自己有补天之材，而不堪入选补天，于是终日里自怨自叹，日夜悲号不已。曹雪芹以此为由头，演绎出了感天动地的名著《石头记》。这也可作为女娲补天典故深入人心之一大佐证。

中华先人的艰难创业

原始人从动物界走来。刚从动物界脱胎出来的原始人的生活必然带有动物界的某些印记。在长达百万年的岁月里，他们像野兽一样住在洞穴中，昼行夜伏，生活得十分艰难。后来有一个叫有巢氏的聪明人，仿照飞鸟一样栖息于树干上，以防止猛兽的侵袭和伤害。这样的生活状态，古文献称其为——

穴居巢处

从"穴居巢处"这讲开始，我们要花一段时间，集中讲述中华先人在初始阶段是怎样一步步艰苦创业起来的。当时的条件可说是难以想象的艰辛，没有后来意义上的房屋，也没有充足的食物可吃，更说不上烹煮和调味了，衣服的发明也是后来的事。没有衣服穿怎么办呢？冷了，就摘一片片树叶叠加一起裹在身上。总而言之，人类必须的衣、食、住、行四大块，都是障碍重重，等待着初始的人们去突破，去创新，去开发。

我们这一讲先讲初民的居处。

原始人从动物界走了出来。刚从动物界脱胎出来的原始人的生活必然带有动物界的某些印记。在很长很长的一段时间里，他们像野兽一样住在洞穴中。当然，人类一开始就走上了与禽兽截然相反的生存轨迹：禽兽多为昼伏夜行，而人类却反其道而行之，走的是昼出夜息的生存之路。天亮了，太阳升起来了，人们就成群结队地走向原野，采集野果吃。古书上说是"昼食橡栗"，当时的世界与现在不太一样，漫山遍野的都是高高大大的橡树和栗树，树头结着大大的橡果和栗子。原始人或者用棍子敲打树头，使橡果和栗子从树头脱落下来，或者爬上树去，把橡果与栗子摘下来往地下扔，再放进盛器中。肚子饿了，就在树底下吃几颗橡果和栗子。太阳下山了，大人小孩提着吃剩的果实成群结队往居住的洞穴中赶。遇到狂风暴雨，只能整天挨在黑暗的山洞中，吃剩下的那一点点"余粮"。如果一连多天刮风下雨，那就只能饿肚子了。在当时的条件下，饿肚子可是常有的事啊。

洞穴从来不是人类的洞天福地。洞穴狭小，一般只有几个平方米大小，但大多情况下要居住上五六个人，缺乏人类呼吸所必需足够的氧气，吃喝拉撒全都在里面，这就更增添了空气的混浊，大大损伤了人类的健康。洞穴里也进不了阳光，长期的黑暗生活既伤害了人的生理健康，又损害了人的心理健康。尤其是洞穴中的阴湿，使长期居住在那里的人关节患病。现在，考古资料已经十分雄辩地告诉我们，穴居人的平均寿命还不到三十，能活过四十岁的只是个案。从遗存的原始人的骨骼化石看，百分之九十八以上的洞穴人患有严重的关节炎等骨骼类疾病。

渐渐地，渐渐地，人们隐隐地感觉到，洞穴不是人类的久居之地。

终于有一天，一个聪明绝顶的人把人们带出了洞穴，他的名字叫有巢氏。有巢氏也叫大巢氏，因为他带领民众在树头建造的那个巢，要比一般鸟类筑的巢要大得多，故有大巢之名。

据相关典籍记载，第一个被人称为有巢氏的是琅琊地区的一个部落首领。那里有座石楼山，山上长满了茂盛的树木，树木上结满了果实。那一天，有巢氏采完了果实正在一棵大树下休息，看见几只小鸟衔着一些树枝和杂草飞来飞去，几天后在树头筑起了一个巢。这本是件常见的事，可是，却引起了有巢氏的深思。他把人们召集过来，问大家："你们看到鸟儿在树杈头上筑巢了吗？"

坐在他身边的一个中年人懒洋洋地拉长了声音回答："看到了——"

坐得远一点的一个小男孩说："怎么会不看到，天天看到，这有什么好奇怪的？"

有巢氏似乎有点儿生气了，他放大了声音说："既然天天看到，那我就要问：你们想过没有，鸟可以在树杈上筑巢，我们人为何不可以在树杈头筑巢呢？"

这是实实在在的问题，人们天天看到鸟儿在树杈头筑巢，可是，从来没有想过人也能在树杈头筑巢。经有巢氏那么一提醒，差不多所有的人都"霍"地一下站了起来，同声说：

"是啊，人比鸟更聪明，也更有能耐，为什么不可以在树杈头筑巢呢？"

有巢氏告诉了大家一个惊人的设想："把我们的家从洞穴中搬出来，搬到树头顶上去。在树头顶上筑巢安家，既通风舒畅，白天可以享受阳光，晚上又可以有效地防止猛兽的侵袭，那不是件一举多利的大好事吗？"

"好，好，好！"大家异口同声地赞好。那数十人洪亮的称好声，惊得树头的鸟儿纷纷地飞出巢去。

说干就干，族里的人立马取来了好大一堆建巢的材料，有从树头砍下来的树枝，有从原野上割下来的野草，还有各种藤藤蔓蔓的。有巢氏当总指挥，大家先把粗一点的枝条搭出个巢的框架来，用藤条死死地捆住在树杈头，然后铺上厚厚实实的一层柴，留出一个出入的口子。为了防止雨雪，再在巢上头盖上几片大而厚的树叶子。大家往里一躺，啊呀呀，可真舒服着呢！

有巢氏带领大家筑了第一个能居人的大巢后，大家看着都说好，于是，一而再，再而三，整个琅琊地区树头上都筑起了人居的巢。原始社会时期叫做"身无定处"，人群的流动性大，消息的传播也快。琅琊地区有个能人叫有巢氏，他带领众人在树头筑巢安居的消息很快传扬开去，于是华夏大地上的人们争相仿效，也都纷纷在树头筑起了人居的大巢。从穴居到巢居，这是一个大的转变，在人类历史上可说是一个大事变。人们感谢有巢氏，称他是个了不起的大圣人。

关于有巢氏生平的一些原始资料，后来留存在《博物志》等典籍中。据说，发明巢居后，过些时日这个有巢氏又不断创新开拓，前进了一步，他帮助人们把树头顶上的巢搬到地面上来，经改进加固后，教人们"结庐而居"，于是就有了建筑在地面上的民居。

有巢氏如何把"巢"移到地上来的呢？这也经历了一个漫长的摸索过程。最早的地上建筑是半地穴式的建筑。也就是一半建在地下，一半建在地平线之上。人们先在地上挖一个5尺见方的坑，然后在坑上建起半人高的地面建筑。这种建筑透光，安全，方便，牢固。人们还建起了全在地平线之上的建筑。为了防止猛兽的侵袭，我们的祖先在祖国大地上又发明出了用高架支撑起的地面建筑。一度盛行于祖国大地上的"高干栏式"建筑，那完全等于把树顶的"巢"式建筑移于地面了。这些式样繁多的地面建筑，经近百年的考古发掘，现都已直观形象地重现在后人的眼前了。

如果说人类的历史大约有三百万年的话，那么在懂得人工取火之前，至少有一两百万年的早期人类是在饮用生食中度过的。他们过着生食草木之实、鸟兽之肉的艰辛时日，从这个意义上讲，当时的人类实际上还没有根本上脱离动物界，后人形容其为——

茹毛饮血

接着,我们讲一讲先民饮食卫生方面的进化。如果说人类的历史有三百万年的话,那么至少有一半上下的时日是在食用生食中度过的。生食是早期人类的生活常态。早期人类不只生食野生植物的果实,也生食打猎所得的兽类肉体。当时的人类寿命短暂,生食是重要的原因。他们过着生食草木之实、鸟兽之肉的艰辛日子。经过长时间的摸索,才一步步从生食走向熟食,走向厨艺烹调。今天,每当我们面对满桌美味食品的时候,应该体察先祖当年的生食之苦,应该感谢当年先祖饮食探路之功。

"茹毛饮血"这句成语是指人类初始时最原始的一种生活和生存状态。当时的人们捕捉来了飞禽走兽以后,先将这些生物杀死,然后就连毛带血地生食。这话现在听起来似乎是天方夜谭,可是,在远古时代,那可是活生生的现实,人类确实有过一个长期的生食时段。

我们所说的这些情景可不是凭空编造出来的,而是有着诸多文献依据的。当时还没有文字,因此这些文献实际上是根据人们口耳相传或依稀记忆写成的,虽不能简单说是写实,但却反映了历史的真实。在这里,我们举两个文献方面的例证来说明问题吧!《礼记》是一部公认的靠得住的古典文献,在该书的《礼运》篇中就有一段文字,非常具体地记述了人类早期的生活状况。该书说,早期的人类,最早住的是洞穴,后来是巢居,食的是生食,当时"未有火化",就是还不懂得用火来烧制食物,只能"食鸟兽之肉,饮其血,茹其毛"。"茹毛饮血"这个词儿就首次出现在文献之中。"茹毛",是说不加烧煮生吞动物的皮毛和筋肉。"饮血",是说杀死动物后不作任何处理马上饮食它的血液,用以作为食用的饮料。我们现在去看狮虎那样一些兽类的生活状况，便可略知当年原始人的生活状况。原始人在从动物到人的转化过程中，难免留存着某些动物的状态特征。

再举一个文献方面的例证吧！那是南朝梁代文学家萧统提供给世人的。萧统出身豪门，酷爱读书，记忆力极强。五岁就读遍儒家的"五经"，读书时，"数行并下，过目皆忆"。他下笔有根，说话有据。他留下的文字资料世人公认是靠得住的。他在《文选·序》中语之凿凿地认为，人类早期的确有过"冬穴夏巢之时，茹毛饮血之世"。萧统在这里明明白白地用了"茹毛饮血之世"一语，他是在着意地告诉世人，先民曾经长期地处身于"茹毛饮血"的生活状态中，不是一时一地，而是中华大地上整整一个漫长的世代。

茹毛饮血的长期生食，极大地伤害了人的机体。战国时期著名的思想家韩非子在《五蠹》这一名篇中指出，由于长期地生食，"伤害腹胃，民多疾病"，这对民众身体上的损伤，比当时的穴居造成的危害还厉害。考古发掘证明，原始社会早期人类的寿命一般只能活到二三十岁，能活到四十来岁的属于是特例和个案，算是长寿。造成这种状况的罪魁祸首之一是"茹毛饮血"，那是一点也不过分的。看来，走出茹毛饮血，走出生食习俗，那是人类发展的必由之路。

长期的生食，造成的更大危害是传染病的横行。现在已经查明，人类身上 90％以上的传染病来自动物体，而动物体上的大多数传染病传向人体的途径是生食。这对人类的杀伤力是前所未有的。据世界上一些著名人类学家估计，在早期人类社会，由于生食，一旦传染病流行，常常是三分之一至三分之二的人口被夺去生命。在高丹编著的《灾难的历史》一书中，列举的来自动物的传染病，有时会给人类带来近乎灭顶之灾。公元前542年，东罗马帝国正在鼎盛时期，但是，那年发生的一次鼠疫差不多将所属的文明古国埃及从地球的版图上抹去，当疫病迅速蔓延到帝国的首都君士坦丁堡的时候，这个任何武力都征服不了的大帝国彻底瓦解了。公元1345年，欧洲发生了恐怖的黑死病，在不太长的时间里，欧洲失去了两千五百万人的生命，占全部欧洲人口的三分之一还多，欧洲文明就此停步了数百年之久。公元1520年，一个从动物那里感染了天花病毒的奴隶从古巴来到墨西哥，这成了美洲大陆一场噩梦的开始。天花病夺去了半数墨西哥人的生命，美洲原有两千万印第安人病死了大半，这场噩梦使当地的印第安文明也彻底消失。这些例证虽然不是发生在原始社会时期，但也足以佐证，来自动物的传染病对人类有着多大的杀伤力。同时也可以想见，文明度高得多的后世人都还挡不住传染病的来袭，生食时期的原始人所受传染肆虐之苦也就可想而知了，只是当时没有文字，因此没有留下历史的印记罢了。

走出"生食"，走向"火食"，理所当然地是原始人心头的一个梦。在原始社会的早中期，由于打雷等种种自然因素的作用，人们有时也能品尝到"火食"的美味。这在地下发掘中可以得到证明。年代距今180万年的西侯度文化，出土的动物化石中曾发现过颜色呈黑色、灰色和灰绿色的鹿角、马牙和动物肋骨，经化验证明，这是人类吃剩的、被火烤过的动物骨骼。在距今170万年的元谋猿人的遗址中，在野猪、水牛、豪猪、剑齿象等哺乳动物的肢骨上，也已有着明显的经火烧烤和人工切割的痕迹，证明那时的人已偶尔懂得用火烧烤熟食了。当然，这种偶然的"火食"来自大自然的恩赐，离真正的火食还远着呢！

从"生食"到"火食"，经历了相当漫长的过程，人类只有学会了人工取火，才有了真正意义上的烹调，也才有了真正意义上的火食。开初的烹调是十分简单的，既无炉灶，也无锅碗，人们想吃东西了，就把肉类或植物的根茎类食料随意地投入篝火中烧烤，烧烤时会散出阵阵的香味，后来又以水煮和水蒸取代了单一的烧烤。大量的出土文物证明，中原地区在仰韶文化时代已经开始用陶甑烹饪食物，就是说大约在距今八千到七千多年前，中原地区已经普遍流行起了蒸煮食品，这是饮食史上的巨大进步。

学会人工取火，学会人工保存火，学会人工使用火，这是人类社会中的一件大事，也是人之真正成为人的标志性事件。我们的祖先何时走出生食时期、进入"火食时期"的呢？在距今170万年的元谋猿人的遗址中，在野猪、水牛、豪猪、剑齿象等哺乳动物的肢骨上，发现有明显的火烧烤和人工切割的痕迹，证明那时的人已开始懂得了用火烧制熟食了。到了传说中的燧人氏时代，人工烤制食品已成常态。在中国古典神话中则有燧人氏教人——

钻木取火

经过长期的摸索和探寻，我们的祖先最后终于走出了生食时期，开始进入了别开生面的火食时期。在中国古代，有一位为了给世人带来光明和热力而竭尽心力的人，他就是传说中的中华圣人燧人氏。

在中国古代，有三皇五帝之说，燧人氏被奉为"三皇之首"。读者一定会想，这个燧人氏为何地位那样显赫？原因很简单，就因为他是传说中人工取火的发明者和倡导者。火能给人带来光明，火能带着人类真正走出茹毛饮血的生食时代。他心中清楚得很，学会应用火，懂得人工制作火，不只是他一人的心愿，也是千千万万民众的共同心愿。他为何被人称为"燧人氏"？一说为"燧"为取火工具，有木、石之分。

燧人氏为民众做的事真可谓不少。他是个人工取火的有心人。

有一次，天下暴雨，雷声隆隆，电光闪闪，巨雷把一头雷雨中逃生的野猪给劈死了，连皮肉都烧焦了。燧人氏当场让人们招呼在一起，让大家把那头猪切割开来，分而食之。那可是大家从来没有品尝过的美食啊。有人说："经雷火那样一烤，口味好多了。"还有人说："不只是口味好，吃到肚子中去也舒服多了。"吃完以后，大家也就散去了，可是，燧人氏却捧着吃剩下来的猪骨作了深入思考。他在想，打雷形成的"天火"是难得有的，也难以加以保存，如果人能通过人工方法取火，并能保存火种，那该多好！

燧人氏所居的地方附近是一片森林。燧人氏经常带领众人进入林区捕食野兽。一次，当击打野兽扔出去的石块与地上的山石相碰时，竟然产生出了闪闪的火花。燧人氏从这里受到极大的启示，如果有意识地以石击石的话，不就可以制造人工火种吗？后来，燧人氏用以石击石产生的火花，去引燃火绒，果然燃烧起来了，慢慢地燃烧，就能较长时间地保存火种。这种用人工取火留存下来的火，可用来烤制食物、照明、取暖、冶炼等等，人类的生活进入了一个全新的阶段。

关于人工取火，《太平御览》一书有一个美丽动人的神话故事。说在极为遥远的地方，有一个燧明国。在那个国家里，有一种火树，名为燧木。这种树既高又大，"屈盘万顷"，这种树高入云雾之间，覆盖万顷大地。生长在此树上的一种鸟，用口去啄树，"粲然火出"，火闪不断。由于有火树不断地闪出火光，这个燧明国日夜光明，而且那里的民众早已懂得了火食，因此身体十分健壮，人也长寿。

圣人燧人氏听到这个消息后，十分兴奋，决定要到燧明国去获取火种，以彻底改善民生。燧明国离中华大地有十万余里，当时燧人氏已年迈，可是他还是决意要亲自到那里去看一看，学一点有用的东西。

亲人都劝他："路程太远了，日行百里也得走一千天，况且你已经老了，去那么远，不安全啊！"

燧人氏笑笑，回答说："正因为我老了，我得赶快上路。不然，再过几年，就真的走不动了。"

燧人氏还笑着对家人说："不怕，趁我现在精力还算好，为了节省时日，我可以日夜兼行，这样又可以缩短一半时间。"

燧人氏不听身边人的劝阻，只带了点简单的行装，就匆匆出发了。他日夜兼程走了一个多月，走得脚上都起了血泡。可是，他包扎好伤口后，继续前行。也许这事真的感动了上苍，有一天在前行的路上遇上一位老者，听了燧人氏前往燧明国取火种的壮志后，便无偿地将一匹千里马赠送他，有了这匹骏马后，燧人氏一百多天就赶到了燧明国。燧明国的百姓们深受白须飘飘的燧人氏壮行的感动，就大大方方地把取火的方法教给了燧人氏，并把火树上的几根小枝无偿地送给了他。燧人氏回国后，"钻小枝以取火"，并留住了火种，为世人造福。美丽的神话传说总是予人以力量和智慧。

关于燧人氏的丰功伟绩，《太平御览》上有一段动情的记述："燧人氏钻木取火，炮生为熟，令人无腹疾，有异于禽兽，遂人之意，故为燧人。"说得太到位了。为何称其人为"燧人氏"？还有一说是因为他"遂人之意"，就是满足了人们的一个最大的需求和心愿：熟食！到人能熟食开始，人才"有异于禽兽"，也就是说，人此时才真正成其为人。

中国自古就有"民以食为天"的观念和说法，认为饮食在生存条件中是最重要的。"火食"为"庖食"创造了根本性的条件。"庖"就是通常说的厨房，在厨房中主持烧煮烹调事物的人，在我国古代称为庖丁。据说，中国古代有一位名叫庖牺氏的圣人，他教天下人使用火，熟食为生，他还发明了厨房，发明了烹调技术，即所谓的——

庖食天下

如今，人们的生活改善了，开始讲求生活质量了，于是，美食成了街谈巷议的热门话题，中央和地方的电视台也大力宣传美食和美厨，时不时地播放着厨艺方面节目。"庖食天下"这个成语，也是讲人类在发展过程中饮食水平的提高。

据说，远古时代有位圣人叫庖牺氏，教天下人使用火，熟食为生，使人类的生活状态得到了根本性的改善。这里讲的根本性改善，一是指饮食的环卫条件，以火烤制食品本身大大改善了食品卫生，二是指食品的口味和营养，这也是厨艺的重要内涵。庖牺氏生活的时代大约略晚于燧人氏时代，据说到了庖牺氏的时候，发明了厨房，发明了用火烹调食品。开初当然只有少数几家这样，可是，要不了几代，就家家户户都有了做菜做饭用的厨房，家家户户都懂得了熟食，人们的生存条件着着实实地跨进了一大步。

庖牺氏的功业堪与燧人氏相比拟，两者都被视为圣人。燧人氏是把火种带给了人世，等同于西方神话中的普罗米修斯，而庖牺氏则把火运用到人类的日常生活之中，尤为重要的是以火烧、烤、煮、蒸食物的发明，使人类彻底地远离了动物界。

伏羲氏，又称庖牺氏、伏牺氏。这位古圣人的第一大功劳就在于降伏了畜生，讲得通俗一点，就是变野生动物为家养动物。"庖牺"是指用火煮烧牲畜类，"伏牺"是指想办法降伏畜类，使动物由野生变为家养。"庖牺"和"伏牺"虽说是一人而两名，但意思还是不尽相同的，在时序上也有先后之别。当庖牺氏还被称为伏牺氏的时候，他主要从事的是家畜的饲养。

有的典籍上说，伏牺是个善于思考的聪明人。有一次，他对着正在织网的蜘蛛聚精会神地仔细观察着、欣赏着，久久不愿离去，还不时地自言自语说着点什么。有人走过他身边，看他那样入神，笑话他有点发痴，他却问身边的人："你说说，那蜘蛛辛辛苦苦、没日没夜地在那里织网，图个啥呀？"

身边的人回答得很干脆："为个啥？那实在太简单了，就是为了捕捉那些自投罗网、送上网来的食物嘛！"

听到这样的回答，伏牺氏爽朗地笑了起来，高兴地说："我从你刚才说的话中悟出了一个大道理：我们这些人也可以学学小蜘蛛的捕食方式，编织出一张张网来，把网张在水中，可以网罗水中的鱼，把网张在陆地，可以网罗陆上的走兽，把网张在空中，就可以网罗飞禽，你们说是不是？"

经过伏牺氏的这样一点拨，大家高兴地笑了，他们就开始学会用草蔓的藤条编织出一张又一张的网来，并以网罗的方式捕捉飞鸟、走兽以及其他野生动物。这个故事后来被人记述在中华典籍中了。

网的发明，使人类的生活方式和生活质量都大大跨前了一步。过去用的是猎杀的方式，获取的大多是击毙的猎物，猎多少，吃多少，猎多了，吃不了，就只能扔了。现在不同了，用网罗的方式，获取的猎物都是活的，猎获的动物品种繁多，数量也大大超过以往。问题是有的：猎获了那么多东西，吃不了怎么办？这时，伏牺氏又想出了一个全新的办法："把大量猎取物养起来，让它们自然繁殖，生生不息。"有资料说，人类最早家养的是狼。狼养育久了，就变成了今天我们看到的狗。这是家养动物最成功的例证之一。狼是最凶残的动物，经过耐心驯养，它竟然成了人类最忠诚的朋友，既能看家护院，又能帮助狩猎。

伏牺氏驯养动物的另外一大成功的案例是野猪的驯养。大家知道，野猪也是最凶残的动物之一，可是，一经驯养，失去野性以后，又成了家养畜类的首选。中文中的那个"家"字，充分反映了中华文化的历史遗迹。看，上头是一个"宀"字，代表的是居室，下头一个"豕"字，也就是猪。中文整个"家"字要表达的意思是，在居室中间养头猪，家才成其为家，可见养猪已经成为中国式家庭的必不可少的条件了。有意思的是，新中国成立初文字改革的时候，有人提出把"家"字写成那样不怎么妥帖，应该是"宀"字下面一个"人"字才更妥帖些。可是，征求意见稿发下去后，大多数人还是认为在家中养头猪符合中国农业社会的现实和传统，因此"家"字只能这样写。这里说的传统，也可以说是庖牺氏或者叫做伏牺氏留给我们的传统吧！

历史地说，伏牺氏实际上是一个历史的名词，而不是对单个个人的称呼。历史发展到大约距今七八千年前，家畜的饲养已经成为普遍现象。这方面考古发掘给了我们诸多的佐证。在西安的半坡遗址中，我们发现了两座长方形的畜圈。大的那座长约 10 米，宽约 3 米，大约可养上百头牲口，这可能是家族的养猪场。小的那座长约 6 米，宽约 2 米，至少也可存养十到二十来头牲口，也许是家庭的养猪处吧。在同期的南方河姆渡村落中，盛行二层高干栏式建筑，上层是住人的，下层则是喂养牲口的，人畜同住，这完全符合中文"家"字的构架。

当伏牺氏被人们称为庖牺氏的时代，人工取火也有了，家畜的饲养也已经成了气候，接着要解决的是怎样利用火来食用多种多样的肉食品种的问题了。这有个过程，开初，既无炉灶，又无锅碗，庖牺氏就是教人在空旷一点的地方架起一堆篝火，把切碎的肉食品放在火堆上烧烤，肉食品发了焦，熟了，大家就围成一团高高兴兴地吃起来。烧烤是最原始的烹饪方式。

后来，庖牺氏又引导人们由烧、烤向煮、蒸、炒、调味这样的高层次方向发展。庖牺氏时代远在七八千年之前，当时还没有完整意义上的文字，当然不可能为我们留下饮食方面的文字记述。但是俗话说，"鸟过留影，雁过留声"，远古人类的生活状况永远永远地留存在了他们曾经使用过的器物中了。

庖牺氏时代的人们留下了大量陶制的"釜"，用今天的话来说就是"锅"。在釜中盛进水，再把鱼啊、肉啊各种食料放进去，把釜架在火堆上煮，釜中的水开了，泡在水中的鱼和肉也就熟了。其实，"釜"这个词我们现在还在用，不是有"破釜沉舟"这样的成语吗？不是还有"釜底抽薪"的成语吗？庖牺氏还发明了"鼎"，它和"釜"的功用相似。一般而言，把食料切碎了烧，就用釜，如果要煮整头的羊之类的大型食品，就用鼎，后世就有"鼎食"的说法。鼎一般有三个足，后世形容三股势力并存称为"鼎足""鼎立"。庖牺氏还发明了"甑"这样一种食具。所谓"甑"实际上是一种蒸具。同样要在这一器具中放水，但"甑"分为上下两层，下层是水，上层是食料。使用时把甑放在火上烧，这样水不直接接触食料，而是用蒸汽把食料蒸熟。这样烧煮，食品的口味当然别有一番风味了。

火食的发明和发展，这在人类发展史上是件绝对的大好事。史书上常有"先圣""后圣"之说。如果开天辟地的盘古是先圣的话，那么学会使用火和提升火食水平的庖牺氏就是后圣。"后圣有作，然后修火之利。"庖食天下也不简单，"荐其血毛，腥其俎，孰其肴。"（《礼记·礼运》）这是一道道工序：先要洗干净食料的血水和皮毛，即所谓"荐其血毛"；再要设法去掉其腥味，即所谓的"腥其俎"；最后是加以调味，使之成为美味佳肴，即所谓的"孰其肴"。科学家一致认为，气味引导了我们远古祖先的食谱，也逐渐拓展了他们的生活区域，尤其是"吃熟食"更是人类文明史上质的飞跃。

上面已经说到，伏羲氏是我国神话传说中远古时代的一位大圣人。他带领百姓驯服了百兽，开拓出了畜牧业的先声。他引领民众庖食天下，发明了熟食，完善了厨艺，使人类真正走出了动物界。更为重要的是，他深明天文地理，是一位真正的思想者，他是一位伟大的哲圣，他另一杰出的贡献则在于——

演绎八卦

"演绎八卦",这是伏羲氏对我们民族的又一伟大贡献。

前面我们说到了,伏羲是神话传说中远古时代的一位贡献多多的大圣人。他带领百姓驯服了百兽,开了畜牧业生产的先河。他把华夏之人由生食引向熟食,"取牺牲以庖厨",可以说他是中国历史上的第一位庖丁。他"制嫁娶",结束了往昔长期的乱婚状态,最让人乐道并具有久远的历史价值的是"以俪皮为礼",就是他制定了一个婚姻规矩,一律使用成对的鹿皮(即俪皮)来作为订婚的聘礼。俪皮成对,称伉俪,这样,后世就以夫妻为"伉俪"了。传说中的伏羲还是个建筑学家,"缘建木而上下于天",意思是说,他能建造高耸入云的高楼大厦。这是一个了不得的先祖人物,被世人尊崇地放在三皇之首的位置上,也是可以理解的。

伏羲的业绩如此的显赫,后人都以是他的同乡为荣,于是,他的出生地也就成了争议的热门话题。有说他是"生于成纪"的,成纪就是今甘肃的天水,在现在的天水地区还设有成纪县呢!也有说伏羲因为是雷神的儿子,当生于雷泽,这雷泽也就是今天的菏泽,那他应该是山东人了。还有人说,在陕西省的有个蓝田县,蓝田县里有座蓝田山,蓝田山上有座伏羲氏母亲华胥氏的陵墓,因此他应该是陕西蓝田人。争议不休,似乎都有道理。最后有人出来打圆场说,三种说法都是有根有据的,也都有道理。因为圣人以天下为家,一生无定处,游走四方,因此,说伏羲是这三处的人都是可以接受的。

上面说伏羲发明创造了那么多,其实,还有一项是人们永远不能忘记的,那就是他首创了八卦之说。八卦之说被后人描述得神乎其神,玄乎其玄,其实,那只是当时的聪明人或者说大圣人伏羲氏,综合历史经验对现实世界带有猜测意味的一种简约的认识而已。

关于八卦的发明过程，大致上有两种带有一定神话色彩的版本。

其中一种版本是说：一个细雨濛濛的清晨，十分喜爱思索天地万物之理的伏羲氏，正在黄河边上散步。突然，河中跃出一匹被称为龙马的又高又大的白马，浮现在伏羲面前，久久不肯离去。透过濛濛的雨雾，伏羲仔细一看，只见马背上驮着一幅标有数字符号的图案。图案中标着的数的排列顺序是：一和六，在下边；二和七，在上边；三和八，在左边；四和九，在右边；五和十，居中央。上下左右中五个方位，各个方位都有两个自然数字，而这些自然数又全是奇数与偶数的相互搭配。加起来刚巧是一到十的自然数。这就是所谓的"龙马驮经"。在古人心目中，"数"是神秘的，是上天对人的某种启迪画暗示，因此，"龙马驮经"就分外地耐人寻味了。伏羲把这些数字符号的组合牢记在心中，他从奇数与偶数的自然搭配中想到了阴阳的相承相反之理，这正是八卦理论的基石。至于天地间的其他玄机，一时还难以感悟出来。

另一种版本是说：伏羲氏成为天下之王以后，他总想认认真真地探索和研究出治国治天下的大道理来。他"仰则观象于天，俯则察法于地"，想从观察天文地理中体察万物更始之理。后来，他又反复观看鸟兽的纹理和大地上生生不息的万物的变化，最后终于明白了，天地间最原始的因素是"阴阳"两字，阴阳的不断变化、组合、演绎，形成了体态万千的世界。他想用最简单的笔触来表述阴阳两极两端。阳表述为"一"，阴表述为"--"，通过阴阳的不同组合和叠加，最初的形态就是形成天地间的八种最基本的自然物质："乾"为天，"坤"为地，"震"为雷，"巽"为风，"坎"为水，"离"为火，"艮"为山，"兑"为泽。这八种自然物质和自然现象的变化，引发了整个大自然的联动变化，也引发了人类社会的种种变故。每一卦之中，标示有十分简洁的卦文和卦象，用以说明一定的卦理。上面说到的八卦中，又以乾、坤两卦为本，其他六卦都是由乾、坤两卦派生出来的。由于伏羲氏所创造的八卦原件早已失传，具体的情状就难以说清楚了。

伏羲演绎的八卦的最大贡献是，把人的发展与自然的发展紧紧联结在一起了，可以说是后来"天人合一"思想的渊薮，也可以说是今天传世的《周易》六十四卦的母本。

伏羲氏的八卦学说的文本虽说未曾原原本本地传世，但它的影响是不可估量的。从此，中国人对世界的认识更加宏观，也更加深邃了。人们不只看到大千世界的种种表象，还看到了这些表象背后的阴阳、五行之理。还有，八卦的哲理性论述深入到民间之后，就演绎成种种通俗化的表现形式和套路，而这些往往是最有生命力的。流行于民间的所谓"八卦丹""八卦衣""八卦阵""八卦拳""八卦教""八卦掌""八卦图""八卦炉"，如此等等，无不以不同的视角传承着八卦思想和八卦观念。

在今本《三国演义》的第八十四回中，有着"孔明巧布八阵图"的精彩描述。话说蜀汉自关羽等战将死去之后，大势已去，不单不能与曹魏对垒，也敌不过原本弱小的东吴。在一次诸葛亮与东吴名将陆逊的交战中，如果单靠兵力硬拼，蜀汉是非败不可的。这时，深明传统文化的诸葛亮，就运用中国传统的八卦理论，布起了一个"八阵图"。这个八阵图粗粗一看似乎只是"乱石八九十堆，并无人马"，可是，这看来是一堆堆的乱石，实际上有休、生、伤、杜、景、死、惊、开八门，不懂得这些门道，进入阵后就休想再出去，此阵"每日每时，变化无端，可比十万精兵"。年少气盛的东吴大将陆逊可不信那个邪，偏要闯一闯这个迷雾般的"八卦阵"。可是，这小家伙一闯入这个石头阵，才知道坏了事，兜来转去再也出不来了。要不是诸葛亮的岳父好心，有惜才之心，有意放他一马，为他指点迷津，不然，陆逊是死于阵中无疑了。后唐大诗人杜甫有诗云："功盖三分国，名成八阵图。江流石不转，遗恨失吞吴。"从这里也可以看出，伏羲氏的八卦思想真是神通广大、奥妙无穷。

伏羲氏创八卦后，他的思想被民众广泛接受和传播。经过长时间的发展渐次演绎和细化成为六十四卦，这就是人们熟知的《周易》，它被列于我国古代"五经"之首，是我国传世经典的代表作。《周易》发展了早期的八卦思想，进一步把大自然人格化，在《周易》的经文和传文中，传递出了这样一种强劲的民族心声——

自强不息

上一讲讲到了伏羲创八卦，在此以后，他的思想被民众广泛接受和传播。

经过长时间的发展，将每一卦的内容有所细化，最后定格成为六十四卦，这就是人们熟知的《周易》。《周易》又称《易经》，它发展了早期的阴阳相辅相成的八卦思想，进一步把大自然人格化，成为中国传世经典的代表作，后来被列在《五经》之首。在《周易》的经文和传文中，传递出了这样一种强劲的民族心声——自强不息。

自强不息是中国传统民族精神的核心，它弘扬的是一种努力地自求上进、永不停息止步的可贵精神。

从伏羲氏的八卦思想，到《周易》所昭示的六十四卦，其间至少经历了千万年的流传、扩充、改造和发展过程，应该说，民众是推动八卦思想发展为更细致、更缜密的六十四卦的真正英雄，当然，最终还会有一个代表性的人物加以总结和提炼。这个人物是谁呢？司马迁在《史记》中作出了明确的答案，他提供了"西伯拘而演《周易》"的传世说法。说因西伯姬昌对杀人如麻的纣王表示了不满，面对纣王发出了长长的反感的叹息。可是，就这一声叹息，使商纣王对西伯产生了痛恨之心。商纣王自以为是天上的太阳，容不得别人说半个"不"字。从西伯姬昌的那一声长叹中，商纣王感受到了不满，马上把他囚禁了起来，这一囚禁就是整整七年，西伯是受尽了狱吏折磨的。在九死一生之中，西伯姬昌并没有灰心和泄气，而是利用这段时日学习伏羲氏的八卦理论，并将伏羲氏之后民众对八卦理论的理解和解读加以梳理和总结，最终完成一部伟大的著作《周易》。

下面我们用最通俗的言辞简单地来介绍一下《周易》这部书的梗概，因为现今的读者平时很少接触，该书的语言又特别玄妙幽深，因此一定会有陌生之感，得耐下心来认真地听一听，想一想。可以说，《周易》大致上分为两大部分。一部分称"经"，是周易的本体部分，另一部分称"传"，是后人对经文的理解和注释。

"经"也就是最原始的文本，包括卦画、卦名、卦辞等，言辞极简。"卦画"是卦的图像，它继承了中国刻画文字的传统，以画写意，由代表阳的"—"和代表阴的"--"组合而成，不同的组合方式代表不同的卦。"卦名"是提炼本卦的主题，六十四卦每卦都有自己的卦名，比如第一卦的卦名称乾卦，"乾象天"，因此又称天卦。中国人倡导龙文化，因此这天下第一卦又称为"龙卦"。"卦辞"，是本卦的解说词。在每一卦的开头有一个总论，比如乾卦的总论是"元、亨、利、贞"四字，告诉读者本卦的基本情状是原始（元）、亨通（亨）、利物（利）、正固（贞）。这还没有完，接着是分"初九""九二""九三""九四""九五""上九""用九"几个方面分别论述。乾卦中的"初九"只有四个字："潜龙，勿用。"意思是说，像龙潜于水底一样，君子埋没于底层，要韬光养晦等待时机。"九二"是一句话："见龙在田，利见大人。"当龙出现在田野中的时候，有利于大人物的出现。总之是每一卦辞论说一种情况，教人一种应付的方法。

《周易》的另一部分称"传"，也就是解释经文的篇章，传文一共有十篇：《彖（tuàn）》上下篇，《象》上下篇，《系辞》上下篇，《文言》《说卦》《序卦》《杂卦》各一篇。这十篇"传"比"经"更为重要，许多中华传统文化思想都出现在这十篇《传》中。《易》倡导万物有灵论，认为大自然中的天、地、山、河都是有德性的，而作为大自然的"天"德性正是人学习的榜样。在《易·乾》的《象》传中，有这么一句话："天行健，君子以自强不息！"意思是说，天道的品性是周行不息，刚强雄健，按照人法天的原则，有德行的君子应该取法天道，努力自强不息！

说得多好，"自强不息"的精神，不只是"乾"卦的主旨，也是《易经》经传的主旨，更是整部中华文明史的主旨。面对艰难困苦，面对前进道上重重的自然或人为的险阻，别的出路是没有的，只有依靠自我的力量去排除万难，去争取一个又一个的胜利。

在《孔子家语》的《五仪解》一文中，记述了孔子与当时的鲁国国君鲁哀公之间关于录用人材方面的一次对话，可以帮助理解"自强不息"。孔子认为，从治国理政角度来讲，世上有五种人，即庸人，士人，君子，贤人，圣人。士人就是读书人，书要读，但只是读书还不行。贤人通俗讲就是好人，好人该表彰，但还得有远见卓识才可用。圣人不可多得，不去谈他了。鲁哀公听了这话，就说："那就请您说说庸人和君子吧！"孔子答应了，他说道："什么叫庸人？庸人心中没有善始善终的规划，不懂得择贤交友，不知道努力做事。小事清楚得很，大事却糊里糊涂，只知随大流，尤其是当遇到艰难的时候，他就退缩不前了，用人决不可用这种人。"哀公急切地问："那应该使用何种人呢？"孔子明确回答："应该使用君子。"当鲁哀公要他进一步作出解释时，他说了这样一段有价值的话："笃行信道，自强不息，油然若将可越而终不可及者，此君子也。"（《孔子家语·五仪解》）这种被称为君子的人们，首先是"笃行"者，也就是脚踏实地的实践者，说得少，做得多。同时，他又是个"信道"者，他不只埋头拉车，还抬头看路，他信奉着前行的大道。他不急不躁，不倦前行，不紧不慢地在那里走，也许某一阵你可超越他，但总体上你永远赶不上他。关键在哪里？关键就在于"自强不息"四字。

在中国历史上，孔子说的"自强不息"的君子，不是一个两个，而是蔚然大观，世代层出不穷。中国人真是好样的，从来没有忘记来自远古的祖宗遗训。一部五千多年的中华文明史，本质上就是一部自强不息的奋斗史。

根据《周易》的解释和推演，我们的祖先形成了这样一个传之万世的大观念：人类是上天的儿女，也是大地的儿女。儿女的行为应该取法于父母，人类的行为应该取法于天地。法于天，则自强不息；法于地，则——

厚德载物

《易经》的第一卦称为《乾卦》，是讲天道的。在《乾卦》的《象》传中说道："天行健，君子以自强不息。"《易经》的第二卦称为《坤卦》，是讲地道的。在《坤卦》的《象》传中说道："地势坤，君子以厚德载物。"《易经》的一、二两卦是谈天说地的，是整部《易经》的纲。《象》传点出的"自强不息"和"厚德载物"，可以说是中华民族精神和中华民族性格的大纲。

"地势坤，君子以厚德载物"，这里要弄清的是，何为"地势坤"？直白地解释，是说地的优势在于坤。那么，"坤"究竟又有何等样的优势呢？"坤也者，地也，万物皆致养焉。"仓颉造字时，已经这样解释了。历代的注家也有这样的说法："坤为地为母""坤以其广厚，故能载物"。这就清楚了，我们称大地为坤，是因为"坤"犹如母亲的怀抱，既温暖，又广阔厚实。

大地母亲告诉了我们为人处世的最基本道德，人来到这个世间，就是要敢于承担，敢于担当力所能及的世务，在待人接物上，要有宽广的胸怀，要有容人的雅量，要与人为善。人有聪明愚笨之差，就如同地形有高低不平一般、土壤有肥沃贫瘠之分一样。农夫不会因为土壤贫瘠而不去耕作，君子也不能因为愚笨不肖而放弃教育。天地间凡有形的东西，没有比大地更厚道的了，也没有什么东西不是承载在大地上的。所以君子处世要效法"坤"，以厚德对待他人，无论是聪明、愚笨还是卑劣不肖的，都给予一定的包容和宽忍。"厚德载物"的意思是说，以深厚的德泽育人利物，这些都是大地母亲教给我们的。如今多用来指以崇高的道德、博大精深的学识培育学子成才。

这就不禁使我们想到了民国初年的梁启超先生。当年，梁先生在清华大学当教授，教的是中国历史。有一次，他给学生作题为《论君子》的学术报告，在报告中他用大量的言词来解读《易经》中的"自强不息，厚德载物"这八个字，称这八个字是中国传统文化的精粹之所在，是文化的脊梁骨。还说："大家到清华来读书，你可以选择读这个专业，也可以选择读那个专业，唯一不能不选择的是'自强不息，厚德载物'这八个字。当一个堂堂正正的中国人，就怎么也不能忘了这八个字。如果把这八个字扔掉了，那你的学问再好再大，那从根本上说你这书算是白读了。"梁启超的精彩讲演，博得了广大师生的热烈掌声。后来，在梁启超先生的热诚建议下，"自强不息，厚德载物"这八个大字被写进了清华的校规，后来又演变为校训。清华的这一校训延续了百年，直到如今刻在清华每一届学子的心头。清华这样做，震动了整个教育界，各校纷纷仿效。据说，全国现有大中小学的校训之中，含这八个字的学校有数百所之多。通过教育的途径，我们的民族传统得以更好地继承和张扬。

可以说，《易经》中的"自强不息，厚德载物"这八个字，主导了整个中华传统文化的走向和格局。

记得汤一介先生说过："中国人把生和死都看成是一种责任，这是世界上任何一个国家所没有的。"孔子说"未知生，焉知死"，把生看得比什么都重。他的一位叫曾子的学生说："士不可以不弘毅，任重而道远。"意思是说，读书人（即所谓的"士"）不可以不宏大自己的坚毅意志，为的是重任在肩，为的是把承担的社会责任终身担当好。墨子主张"赴汤蹈火，死不旋踵"，为了承担社会职责，就是死了也在所不惧。这些话都意在强调人生的责任意识。这种人生的责任意识千百年来不断强化，成为真正意义上的民族意识。我们大致上可以理出一条这样的人生责任主线来：从《易经》的"君子以自强不息"，到孔子的"任重道远"和墨子的"赴汤蹈火，死不旋踵"，到司马迁的"人固有一死，或重于泰山，或轻于鸿毛"，到诸葛亮的"鞠躬尽瘁，死而后已"，到范仲淹的"先天下之忧而忧，后天下之乐而乐"，到文天祥的"人生自古谁无死，留取丹心照汗青"，一直到毛泽东颂扬的"生的伟大，死的光荣"，这是一条多么明晰的中国式的生死观念发展之路啊！可以说在千年的历程中既有发展，又一以贯之。

哲学家金岳霖先生说过，在世界三大哲学思想主流体系中，印度哲学是"来世"的，希腊哲学是"出世"的，而中国哲学是"入世"的。我们且不去评述其他两大主流思想体系，但我们可以自豪地说，"入世"的中华哲学思想，是积极的，进取的，向上的，是崇尚大公无私的。在理智方面，中国哲学向来是通达的。"入世"的哲学往往是勇于面对现实的，也是积极向上的，具有直面时弊、勇于革新的精神。就是争议颇多的老子哲学，其所谓的"无为"，实际上是对人世间那些权贵的巧取豪夺"有为"行为的声讨和批评。"金玉满堂，莫之能守；富贵而骄，自遗其咎"，是对"有为"的大富大贵者的大警示、大批判。你搜刮的钱财再多，老百姓一起来，你早晚得垮台、完蛋！

数千年来，以"自强不息，厚德载物"为主旨的传统价值观念一直没有中断过，一直滋养着中华儿女的血脉。今天，我们重提这一观念，为的是更好地继承和弘扬这一观念，推动中华文明的健康发展。

在中华初民的心目中，除了敬天崇地之外，最大的要务莫过于"童蒙"了。所谓"童蒙"就是儿童的教育和发蒙，即后代的培养。这一观念体现在《易经》一书之中。《易经》是一个完整的思想理论体系。第一卦《乾卦》讲的是法天，第二卦《坤卦》讲的是法地，第三卦《屯卦》，讲的是经过艰苦奋斗，方得"自强不息"和"厚德载物"，第四卦是《蒙卦》，讲的是人要能涉险而进，靠的是教育，靠的是修养，《易经》的作者提出的命题是——

蒙以养正

"蒙以养正"这一课题，还是从上面说的《易经》中生发出来的问题。上面讲到了，天地是人的父母，人应该效法天，也效法地。《易经》的第一卦是乾卦，讲苍天，第二卦是坤卦，讲大地。从深层一点的含义上讲，讲的是一阴一阳，一刚一柔，为整个六十四卦奠下了坚实的基石。到第三卦时，名为屯卦。"屯"是什么意思啊？它指的是艰难，是困顿。讲的是阴阳相交、刚柔相济的初始阶段，实际上也就是开天辟地，万物初创的那个时期。"刚柔始交而难生，动乎险中"（《易·屯》），"动乎险中"一语，形容的是动一动就有危险等着你。虽说当时有无穷无尽的艰难险阻，"屯"得实在有点让人害怕，但当时的哲人还是大气地认为，前程是光明的，卦辞中以"大亨贞"来形容，即大大的亨通吉利。再接下去就是第四卦，定名为蒙卦，这是我们这一讲要说的。

万事开头难，当时什么都在开创之中，为什么要早早把发蒙这个问题提出来，而且花一卦功夫探讨这一问题呢？其实，这正是我们古人的高明之处。在这一卦的卦文中，表述了这样一个了不起的思想：正因为前进道上"有险"，因此更应该急着对蒙童进行好教育，"君子以果行育德"，这里强调了"果行"两字，即指要有果敢决断的精神去做好发蒙这件事。从这话中，隐隐透出了教育为先、从小抓起的可贵思想。

我们常说"启蒙"，常会错误地以为这个概念是从西方传过来的，其实并不是这样的。中国的圣人早在《易经》的"蒙卦"中，就明白无误地提出了对孩子进行早期教育这样一个重要问题。不过，那时不叫启蒙，叫"发蒙"，其意思显然是一样的。小孩来到人世间，幼稚无知，什么也不懂，这叫什么？《易经》有个说法，叫"蒙"。这样的孩子叫"童蒙"。为了让孩子从幼稚走向成熟，从无知走向有知，就必须对他们进行开蒙教育，即名之为"发蒙"。

《易·蒙》中有一个重要的提法："蒙以养正，圣功也。"这句话的意思是说，教育是要从娃娃的时候就开始抓起来的，只有让那些儿童从小接受正道的修养（即所谓"养正"），才可能从中培养出众多的圣人来，才能够让前代圣人立下的伟大的功业（即所谓"圣功"）后继有人。如果不这样做的话，那可是亵渎神灵的大罪过啊！

发蒙这个课题是提出来了，但由谁来当老师呢？这也是颇费周折的事。显然，年轻力壮的男子汉是不能管这个的，因他们要外出狩猎。年轻的女子也不能管这个的，因她们是种植业的主力。管孩子这副担子就自然而然地落到了老年人的身上。这里说的"管"，不只是让孩子们吃饱穿暖，日常生活上得到安抚，还要让他们学一点饲养牲畜、种植农艺、舞枪弄剑方面的知识和本领。后来依据"教学为先"的治国原则，管理和教育孩子方面的功能越来越强化，更重视教育孩子走正道。这样，当老师者必然是老年人了。

那么，是不是所有的老人都有资格充当老师呢？也不是的。荀子是"老师"这一名词的发明者，在他的一系列论述中，留存着不少上古社会教育留存下来的印记。他说过："师术有四，而博习不与焉。尊严而惮，可以为师；耆艾而信，可以为师；诵说而不陵不犯，可以为师；知微而论，可以为师。"（《荀子·致士》）其意是说，为人师者，除了具备广博的知识外，还要有相当的尊严，必须令人望而生畏；还要在讲述传授中不违背经典的本意，并带领学生一起践行；还要有钻研精神，要有自己独到的见解。这些多为知识和人品方面的条件。最后，年龄上也有要求，那就是"耆艾而信"。在古代，六十为"耆"，五十为"艾"，不到这个年龄，你就当不上老师。"耆艾而信，可以为师。"耆也罢，艾也罢，在古代五六十岁的人，当然是老人了。"老"而为"师"，荀子的这一文化观念，后来就被简约为"老师"这个名词。到了那个年龄，如果你既有学问，又讲诚信，品德又高尚，那就可以当老师了。

有了老师，还得有教学的场所。现在，学生读书，都有学校，有教室，还有操场和实验室，一应俱全。当时可没那么好的条件。文献上说，中国上古时期教学的地方叫"庠"。初读"庠"这个字，会觉得这个字有点怪怪的。一个"广"字头，里面是个"羊"字，怎么说这就是办学的地方呢？原来在历史发展中自有它的当然之理。在原始社会的末期，人类的狩猎经济已经相当发达，渐次进入了发展饲养业阶段，就是把猎取的一些动物圈养起来，让它不断繁殖。"广"代表的是房舍，或者是畜圈。房舍或畜圈里养的是牛、羊之类的牲畜，但比较多的是羊，因此那个处所就被当时的人们习惯地称为"庠"了。从甲骨文的资料看，当时养羊业是空前发展的，帝王家一次的祭祀所用的羊就是一百头，甚至是三百头。那些羊平时全都关在"庠"中。可见，那时的每个家庭中，"庠"是相当多的。建了那么多的"庠"，就得有人管理，年轻人有更重要的事要做，只能专门抽出来一部分知识水平高的老人搞孩子的养育工作，而养育孩子的工作属于兼管性质，因此就在养羊处进行。久而久之，"庠"自然而然地成了最早的办学机构了。

"庠"的含义，到孟子时大概已经讲不太清楚了。因此孟子办学时对他的学生解释道："庠者，养也。"先是养牛养羊，后是养人。这在中国历史上实在是很有意思的一件事。

当时对"蒙以养正"的教育是十分重视的，也很讲求方式方法。"发蒙，利用刑人。"在古文中，"刑"字与"型"字常相通，上面那这句话的意思就是说：为了搞好发蒙教育，需要树立正面的典型人物，有了典型榜样，就可以让人效法遵行了。看来，今人所言"榜样的力量是无穷的"这个道理，古人是早已知晓了。

远古时代的圣人把儿童教育视为重中之重，因此在《易经》中反复强调。"蒙以养正"这一卦的主旨是讲教育，是讲人的培养。那么，在易学大师的心目中，培养人的最高境界是怎样的呢？有了，在《易经》第十五卦《谦卦》中给出了明确的答案。理想社会的理想人格应该是"恶盈而好谦"的所谓——

谦谦君子

曾经读到过一本名为《中国人与外国人》的书，该书的精妙处在于对世界主要国家的民族性格作了颇具特色的论述和剖析，很是发人深省。在该书的首页上有几句总而括之的话语，颇为清新可读。作者写道："美国人潇洒大方，德国人刚毅严肃，日本人勤勉认真，法国人浪漫风雅，俄国人质直豪迈，中国人坚韧平和。"我们相信，读了这一段妙文，谁也不会去简单地评定国与国之间民族性方面的孰优孰劣，而只会通过比较更好地扬己所长，去己之短，走好自己的文明发展之路。说中国人"坚韧平和"，实在是对中华民族的知根知底之言。我中华民族唯其"坚韧"，才能在相对恶劣的自然环境中，战胜种种天灾人祸，使我国的文明历五千年风雨而不中断，这在世界上公认是独一无二的。我中华民族唯其"平和"，才能以友善待人享誉全球，才能长期与世界各国友好相处，每当强敌来犯之时，就能紧密团结全国各族人民，给来犯者以致命一击，以保卫我国家领土的完整和尊严。应该说，"坚韧平和"的民族性格与"谦谦君子"的民族精神是互为表里的。

对中国人来说，"谦"这个字眼在中华字典中始终是个让人心动的热字。在交往用语中，"谦"字出现的频率可能是最高的。我们常称谦和仁慈为"谦仁"，称谦让推辞为"谦拒"，称屈己礼下为"谦下"，称谦虚平和为"谦和"，称谦逊厚道为"谦厚"，称辞谢推让为"谦让"，称谦慎检束为"谦约"，称谦虚而恭敬为"谦恭"，称真情谦让为"谦衷"，称谦逊仁恕为"谦恕"，称办事有成就而不自满为"谦虚"，称谦恭儒雅为"谦雅"，称谦恭廉正为"谦廉"，称谦逊而和颜悦色为"谦煦"，称谦逊之人为"谦人"。如此等等，不一而足。此外，还由"谦"字引发出诸多的成语来，如"谦虚谨慎""谦虚下士""谦谦君子""谦受益，满招损"等等。由此可见，"谦"这个文字符号，已经是深深地镌刻在了每一个中华人的心碑之上了。

"谦谦君子"这句成语，现在我们还常用，指的是那种谦之又谦、严以律己的正派人，也指彬彬有礼、懂得以礼待人的人。在《易·谦》

中说："谦谦君子，用涉大川，吉。"意思是说，只有那种谦之又谦的君子，在人生的历程中，才能涉越湍急广阔的大河巨流，吉祥如意地到达成功的彼岸。长期保持谦虚的态度，必有大吉大利的结果。有的学者认为，这里用了两个"谦"字，应理解为从开始到结束、从思想到言行都得谦虚。

"谦谦"是一种永不满足、永不止步的大情愫、大胸怀。《易·谦》中有一句话，说道："地中有山，谦。"这话是有来头的。"谦卦"的上半卦的卦形为坤，即为地，"谦卦"的下半卦的卦形艮，即为山，从卦相看，不是说的正是"地中有山"吗？这一卦形，蕴含的哲学意味是说，你即使是一座山，也只是比大地高出了那么一点点，你的根基在大地，如果你失去了大地，也就会失去你的一切。再说，山外有山，天外有天。你能说自己是世间最高的山吗？你即使是世间最高的山，你能高得过更高的苍穹吗？因此，有着谦虚情怀的人，永远也不会自满。哲人说过："不满是向上的车轮。"唯有虚怀若谷的人，他才会有永不止步的动力，他才会有至高无上的追寻。

"谦谦"也是一种待人接物之道。《易·谦》的总卦词是："谦：亨，君子有终。"意思是说，如果君子能够终生以谦谦之德待人接物，那么，上天就能保障他终身亨通，无灾无难。讲得通俗一点，就是谦谦之人上天也会保佑他。

中国古代有一则张良与老父的故事。说的是张良年少时，居于圯上时遭遇的故事。这位老父是一个神道之人，要测试的就是张良这个年轻人是否个谦谦君子。这位白发苍苍的老父，衣衫不整，其貌不扬。他坐在桥头上，故意把脚上的鞋扔到桥底下去了，见到张良走近过来了，就以命令的口吻说："孺子，下取履！"意思是，小朋友，到桥下把我的鞋拾上来。张良虽然心中有点儿不高兴，但还是将鞋拾上来了。这时，老父不仅不感谢他，还一伸腿要他把鞋给穿上。张良虽说心中不那么痛快，但还是将鞋给老父穿上了，得到的评价是"孺子可教也"（至后世，此语也成了民众常用的成语）。临别，老父约张良"后五天平明，与我期此"，可是一连两次老父都到得更早，引起了老父的不满。直到第三次张良去得更早，才让老父高兴，相信这孩子确是个谦谦君子，同时也将"读之则为王者师"的那部《太公兵法》授于他。张良日后的成功就源于"以谦为德，始终不渝"的品性。

"谦谦君子"，更加完整一点的提法是"劳谦君子"。同样在《易·谦》这一卦中说道："劳谦君子，有终，吉。劳谦君子，万民服也。"这里还是强调的"有终"两字。意思是说，勤劳又谦虚的君子，如果能坚持有始有终，终生不渝，那结果一定是会吉祥如意的。道理很简单，那样的劳谦君子，显然会受到天下亿万民众敬重和爱戴。

在中华民族不倦前行的长达千万年漫漫征途中，多有无私无畏的不倦奋斗者，多有一往无前的勇敢牺牲者，多有胸怀大义立志为民的献身者，他们堪称为我们这个古老民族的民族精神的典范和榜样，其中最为感人的当是——

夸父追日

"夸父追日"本是一则生动有趣的神话故事，为历代的人们所喜爱，传之久远，后来就产生了多种说法和版本。成语化以后，主要用以形容人们征服自然和勇敢前行的决心，当然有时亦会比喻不自量力。

有这样一种说法：夸父原是远古时代生活在我国北部地区的一种似兽非兽、似鸟非鸟的性格猛烈的动物。说它是兽吧，它的身上却长着"四翼一目"，要知道，所有的兽类都是不长羽翼的啊！它却长着四根羽翼，比一般的鸟还多两根羽翼。说它是鸟吧，它又是"大如狗，似猕猴"，还会大喊大叫，"其声如呼"。

这个"呼"字，是指大声地呼叫，怒吼。最有意思的是，这名为夸父的动物可是个挺有正义感的物类，它能适时保护那些弱小动物，而专与那些强势的豺狼虎豹作对。别看它的个头不算特别大，可与那些猛兽巨鹰斗起来，还每每能占据上风呢！

大约在同一地区，同一时间，居住着一个有着数万人众的巨人部落，并建立起了巨人国。这一部落的人们，个个都是彪形大汉，身材既高大，体力又出众，又有团结精神。有一天，这一巨人部落的首领与部属们正在一起聊天。有人说："我今天看到了一头夸父与一头猛虎格斗的场面，夸父虽说体态不及老虎硕大，但在格斗中一点也不居下风。格斗了一个时辰光景，最后老虎怯战了，只得落荒而逃。"巨人部落的首领听后，十分兴奋，接下话头说："我也看到过类似的夸父与其他猛兽格斗的场面，我以为夸父这种动物简直可以是我们的崇拜物。我在想啊，我们国家历来有以崇拜物为图腾的习俗。夸父既是我们的崇拜物，我们以后就以夸父自称吧，我们这个巨人国以后也就不叫巨人国了，就叫夸父国吧！"一阵欢呼，大家都认同了。

从此以后，天地间多了一个夸父国，这个国度的一万余人众，都被称为夸父，尤其是这个国度的首领，常以夸父自称，还为之自豪呢！

夸父和夸父国所处的年代久远，具体时间空间已无法考证了。《山海经·大荒北经》中记载："大荒之中，有山，名曰成都载天，有人珥两黄蛇，把两黄蛇，名曰夸父。"以此资料可以断定：夸父部落最原始的发祥地当在我国北方的"大荒之中"，而且除了以威猛的夸父为图腾外，同时又以蛇为自己部族的图腾。这是不奇怪的，在远古时代，信奉两种及两种以上图腾的部族多得很。在中国传统文化中，龙蛇本为一体，以蛇为图腾也就是以龙为图腾。可见，夸父族的民众都认同自己是龙的传人，而且点明了是"黄龙"的传人，其归属感是十分明确的。

在如此的背景下，引发出了有情有趣的夸父追日的故事。

夸父追日的故事是这样记述的：有一年，天气异常炎热，火辣辣的太阳直射在大地上，烤死了庄稼，晒焦了树木，一些河流也干枯了。人们热得难以忍受，夸父族的人们一个个将要被渴死饿死了。

夸父看到这般情景心里非常难过，他仰头望着太阳，告诉族人："我要追上太阳，捉住它，让它听人的指挥。"族中的一些人听后，认为那是不自量力，纷纷劝阻。

有的人说："你千万别去呀，太阳离我们实在太遥远了，你会累死的！"

有的人说："太阳那么热，你会被活活烤焦烧死的！"

夸父心意已下定了，发誓要带领愿意跟他同行的族人一起去追赶太阳，让太阳听从人们的吩咐，为大家服务。他看着愁苦不堪的族人，信心满满地说："为了大家能过上幸福的生活，我一定要去逐日。"

太阳刚刚从海上升起，夸父带着部分族人，怀着雄心壮志，从东海边上向着太阳升起的方向，迈开大步追去，开始了他逐日的征程。日复一日，月复一月，孜孜不倦。相关文献上就有这样一段经典文字："夸父与日逐走，入日。渴欲得饮，饮于河、渭。河、渭不足，北饮大泽。未至，道渴而死。"（《山海经·海外北经》）

从一定意义上讲，夸父实在是了不起的英雄，他追逐的太阳，是光明的象征。他为了逐日的大业，终日、终月、终年不息地前行。渴了，就饮黄河和渭水中的水。看来这是一支规模相当庞大的"追日"团队，其行程也十分漫长，不然怎么可能一度把河、渭的水喝光了呢？为了"逐日"的宏大追求，最后是夸父"道渴而死"。众多学者都认为，夸父时代一定是发生了非常严重的干旱，就像后羿射日故事中"十日并出"所描述的情景一样，一个逐水而居的部落寻找到新的水源是赖以生存的先决条件。于是，夸父率领众人开始了一场寻找水源的大迁徙。

迁徙必须选择方向，而太阳的方位则是他们迁徙的依据。从故事的描述来看，夸父来到了禺谷。"禺谷"指的是传说中日落的地方，因此他们可能是选择了向西迁徙。所以，所谓的夸父逐日，其实是夸父依据太阳坠落的方向进行迁徙，迁徙的目的是为了寻找水源。从这个意义上来讲，夸父真正追逐的不是太阳，而是水。只是这次的迁徙寻找水源并未成功，最后，夸父死于迁徙的途中。

夸父追日的行为是一种大无畏的精神，虽然似乎有点不切实际，却显示了原始社会人们的心灵和思维的简单、真切、可爱。在国人的心目中，夸父成了为追逐崇高理想而贡献出自己生命的典范人物。

在不倦的追寻和奋斗中，夸父是死了，但他的精神并没有死，他永远活在世世代代民众的心中。我国古代的人们，在桃木板上书写联语（对联），初始的意愿就是为了纪念他，世人称之为——

桃符辟邪

"桃符辟邪"这一讲是顺着上一讲来的，上一讲说的是夸父为了"追日"，献出了一切，包括自己最可宝贵的生命。按理说，至此故事可以结束了。可是，夸父逐日的故事实在太感人了，人们很想知道夸父身后的事，于是就有了本讲要告诉大家的那些故事。

上一讲我们说了，夸父是竭尽全力逐日未果而最后"道渴而死"的。可是，故事并没有到此为止。据说，夸父临死的时候，还是心有不甘，心里一直充满遗憾。他还是牵挂着自己的族人，牵挂着正被太阳炙烤着的苦难中的天下黎民百姓。他要尽最后的一点气力，为人们做点儿什么。这时，他手头只有一枝伴随他行走了千万里的手杖。他深情地望了望这枝手杖，说了句："去吧，我再也不能陪伴你了，但我相信你对这个世界还有用。"于是，他将自己手中的木杖扔了出去，扔向大地。夸父的这一扔，奇迹发生了，木杖落地的地方，顿时生出大片郁郁葱葱的桃林来。这片桃林异常茂盛，为往来的过客遮阴，结出的鲜桃，为勤劳的人们解渴，让人们能够消除疲劳，精力充沛地踏上旅程。《列子·汤问》有载：夸父将死时，"弃其杖，尸膏肉所浸，生邓林，邓林弥广数千里焉"。何谓"邓林"？清代学者毕沅注云："邓林即桃林也，邓、桃音近义同。"夸父献身后化生成了千里桃林，这显然是对其人其事的一种纪念吧。

神话故事的神奇让人震惊，并留给人们无穷无尽的遐想。人们一定会想，为何是桃林而不是其他的林木呢？这中间蕴含着什么奥秘呢？

应该说夸父之手杖化生为一片桃林，是有其文化渊源的。在相当长的历史时期里，在中华文化中，桃树被视为神树，桃花被视为国花，直到宋代以后才有所变化。读《诗经》，有多处是颂扬桃之"德性"的。《诗经·桃夭》中有这样的名句："桃之夭夭，灼灼其华。之子于归，宜其室家。"意思是说，桃叶是那样翠绿，桃花是那样红艳。它好像是在祝福新婚的小夫妻，去建设美好家庭。《诗经·抑》中还有这样的名句："不僭不贼，鲜不为则。投我以桃，报之以李。"意思是说，做人要讲究规矩，不可超越红线。如果能像桃李相报那样协调和谐，人际关系就美满了。三国时期刘、关、张的结义，也在桃园之中。晋人陶渊明作《桃花源记》，称该处"土地平旷，屋舍俨然，有良田美池"，把桃花与理想境地紧紧地组合在一起。连《红楼梦》中多愁善感的林黛玉葬花，葬的也是可爱的希望之花——桃花。在中国古人的心目中，桃树是吉祥之树，桃花是吉祥之花。

在中华文化中，桃木又是扶正祛邪之木。这一观念起于何时，那是很难考证了。但它是中国人心目中一个长长久久的文化观念，那是肯定的。大约在先秦时期，人们就以长六寸、方三寸的桃木，上书五色书文，施之于门户，以辟邪，名为"桃印"。后来，人们把桃木制成弓，棘枝制成箭，称桃弧棘矢，去射物，"以除其灾"。人们还以桃木制成桃戈，用以刺物，前刺时直呼其名，说是可以使邪物伤残。汉时还以桃木制成桃杖，以皇帝的名义作为宝物赐于公卿和大将军，据说可以万事顺昌。事实上，人们心底里还是忘不了这个"不自量力"的英雄式的人物夸父。既然"千里桃林"为其"尸膏肉体"和"手杖"所化，那么，人们就有理由把对夸父的怀念移植到日常所见的桃木上去了。

大约从魏晋南北朝起，桃木是镇邪扶正的神木的观念进一步升华，并且这种观念进入了千家万户，进入了寻常百姓家，进而融入民俗。农历正月初一的那天，人们一清早起来的第一件事，便是忙着在大门上挂起两块画着神像的桃木板，门的一边挂一块，上面书写上自己创作的联语，即后来的对联。在春日开始的那天挂起桃木符件以为压邪，这就是"桃符辟邪"成语的由来。"爆竹一声除旧，桃符万户更新"，桃符中寄寓着千家万户的心愿。到了五代以后，纸张开始普及了，桃木联语大多为纸书联语所取代，这就是直到今天还流行于家家户户的春联。

夸父是了不起的，他的业绩是不会被世人忘记的。生活在中晚唐的大学者柳宗元，一生经历了代宗、德宗、顺宗、宪宗四朝，所受的人生艰辛和困顿也是可想而知的。他是多么想"兴尧舜孔子之道"，通过变革"土俗"、改易"乡法"，使民众过上好日子。但是，事与愿违，不仅朝中大臣"众畏其才高"而不认同他，就是那几朝的糊涂皇帝也一再与他过不去。在困顿中，他想到了一个人，那就是远古的大英雄夸父，他写下了传世的名诗《行路难》，试着从另一全新的视角来解读夸父。他这样写道："君不见夸父逐日窥虞渊，跳踉北海超昆仑。披霄决汉出沆漭，瞥裂左右遗星辰。须臾力尽道渴死，狐鼠蜂蚁争噬吞。"通过发挥自己独特的想象，写尽了夸父的英雄气概和献身精神。文中的"虞渊"，相传是日落之处所。夸父为了"逐日窥虞渊"，为老百姓带来福祉，他不怕跳踉北海，也不怕超越昆仑。他抓紧一切机会，可谓"争分夺秒"，行进在天宇、银河、星辰之间。最后是"力尽道渴死"，死后却甘愿自己的身首让"狐鼠蜂蚁"去"争噬吞"。虽然语带悲怆，总体而言，却体现了一种积极进取的人生观念，而且从另一视角、另一层面道出了大英雄夸父之永恒和伟大。

古人面对着两个世界：大地和星空。大地就在自己脚下，是现实的，可触摸的，而星空则弥散在天宇之中，是缥缈、遥远的，也是难以捉摸的。与一个男子汉的追日梦相映成趣的，是一个小女子的飞天梦。也许，人们是这样想的：既然人类是天地之子女，那么，立足于大地的人类为何不可以"飞"向天空，去亲近自己的生身父母呢？千万年来，一直传诵着这样一个感人的飞天故事——

嫦娥奔月

千万年来，在中华民众中一直传诵着这样一个故事：嫦娥奔月，也称嫦娥飞月。

在中华文化的典籍中，也许点击率很高的当数"飞"这个动态的字眼了。鱼是在水中游的，可我们远古的先人偏偏设想出那么一种活龙活现的"飞鱼"。《山海经》中说："劳水之中，多飞鱼，其状如鲋鱼。"劳水在哪里？谁都不知道，可我们的古人这样说了。还有什么飞蛇、飞兽、飞神、飞仙。还有飞龙之说，《易·乾》："飞龙在天，利见大人。"意思是说，巨龙飞上天的话，那是大吉大利的事，意味着大人物将要出现了。最有意思的是，远古的中国人，十分向往着"飞人"的出现，到天外去看一看、玩一玩，品味一下天外情趣。从精神层面上讲，中国人真称得上是"想飞的中国人"。

飞，表现着一个民族丰富的想象力——他们想象人可以像大鹏一样搏击长空，甚至直上九霄。

飞，反映着一个民族强劲的进取心——他们不甘于被永远捆绑在脚下那一方土地上，进取心驱策着他们终有一天会"飞"出大地。

飞，体现着一个民族广阔的视野——他们把视野从大地上移开去，投向大地之外的太空，这是何等了不得。

我们得为有这样的祖先而感到无比自豪。嫦娥是古人塑造得最为成功的飞天形象。在长期流传过程中，这一神话故事形成了多种版本，但主要的是下面两个版本两种说法。

一种说法是：嫦娥是个不同凡响的奇特女子，虽说生在人间，却一直向往着天际。传说她的丈夫就是射落九日的后羿。后羿射日成功后，百姓拍手称快，可得罪了主宰天地的上帝，罚他永远干苦差使。后羿不服气，飞越弱水和火焰山，来到瑶池的岩洞里，拜见西王母，让西王母评理。西王母同情他，交给他一种神药，说："这种神药，你们夫妻分着吃，可以长生不老，如果一人吃了，则可以升天成仙。"回家后，后羿把这些话给妻子嫦娥一五一十地说了，并把神药交给嫦娥珍藏。此事不知怎么被也是射手的后羿的弟子逢蒙知道了，他一心想把神药弄到手。那年八月十五这天清晨，后羿要带弟子们出门去，逢蒙也是后羿的弟子，可他假装生病，留在家里不走。到了晚上，逢蒙手提宝剑，闯进后羿和嫦娥居住的内室里，威逼嫦娥把仙药交出来。

嫦娥心里想，让这样的人吃了长生不老药，不是要加害更多的人吗？于是，她便机智地与逢蒙周旋起来，逢蒙见嫦娥不肯交出仙药，就翻箱倒柜，四处搜寻，眼看就要搜到珍藏仙药的百宝匣了，嫦娥疾步向前，取出仙药，一口吞了下去。嫦娥吃了仙药，突然飘飘悠悠地飞了起来。她飞出窗外，一直朝着月亮飞去，最后登上了月宫。

上面是一种说法，另一种是更为通行的说法，那就是众多文献上的"羿请不死之药于西王母，嫦娥窃以奔月"的说法，今本的《山海经》《淮南子》《初学记》大都认同这种说法。这种说法的大意是：后羿历尽艰辛从王母娘娘那里获取了仙药，让妻子嫦娥为他保管。嫦娥是个很有想象力和探险精神的女子，得到王母娘娘赠予的仙药后，她多少个晚上兴奋得睡不着。她原本向往天空，渴望了解天空的秘密，可以说，奔月之旅是她长期来的心愿。现在，据说能升天的仙药就在自己的手头，怎么会不怦然心动呢？当然，这时她的心情是复杂的，一方面是对升天的渴求，另一方面又是对夫妻情深的眷恋。一方面明明知道此行是一种前无古人的冒险，另一方面冒险带来的巨大刺激又强烈地召唤着她。思之再三以后，她终于在农历八月十五的月圆之时，"窃仙药以奔月"了。

嫦娥奔月后，住进了人们想象中的"广寒宫"。有的书上说："嫦娥奔入月中，为月精也。"月精，也就是月中仙子。有的书上又说："托身于月，是为蟾蜍。""蟾蜍"云云，也就是俗称的蛤蟆。风清月明之夜，遥望月宫，隐隐可见月中蟾蜍状的阴影，那就是她了。相传月中还有一棵大大的桂树，还有终日在月宫中砍树不止的青年男性吴刚，另外还有一只可爱的白兔。

乡亲们很想念那好心又好冒险的嫦娥，常在月明之夜在院子里摆上嫦娥平日爱吃的食品，遥遥地为她祝福。从此以后，每年八月十五，就成了人们企盼团圆的中秋佳节，一只只圆圆的月饼，寄寓着人们几多的思念。

后人对嫦娥奔月后的心态有了种种有意思的猜测。唐代李商隐有诗云："云母屏风烛影深,长河渐落晓星沉。嫦娥应悔偷灵药,碧海青天夜夜心。"该诗的大意是说嫦娥在月中太寂寞,是否会有悔意?按常理说,那是不会的!作为传说中的登月第一人,她应该高兴、应该自豪、应该自足才是。你说呢?

飞天之梦,不只是属于嫦娥的,也是属于中国人的。公元2003年10月15日,中国首次发射了载人航天飞行器"神舟五号",第二天,飞天的中国太空人凯旋。数千年的走向太空之梦,在此时变成了活生生的现实。久留于月宫的嫦娥一定会为此欢心鼓舞的吧!

人们不只把目光投向星空,也投向碧波万顷的大海。大海是生命的摇篮,是生命的发祥地,人们是多么希望战胜大海,并有所作为。陶渊明《读〈山海经〉》诗云:"精卫衔微木,将以填沧海。"精卫是炎帝的女儿女娃在东海溺水身亡后化生出的一只小鸟。为了报复吞没她年轻生命的狂暴的洪涛,她每天从西山衔来一块块微木,填进东海,她相信,只要坚持,总有一天可以把大海填平的。这种精神,得到了世代民众的倾心点赞——

精卫填海

"精卫填海"既是一句广为人知的成语,又是一则特别能励志的神话传说故事,充满着历史和现实的正能量。晋代的大诗人陶渊明在《读〈山海经〉》一诗写道:"精卫衔微木,将以填沧海。"以口衔的一块块碎石和微木,决意要去填平漫无边际的浩渺大海,这是何等的气派和勇气！这种精神，必然会赢得世代人们的热情点赞，并将传之久远。

《山海经》一书中完整地记述了精卫填海的动人故事。相传炎帝有一小女，名为女娃。这是一个特别天真活泼又可爱纯情的女孩。她常常驾着一叶小舟到东海边去玩耍。这一天，风刮得特别强，浪掀得特别高，可是，女娃一点也不害怕，照样驾船出海去了。船开出不多久，一阵巨浪打来，就把她驾的小船掀翻了，她也因此葬身海底，失去了年轻的生命。这就是《山海经》中说的"女娃游于东海，溺而不返"的故事。

故事似乎该终结了，但是，作为神话故事，一切还刚刚开始。女娃的肉体生命虽然终结了，可是，她的灵魂并没有死亡。她的魂灵来到一座名叫发鸠山的高山上，化做了一只小鸟，由于它的鸣叫声很特殊，似乎是在"自呼"，也就是自己呼叫着自己的名字似的，它被人们取名为"精卫鸟"。精卫长着有花纹的脑袋，嘴壳是白色的，脚爪带红色，它的体量只有乌鸦那么大小。在这座发鸠山上，生态环境可以说是特别好，天空中终年飘着白云，山下是一泓清泉，可供各类动物食用生长，山上长着茂密的柘树。柘树是一种高高的乔木，树皮灰褐色，树身上长有长刺，果实硕大，味道甘美，这种树的叶子也可食用。女娃化成的这只精卫鸟就在这样优美的环境中一点点长大了起来。

长大了的精卫鸟不忘初始。她记住了，是狂暴而无情的海涛毁灭了自己年轻的生命，使自己不得与可亲可爱的父母团聚。想到这一切，她就悲切，她就憎恨。再说，狂暴的海浪不只夺去了她的生命，还正在不断夺去不知多少像她一样的弱小者的生命。为了自己，也为了世人，她觉得应该做点什么。

有一个夜晚，她做了一个神奇的梦，梦中一位神仙告诉她："你是被肆虐的恶浪害死的，现在，你的灵魂已经化为了一只精卫鸟。你不能永远这样悲哀下去，你应该用自己切实的行动证明自己，为消除继续肆虐的恶浪做一点实实在在的事。"当她醒来的时候，她似乎清醒了许多，她自言自语说："我不能只是悲哀，我的确应该为这个世界的消灾除害做点儿实实在在的事。"

作为一只小鸟，能为这个世界的消灾除害做点什么呢？她突发奇想："如果我从西山上每天衔一些树枝、柴草扔进东海去，也许有一天能把东海填平，从此东海的恶浪再不会残害生灵了。"她想定了，就这样做了起来。不停地从西山衔来一条条小树枝、一颗颗小石头，丢进海里，想要把大海填平。她永不停歇地往来飞翔在西山和东海之间。

那咆哮的大海依旧潮起潮落，风急浪高，声振长空，仿佛是在嘲笑她："小鸟儿，算了吧，就算你填上百万年，也别想将我填平！"

但是，翱翔在高空的精卫鸟以铿锵有力的声音回答说："就算填上一千万年、一万万年，填到世界末日，我也要将你填平！"

"你为什么恨我恨得这样深呢？"大海试探着问。

精卫的回答明明白白："因为你呀——夺去了我年轻的生命，将来还会有许多年轻无辜的生命被你无情地夺去，面对这些，我实在不能忍受！"

"傻鸟儿，那么你就填吧——填吧！"大海放肆地哈哈大笑了起来。

精卫鸟在高空回旋着，以掷地有声的言词回答："我要填的！我要填的！我会永无休止地填下去的！这叫人悲恨的大海啊，总有一天我会把你填成平地！"

为了不让其他人的生命像自己那样被大海所吞没，她一如既往，还是每天从西山那里衔着小石子、小树枝向东海飞，到了海上，就把小石子、小树枝往海里扔。扔下后，又往西山去衔小石子和小树枝。还是每天从早到晚，衔了又扔，扔了又衔，她从不停顿。她发誓要把这可恶的大海填平。

人们一定很想知道，"精卫填海"这宏大的事业是否成功了呢？查遍所有的资料，都没有告诉你现成的答案。也许成语故事的编织者希望留下一个悬念，让后人自己去思考，自己去寻找合乎逻辑的结论。我们只知道有这样的下文：后来精卫鸟与海燕交配，生下的雄性仍旧状如海燕，生下的雌性则状如精卫。这样生生不息，自然就有了第二代、第三代，直至无穷代的精卫，精卫填海的事业也就无穷无尽地继承了下去。

按照茅盾先生在《中国神话研究初探》一书中的分类法，精卫填海"属于典型的人化为动物的神话"。这类神话"都是描写象征那百折不回的毅力和意志的，这是属于道德意识的鸟兽的神话"。

如今，在东海边上还存有一处神圣的地方，叫做"精卫誓水处"，那是精卫溺水身亡之处，也是精卫鸟誓死不饮东海水的标志性处所。她宁愿住到发鸠山去，食那里的食物，饮那里的凉水，往返数百里实施填海活动。由此，她除了精卫鸟这个正式的名字外，又赢得了人们赐予的赞名："誓鸟""志鸟"。她是永远活在人们的心中了。

中华大地的自然生存条件并不怎么优越，甚至可以说，到处都有挡道的"大山"，时时都有艰难险阻。可是，无私无畏的中华儿女，凭借着那一股子不服输的血性，硬是从万山丛中杀出了一条条"血路"，创建了辉煌无比的中华文明。

神话故事说，北山愚公的家门口横着太行、王屋两座大山，挡住了一家人的出路。愚公动员一家老少齐心协力实施移山。这一故事生动地印证了中华文明发展的艰辛，具有极强的励志精神——

愚公移山

这篇要讲的是大家都相当熟悉的"愚公移山"。这是一则中华远古文明发展过程中形成的著名神话故事。

清代黄宗羲在《张苍水墓志铭》中写道:"愚公移山,精卫填海,常人藐为说铃,圣贤指为血路也。"这里的"说铃",指的是不着边际的闲言碎语,也指不合正道的邪说。"说铃"一语颇为古老,在扬雄著的《法言》中就有"好说而不见诸仲尼,说铃也"。换句话说,不符合孔子之道的,说得再好听,说得再圆通,也只能视之为"说铃"。黄宗羲这句话的大意是:愚公移山和精卫填海这样的神话故事,并不是简单的空话大话,也没有脱离孔孟圣道,而是真正要从民众的角度为中华民族的发展杀出一条血路来。

愚公移山的故事见于《列子》一书,故事本身就描述得很生动,极富于情趣,它的梗概大致上是这样的:

年近九旬的北山愚公,家住在冀州一带。他的家门前有太行、王屋两座大山,挡住了出路。这两座大山连绵七百余里,高一万仞以上。他老人家苦于山区北部的阻塞,进进出出都要绕几百里的道,极不方便。他一直在想,苦了一辈子了,再不能让下辈人走这样的冤枉路了。于是就召集全家人一起商量怎么办,他讲出了自己积压心头一辈子的那个宏伟心愿:

"我很想跟你们齐心协力挖平那两座险峻的大山,使道路一直通到豫州南部,到达汉水南岸,这样该多好呀!"

一家老小纷纷表示赞同,几个小孩子高兴得一叠声叫好。可他的妻子有些担心,提出疑虑说:"凭你和全家人的力气,怕连家宅边的这座魁父小山都不能削平,怎能把太行、王屋两座大山挖掉呢?再说,往哪儿搁置挖下来的泥土和石头？"

家中的几个壮年人也挺有勇气的，说道："这好解决，把挖出来的泥土扔到渤海的边上，安放在隐土那个地方的北边去就行了。"

愚公是雷厉风行的人，见家人全力支持，于是说干就干，一家老少动起手来，他率领儿孙中能挖土能挑担子的一些人上了山，凿石头，挖土，并用箕畚运到渤海边上。

此时，邻居京城氏的寡妇家有个孤儿，刚满七八岁，也蹦蹦跳跳地要前去帮助。愚公好心地劝导那寡妇："孩子还太小，让他长大了再帮我们一起去干吧！"那寡妇说："多个人就多双手，让孩子去吧，那样对他也是一种历练，挺好的。"这样一讲，寡妇家的孩子硬是去了。当时一去就是大半年，到冬夏换季，才能往返一次。那寡妇很开通，让孩子跟着愚公一家去移山，心里很放心。

可是，住在河曲那边的那个智叟，见愚公带领众人如此挖山不止，出来劝阻愚公别干这种傻事，他讥笑愚公说："老头啊，你简直太愚蠢了！就凭你那一点残余的岁月和剩下的力气，恐怕连山上的一棵草要拿到山下来都不容易，更不要说把两座大山上的所有泥土和石头搬走了！"

北山愚公听了其所谓"好心"的劝阻，长叹着说道："你的年岁没我大，可你的心真顽固啊，简直是顽固得没法开窍！"

智叟不服，生气地顶了一句："我怎么会不开窍呢？"

北山愚公认真地回敬说："你的名字虽说叫智叟，可实际上我看是一点智慧也没有，而且实在没有开窍，说你连孤儿寡妇都比不上是一点也不冤枉你的。难道你不懂得那样一个简单的道理吗？我是老了，但我有儿子呀，儿子又生孙子，孙子又生儿子，这样子子孙孙可是无穷无尽的啊！只要他们一代又一代挖山不止，那山不会再增高加大的，为何会移不掉呢？"

河曲智叟听了愚公的一番话，无话可答，只得默默地低下了头，从此再也不说什么了。

北山愚公的善举感动了周边几十里地的民众，纷纷加入这支移山的大军中来，每天参加移山的人从北山愚公家的数人，增加到了数十人，后来发展到了数百人。连路过的一些闲人，也都来帮上一手。

古代人以为，大地上的每座山都是由山神管理着的。据说，愚公那移山的大动作，也惊动了太行、王屋两座大山的山神。两位山神商量了一下，怕愚公那样没完没了地挖下去，会伤了所谓的"地脉"，就急匆匆地向天帝打了个报告。天帝派员下来了解了情况，最终着实被愚公的诚心感动了。《列子·汤问》中有那么关键的几句："山神告之于帝，帝感其诚，命夸娥氏二子，负二山。"夸娥氏是中国传说故事中的大力神，他的两个儿子也力大无比，接到天帝的命令之后，就轻轻松松地把那两座大山给背走了，一座放在朔方的东部，一座放在雍州的南部。从这时开始，冀州的南部直到汉水南岸，再也没有高山阻隔了。

这是一则著名的寓言故事。

在这则故事中出现了四类人物。第一类是以愚公一家人为代表的移山派。哪怕困难再大，我就是要下决心把那两座大山移掉。第二类是以"孀妻弱子"为代表的热烈支持移山派。京城氏之孀妻的儿子只有七八岁，在其母亲的鼓动下也高高兴兴参加了移山活动，而且也出了大力气的。第三类是彻底的怀疑派，代表人物就是那个智叟。他断言山是移不掉的，一定要移山是"不惠（慧）之甚"，也就是最不聪明的行为。第四类是了解实情的山神和决定人间命运的上帝。他们"感其诚"，把两座大山给背走了。毛泽东主席在1945年抗日战争胜利前夕作《愚公移山》一文，说道："现在有两座压在中国人民头上的大山，一座叫做帝国主义，一座叫做封建主义。中国共产党早就下了决心，要挖掉这两座山。我们一定要不断地工作，我们也会感动上帝的，这个上帝不是别人，就是全中国的人民大众。"

愚公移山精神是我们的远古祖先留给我们的永远的文化遗产。我们理应永远珍视它。

战国时期有一个大思想家叫邹衍。他详尽地研究了中国的历史掌故、名山大川、飞禽走兽、各类谷物、矿产资源，还对海外来人所携带的珍奇物品加以考察，经过一段时间的苦心探索，他得出这样的结论：中华故土，实为——

赤县神州

中国历来有"一方水土养一方人"和"人杰地灵"的说法。我们前面许多讲，讲的大多是"一方人"，讲的是"人杰"。从人杰的视角，我们讲了开天辟地、化生万物的盘古，讲了抟黄土作人、进而又以五色土补天的女娲，讲了改变穴居旧俗、创设巢居新天地的有巢氏，讲了使中国人由茹毛饮血走向火食的燧人氏，讲了圈养牲口、发明厨艺的庖牺氏，讲了追日不止最后献身事业的夸父，讲了千辛万苦终于圆了飞天梦的嫦娥，讲了被大海吞没了生命、化成神鸟填海不倦的精卫，还有那尽全家之力移山、最终感动上帝的愚公。这些，都可称为值得我们中华民族骄傲的人杰，世人亦称颂其为先圣或后圣。

按照中国的传统观念，有"人杰"，必有"地灵"。让人心动的"一方人"，必由"一方水土"养育而成。我们这一讲就是要讲一讲"一方水土"，讲一讲这片化育了无数先圣后圣、英雄好汉的"地灵"之处。

战国时期有一个大思想家叫邹衍。他是齐国人，活动的年代大约略晚于孟子。从学识上讲，他是个博学者，先是学儒，后又转而学道，最终他创导了影响中国整部历史的阴阳五行学说，把阴阳看作是天地和人世的两极，把金、木、水、火、土五大基础物质看作是天地的基本元素。齐地是当时的经济发达之地，水陆交通十分方便，又接近大海，邹衍利用这些有利的条件，周游水陆各地，甚至涉水出洋。他详尽地研究了中国的历史掌故、名山大川、飞禽走兽、各类谷物、矿产资源，还对海外来人所携带的珍奇物品加以考察，经过一段时间的苦心探索，他得出了许多振聋发聩的高论。虽然，这些高论在严肃的历史学家看来只是"相当值得重视的猜想"。但他能如此猜想，已属不易。

　　邹衍是把中国放在世界的视野中去认识的第一人。他说，中国有九州，是个庞然大国。但是，相对于宇宙来说，它还是小的。中国只是天下的八十分之一，此九州只能称之为小九州。像中国这样的九州宇宙中还有八个，加起来就是大九州。每一大州的四周都有"裨海"环绕，大九州的四周则有"瀛海"环绕。再外面就是天地的边际了。其猜测是那样大胆，但不能不承认确有一定道理。

　　邹衍说中国不是天下的全部，不是为了否定中国的地位，恰恰相反，他是为了显现中国在天地间的地位。他以为，中华故土，实为"赤县神州"，其地位，其优美和神异，并非其他各州所能比拟。

　　先说一说"赤县"吧。在我们国家的远古时期，"县"是一个很大的地域概念，秦始皇巡游刻石时就有"大矣哉，宇县之中，承顺圣意"的说法。可见，整个宇宙是可以称之为"宇县"的。赤县，则是说我们居住的这片广袤的大地上一片赤色——赤色的阳光当空高照，赤色的城墙分外醒目，赤色的人们（皮肤被阳光晒成了赤酱色）辛勤劳作。赤县之称，本身就可以看成是一幅祖国山河的壮丽素描图景。

从地下发掘可知，远古的华夏祖先可以说是对"赤色"情有独钟，在他们使用的工具上，所喜爱的妆饰品上，常会人为地涂上一些赤色的矿石粉末。"赤色"，从人的视角看，它首先是血的颜色。因此，完全可以说，这种"赤色"情结，是华夏祖先血性的表现。他们敢于面对一切艰难困苦，面对一切人世灾异，用自己的热血和精气，去打造美好的大地。当然，崇尚赤色，也可以说是对光明的向往与追求，我们平时称太阳为红太阳，可见，太阳在人们心中也是赤色的。在中国历史上，三代时期呈现出不同颜色崇拜的演进：夏代崇拜黑色，商代崇拜白色，到了周代，周人崇拜的是红色即赤色。这种红色即赤色的崇拜传统，数千年间一直传承了下来，红色代表了一种令人高兴的、喜气洋洋的情感。可见，称中华大地为"赤县"，也可以说是民族传统之使然。

再说一说"神州"吧。何以称中国为神州呢？据一些文献资料上说，那是因为创设该名词的邹衍以为，中国这个地方实在太美好了，实在太神奇了，实在太阳光了，简直是神仙居住的地方，因以"神州"名之。那么，实事求是地说，"神州"大地究竟"神"在哪里呢？邹衍说出了这样一番道理：神州大地幅员辽阔。根据他的推算，神州在"昆仑东南，地方五千里"。这里第一是说了中国的方位，第二是说了中国的面积。应该说，他所说的中国方位是说对了，中国的确是处于昆仑山脉的东南面。当然，传说中的昆仑并非今日现实中的昆仑。至于说到中国"地方五千里"，有人拿那时的"里"与现今中国的实际面积一折算，竟也差不了多少，这也实在是太神奇了。还有神州大地山川秀丽，有长江、黄河这样的大川，古书上记载说神州"中有五岳地图"——可不是嘛，在广袤的神州大地上，有东岳泰山、西岳华山、南岳衡山、北岳恒山，以及中岳嵩山。这五座大山，点缀在中华大地上，使之更显得秀美壮丽，真可说是别有一番风光。这样的大地，如果真的让神仙来居住，也并不怎么委屈了他们的。神州大地人既勤，物又丰，"神州赤县，古称天府"。由于祖祖辈辈人的艰辛劳作，这里正在被建设成为人间天堂。

称中国为"赤县"，或"神州"，或"赤县神州"，渐渐被后人完全认同了，成为常用的成语。南朝时人就称完成统一大业为"克复神州"，宋人说岳飞的抗金是"梦绕神州路"，太平天国抗击外国侵略者，正义申言："烈烈神州，岂今宥胡狗?"当代的郭沫若先生豪气十足地说："神州原来是赤县，会看赤帜满神州。"由此可见，"赤县神州"已经成为中华大地的专称，成为中华民族人胸中的骄傲。

有关资料表明，距今一万年到五六千年前，中华大地"天倾西北"的地理地貌大格局已经形成。那时，地势高爽且气温和润的西北地区的生存环境大大优越于低湿多灾的东部和中部地区，因此在相当长的历史时期中出现了人口西迁的大趋势，人们称之为——

水往低处流，人往高处走

"水往低处流，人往高处走"，这句话大家熟悉，都能说，也都能记得，但可不一定能理解，就是似乎理解了，也不一定符合产生这话的历史背景和历史事实。

"水往低处流，人往高处走"这句古谚的原始意义，与后世理解的所谓"人心比天高"和追求荣华富贵是很不相同的，科学证明，它实指源于神州大地"西高东低"地貌引发的历史状况。

这种"西高东低"的实指，在我国远古的神话传说中得到了反映。

说是远古时代有一名为共工的人，生得十分奇特——"共工人面蛇身朱发"，且力大无比。他的部属都熟知水性，"水处十之七，陆处十之三"，他们大部分时间生活在水上或水岸边上。当时洪水泛滥，天下受灾，共工就站出来带领他的治水大军与洪水抗争。经过十来年的治理，水灾是治平了，共工也成了一位了不起的治水英雄。当时的天下还没有完全统一，比较出名的有地位有资格登上帝位的大首领要数颛顼氏、高辛氏、祝融氏这几位了。而共工氏原先的威望与地位并没有他们几位高，经历这场治水斗争，他的地位一下上升了不少，可以说与颛顼氏几位平起平坐了，共工氏也很想趁地位上升之势争一争当时的所谓"帝位"，实际上也就是领袖地位。可是，颛顼氏等三家竟没有人看上他的，眼看争帝不成，共工氏就采取了极端的行为。《淮南子·天文训》上记述道："昔者共工与颛顼争为帝，怒而触不周之山，天柱折，地维绝，天倾西北，故日月星辰移焉。地不满东南，故水潦尘埃归矣。"其意是说，从前，共工与颛顼争夺部落首领，共工在大战中惨败，他愤怒地用头撞击不周山，使得支撑着天的柱子折断了，拴系着大地的绳索也断了。结果天向西北方向倾斜，日月、星辰都向西北方向移动了；大地的东南角陷塌了，所以江河积水泥沙都朝东南角流去了。在其他一些书中，还有共工与祝融氏争帝、与高辛氏争帝的故事，都说是触了不周之山。不周山在哪里？人称"不周山在昆仑东南"。这一触可不得了，直接后果就是"天倾西北"，也就是形成了西高东低的天下地貌大势。

神话故事的特点往往就是事出有因、查无实据。实际的情况很可能是这样的：当人类发展到某一时间阶段的时候，在生活实践中，渐渐认识和感悟到了中华大地西高东低的地貌特征。对此大部分人是熟视无睹，可一些富于智慧精神的聪明人就不一样，他们发出了这样的追问：大地为何会是这样的呢？是不是会有什么人为因素的作用呢？他们想呀，想呀，最终突发奇想，以为在某场权力的争斗中，有人作出极端行为，把天体"触"成这样的。经过无数次的创作和再创作，终于从共工与其他权力人士的争帝斗争中找到了由头，形成了所谓"怒触不周之山，天倾西北"神话故事。

事实只能是这样，先有"天倾西北"的客观事实，后有"怒触不周之山"的附会与神话故事之编织。

历史发展到当今之世，谜底是该揭开了，是科学的发展揭开了神话神秘的面纱。

有关资料表明，在遥远的中新世与更新世交替的时期，地壳发生了巨大的变化。由于地壳板块之间的相互剧烈碰撞，出现了地球变迁过程中的所谓"造山运动"，喜马拉雅地区开始高高隆起，成为地球的制高点，也就是举世闻名的世界屋脊，海水从青藏高原迅速退出，渐次向低平的中部和东部地区流淌。至距今一万年到五六千年前，中华大地上"天倾西北"的地理地貌大格局已经完全形成。那时，地势高爽的西北地区的生存环境大大优越于低湿多灾的东部和中部地区，这样在相当长的历史时期中出现了人口西迁现象，那也是必然的大趋势。

当时的西部除了地势高爽，对水灾有较大的天然抵御能力外，还有哪些特有的优势呢？有不少。它还有着气候条件上的某些优势。按照现代中国西部氧同位素与气候关系的推测，在距今八千七百至八千五百年之间，那时西部温度剧烈上升了摄氏 4.5 度，这对植被的生长和人类的发展是十分有利的。就是在距今六千到五千年（五帝时期之前）这个时间段中，各地气候波动剧烈，是公认的环境较差的时期，而我国西部地区气温仍然较高，雨水也充足，适宜于人的生存和发展。

在生产力水平还相当低的远古时代，为了避害趋利，人们向更有利于生存和发展的地区迁徙是一种生活的常规。有学者还具体地指出："上古时期冰川的融、冻，洪水的升降，驱使人类不得不像候鸟一样不断迁徙。"在中国远古历史上对中国人口迁徙影响最大的是距今约八千五百年的那次大洪水，这是远古时期中国境内的第三次大洪水，这是伏羲氏后期的黄河泛滥造成的一次小洪峰，洪水始发于河南。"洪水导致了移民，移民路线自河南走向湖北，走向湖南，走向四川，走向贵州，然后再分两路，一支入藏，创造了当时繁荣一时的藏羌文化，另一支入川，创造了巴蜀文化，苗蛮越滇文化。"（王大有：《三皇五帝时代》）据说，在这第三次大洪灾时期，作为华族重要一支的共工氏带领着他的族民，进行了四次跨境大迁徙，总的走向是顺着地形由东向西走，其中的一支还远行到了北美大陆呢！作为华族另一大支的颛顼氏也在同时期进行了民族大迁徙，不少人众后来定居于中国的东北地区，也有相当部分西迁到了青藏高原地带。这不正好诠释了"水往低处流，人往高处走"一语的历史风貌吗？

好事可以变坏事，坏事也可以变好事，这就是历史的辩证法。正是这样异乎寻常的迁徙和交往，促进了各地、各族间的理解和交融，为统一和民族融合创造了必要的条件。到了五千年前的黄帝时代，实现了可贵的"万国和"的局面。

由于气候和地壳大裂变造成的灾异，万年前中华故土出现了一波又一波的人口长途大迁徙。人们不能安居于一隅之地，离乡背井，远走他乡，甚而至于"却把他乡作故乡"。这当然是苦了当时的一代又一代人，是大坏事。但是，从另一意义上讲这又是件大好事，人们经受了锻炼，增长了见识，开阔了眼界，交融了更多更大的社会群体，正所谓——

树挪死，人挪活

"树挪死，人挪活"这句话的初始意思是说，作为一棵树，它应该深深的扎根在大地之中，从大地中获取养料，以滋养自己。如果一天一个地方，老是挪动，那棵树就非得挪死不可。而人就不一样，人要活动，要开放，要挪"窝"，要学会在各种不同的环境中生存和发展。只有那样的人，才能活得自在，活得健康，活得有活力，活得有朝气。

"树挪死，人挪活"，关键强调的是"人挪活"。这话中有着生活的哲理。不仅是单个人的人生哲理，更应该说是我们这个多灾多难的民族的集体生存哲理。西方近代大哲学家黑格尔说过："在那些文明古国中，中国是自然条件最差、自然灾害发生最频繁的国度。"就其本身而言，这不是件好事。频发的天灾，再加上社会生活中的种种人祸，迫使人不能安居于一隅之地，离乡背井，远走他方。这当然苦了人，同时也锻炼了人，使人增长了见识，开阔了眼界，在"反将他乡当故乡"中，结缘更加众多的陌生人，交融于更大更多的社会群体。看一看，历朝历代，真正能成其气候的，哪一个不是行走和闯荡于江湖的英雄好汉？个人如此，一个团体，一个国家，乃至于整个民族和天下，莫不如此！

由于气候和地壳大裂变造成的灾异，万年前中华故土出现了人口长途大迁徙，这既是大坏事，又是大好事。在中国古代历史进程中，应该承认确实存在过"水往低处流，人往高处走"的历史时期。万年前，由于青藏高原的隆起，中国形成了西高东低的地势，在人对大自然的抗争能力不太强的情况下，的确会有大量的人们"走"向高爽而更加适宜于生存的西部（包括西北、西南）。侯外庐先生在《中国古代社会史论》中称："长程迁徙，这是中国古代社会的一个特殊现象。"而正是这种"被逼出来"的长程迁徙，在历史进程中由大坏事变成了大好事，形成了中国人特有的文化观念："树挪死，人挪活！"

历史证明，距今一万年到六七千年之前确有一次东部往西部的人口大迁移。现今西部地区较之东部地区民族成分更具复杂性，更说明了西部曾经的民族植入性。吕思勉在《中国民族史》中明确指出：西部之民"多与异族错处"。这里的"异族"是从哪里来的？唯一比较顺畅的解释是从东部、北部、南部迁徙而来的。在大自然的严逼下，人们不得不远走他方，来到西部高地，当起真正意义上的"丘民"（孟子语）来。

"树挪死，人挪活"这句民谚体现的是人世的真理，人如果一辈子都"窝"在小家庭中，"窝"在家族的亲人族人之中，"窝"在本乡本土之中，那他的一生也许会过得很舒适，但他不会有多大的出息。道理很简单，因为他没有经风雨，见世面，也没有长见识。"背井离乡"的人就大不一样，他必须学会许多新东西，必须面对很多难以预料的艰难困苦，必须学习着与自己性格迥异的"陌生人"相处、打交道，从中择取知心好友。谚语有言"吃一堑，长一智"，意指受到一次挫折，便得到一次教训，增长一分才智。所以在面对种种艰难困苦的过程中，人的活力和智能也就激发出来了，从而找到新的生命的活路。

吕思勉先生说过："写一部像样的中国民族史，是我的毕生的人生大愿。"吕先生出生在书香门第，从小饱读史书。著述《中国民族史》的时候，他已是年届五旬。为了把书写好，他又认认真真重读了二十五史中的相关典籍。尤其难能可贵的是，在那兵荒马乱的岁月中（20世纪30年代），他还坚持到各地去查阅地方志，了解民情民风，走访了数以千万计的寻常百姓家，最后得出这样可贵而有价值的结论："在国民整体中，应数秦、陇、燕、晋之民为淬厉而强。"他认为中华各族都是了不起的。但最强悍而有战斗精神的当数陕西（秦）、甘肃（陇）、河北（燕）、山西（晋）一带的民众了。为何会如此呢？作者的回答是因为此四省的民众多所"淬厉"。何谓"淬厉"？原来"淬厉"是指把金属加热到极致温度后，再急速地放在冷水中冷却，以增加金属的坚硬度。一个民族的"坚硬度"也是要通过"淬厉"锻炼出来的。"人挪活"的过程，正是"淬厉"民族坚硬度和锻造民魂的过程。

应该说，一部中华文明史，就是通过"人挪活"来"淬厉"民族精神的过程。我国民族的迁移和融合贯穿了民族发展的全过程。史料有这样的记载：三代时迁徙是家常便饭，夏后氏有十大迁，殷人有十六大迁，周人有七大迁。秦代在秦王政时就有五次大的迁移，每次家庭在数万户到十数万户不等。汉代元狩四年（前119）向西北大移民，一下就是七十余万人。元鼎年间（前116—前111）由于黄河水灾，迁河西戍田的百姓有六十万户，合人口二百万。东汉末，中原大乱，人口大量南下，南迁人口不少于百万。这是中原人口的第一次大南迁，中国历史上出现了一个指代特殊人口群体的新名词：客家人。他们原是北方人，千里南迁，后来成为中华群体中最具活力最具创造精神的群体之一。魏晋南北朝时期，是北人南迁的第二次高潮，共九十多万人，移民遍及江苏、山东、安徽、湖北、陕西、河南、江西、福建、湖南诸省。唐代人口重心进一步南移，岭南、海南岛成了迁入人口的重点地区，南迁人口总共当不少于数百万。北宋后期，金兵南下，宋王朝迁都杭州，出现第三次人口南迁潮，这是历史上最大的移民潮，人数当在千百万之间。元、明、清三代也人口流动不断，云南、贵州、辽宁、吉林也被卷入了移民潮中。到明清时期，对外的交流与移民也提上了议事日程。可以说，中华五千年的文明发展历程中，时时都证明着"人挪活"这一伟大的真理。

上述种种，都说明了，中华民族历来是开放而不是封闭的，人口的流动虽说往往与苦难相伴，"人挪活"的历史辩证法则一次又一次地激活了民族的灵魂，使中华民族在苦难中走上自强不息之路。

中华先人脚踏实地的行为风格

前面讲了"中华先人的艰难创业"的故事，当时的生活和生存条件格外差，又没有多少前人可资参考的经验，全靠自己去创造和摸索。在万难中，中华先人硬是靠着自己特有的群体精神、脚踏实地的自我奋斗精神，闯出了一条奋勇前行的血路。这里说了这些道理，肯定有人会问：人类真正过上"人"的生活的岁月至少距今已有五六万年至一万年的时间，在当时还没有文字记载，后人是怎么知道他们有着"脚踏实地"的奋斗精神的呢？说来也有意思，也可说是我们中国人的幸运，那是因为前人为我们留下了一部被称为"古今语怪之祖"的奇书，这部书的名字叫《山海经》。它用奇特的笔触写出了远在炎黄时代之前万余年至数万年先人的创业史事，既生动有趣又有与众不同的特质，被后人誉为——

谈天说地

人类迄今大约有三百万年的历史。其中大约99％以上的时间处于由动物向真正意义上的人过渡的原始群时期，三百万年的人类史中有大约二百八十万年处于猿人阶段，如我国距今一百七十万年的云南的元谋猿人，距今五十多万年的北京猿人，当时的人都过着半人半兽的生活。只是到距今大约二十余万年才进入古人阶段，到五六万年前才又进入新人阶段，这时的人们已懂得了钻木取火，懂得了庖食天下，懂得了构建民居，也懂得了"人体包装"，懂得了直立行走，像模像样地过起了"人"的生活来了，我国著名的山顶洞人、河套人、资阳人、柳江人，都属于新人阶段的人。新人阶段的人还"新"在人的体质和精神世界发生了很大的变化，尤其是脑神经发生了突破性的进展，他们开始有了较为精细的思维，有了久远的记忆，有了想象的空间，有了前瞻的能力，还有了群体的交流和合作精神。

新人时期的人是富有想象精神的，在世界上有一个通用的更感性一点的名号，叫做神话时期。在他们的生活中，一面是为了活着而四处奔波，艰难地寻找能够填饱肚皮的食物，同时他们一旦空下来就有滋有味地闲聊起来，谈一天来的所见所闻。此时的闲聊当是随便谈论，漫无边际，可以上至天文，下至地理，无所不谈，可谓"谈天说地"，此语为成语后即形容人知识丰富，能广泛谈论各种事情。这种谈说，虽是涉及天地，但更多的是对现实生活的复述，有的是添油加醋的夸张，有的还是海阔天空的想象。一些有趣和有意思的谈资，就通过口耳相传广为流传起来了，老一辈人再传承给年轻一辈人，留存下来就成了经典的"段子"。长传不衰的，就成了传世的神话故事。我们中国人是有幸的，不知何时——总之是很久很久之前——有一些有心人把上古时期的神话故事形之于文字，名之为《山海经》，因为它全面地反映了中国神话时期的社会面貌，就被后人誉为记述那个时段"谈天说地"的"百科全书"。

这里称"谈天说地"的"百科全书"指的是从政治、经济、军事、文化、社会生活各个方面全面反映时代风貌的书籍。在近代文豪鲁迅先生的记忆中，《山海经》是他幼年开蒙时读的一部"谈天说地，最为心爱的书"，他爱不释手，直至晚年写回忆性纪实作品《阿长与山海经》时还是情有独钟，称之为"难得的奇书"。

《山海经》一书曾被普遍地认同为"禹书"，说是治水的大禹与他的得力助手伯益共作的，是禹与益两位治水主帅沿途见闻的记述。他们为了治水大业走遍了九州大地的山山水水,一边走,一边听,一边记,所以此书具有很大的纪实性和传奇性,其中获取了大量地理、历史、神话、传说、民族、植物、动物、矿物、医药、宗教、风土、人情等方面的知识和相关故事。最为珍贵的是,他们记述的不尽是发生在"当下"的故事,还采集到了往上推万年、数万年的神奇故事。再经过不具姓名的数代人的整理、加工、提炼,一部长达十八篇、数万言的《山海经》面世了。这部"实非出自一时一人之手""谈天说地"的巨著横空出世,为我们提供了世界上独一无二的人类新人时段社会生活的"百科全书"。

作为"古今语怪之祖"的《山海经》一书,就是以"语怪"为特色来曲曲折折地描述当时的现实世界的。在该书中,有眼睛长在背上,形状如羊的猼訑(《山海经·南山经》);有长着四个翅膀、六只脚,没有脑袋,形状如猪的帝江(《山海经·西山经》);有长着一个头、十个身子的何罗鱼(《山海经·北山经》);有长着九个人一样的脑袋、九条尾巴,虎爪,形如狐狸的蠱侄(《山海经·东山经》);有身前身后都长着头,形状如猪似的并封(《山海经·海外西经》);有长着九个人头、蛇身的相柳(《山海经·海外北经》);有长着八个人头、八条尾巴、八只脚,虎身的天吴(《山海经·海外东经》)。就人而言,该书展现的各国(实际上是各地域)的人也各有自己的"怪异"。《海外南经》中的厌火国,这里的人口中总是向外喷火。贯胸国的人,每个人胸口都有一个洞,可以用棍子从胸洞中穿过,让人抬着走。《海外西经》中的三身国人,长着三个身子,可以分身。《海外北经》的一目国人,只长着一只眼睛。聂耳国中的人,耳朵长得特别大,特别长,走路时得双手托着耳朵走。

可是,后世的人们却从这些千奇百怪、近乎荒诞的记述和描述中,影影绰绰地看到了"天地元黄,宇宙洪荒"(《千字文》)时期的历史状况。有学者说:"《山海经》乃是以中国为中心,东及太平洋,南至海南诸岛，西抵西南亚洲，北到西伯利亚的一本《古亚洲志》。"（凌纯声《中国边疆民族和环太平洋文化》）神话中有着流动的历史，流动着的意识流早已超越了地域界限。一些外国学者以为，《海外东经》和《大荒东经》中描写的一些地质现象，很像是美国科罗拉多大峡谷的景观，《东山经》描写的则是北美洲、中美洲和墨西哥湾。一些美国学者还说，《山海经》中部分内容非常准确地描写了北美大陆的地形地貌和特产，《东山经》中写的简直就是美国内华达州的黑色石、金块、旧金山湾的海豹，以及那里的会装死的负鼠。最有意思的是，有人还认为，《大荒北经》说的烛龙（《海外北经》称"烛阴"，实为一物）"其瞑乃晦，其视乃明"的描写，就是写的南北极半年白天、半年黑夜的情况。原始时期的中国初民，想象力太丰富了，他们想象出来的"钟山之神""烛阴"竟与南北极的自然现象巧合了。

　　《山海经》一书的字字句句中，还蕴藏着极为丰富的知识矿藏，有待于我们去开发。在该书中提及的动物有 277 种，植物 158 种，名目繁多且难以理解，有待于我们去认真研究，其中所包含的精义，更是一时难以弄清的。《山海经》一书中提到的矿物 12 类 92 种，提到的药物 132 种，其中植物类药物有 52 种，动物类药物有 73 种，还有矿物类药物 7 类，涉及疾病至少有 30 多种，都是值得我们花精力去好好研究的。有人以为《南次三经》中写的"令丘之山无草木，多火"说的是天然气喷发。《西次三经》写的"玉膏"，就是石油，如果真是那样，那石油天然气的认知史和开采史就得重写了。

　　《山海经》一书中还罗列了大量改写历史和突破历史现状的精英人物，比如，"始播百谷"的后稷，"始作牛耕"的叔均，"始为巧倕（工匠）"的义均，"始为琴瑟"的晏龙，"据树欧丝"（养蚕丝织）的女子，"始为舟"的番禺，"以木为车"的吉光，"始为弓矢"的般，"始为侯（箭靶）"的殳，"始为乐风"的长琴，"始歌九招"的开……这些经济生活和社会生活中的突破，都会或多或少地改写历史，让人重新思考初民时期的发明、创造，这些都是弥足珍贵的。

上述种种都精准地告诉人们，把"谈天说地"的《山海经》视为记述初民生活的"百科全书"，是很有道理的，学习和研究这部奇书，实在是很有必要的。

《山海经》是一部远古之书，一部难以读懂的奇书，这一点大家都承认。该书的内容遍及山川、物产、风俗、民情，以神话传说的形式寄寓民心民情，当然也用以表述作者的心迹和理想。其中《精卫填海》《夸父逐日》《共工怒触不周山》《女娲补天》《后羿射日》这样一些不朽篇章，表现了我们这个民族的英雄主义气概，因而在长期的历史发展中，早已演进成为全民族的精神财富。很明显，作者试图通过这样一些威武雄伟的神话人物，启发我们在客观的恶劣的自然条件面前，不是退缩，不是规避，不是无所作为，而是——

迎难而上

"迎难而上"，是耳熟能详且打动心魂的词语。这里"迎难而上"中的"迎"，有迎击、抵御之意。早在《孙子·行军》篇中，就有"客绝水而来，勿迎之于水内，令半济而击之，利"的说法。对于我们这个自古以来多灾多难、经受重重风险的民族来说，孙子这里讨论的是怎样抵御、打击来犯的"客"（敌方）的战术。以"迎难而上"这一成语来表述中华先人的奋斗精神，十分传神，也十分恰切。

我们前面引述过的《山海经》中一些神话故事，可说是夸张化、形象化地描述了先人敢于面对现实、敢于"迎难而上"的精神气质。

据《山海经》记述，有一段时间，祖国大地上旱情严重，火辣辣的太阳当空照，大地上的禾苗被烤焦了，牲口给烤死了，人们既没有粮食吃，也热不可耐。怎么一回事？人们抬头一看，原来是出现了"十日并出"的怪现象。夏天的一颗太阳已让人热不可耐，十颗太阳当空照怎么得了？这事惊动了神射手后羿，虽然他自己当时也在受苦受难之中，但对此全然不顾，决定挺身而出"以扶下国"，他拉弓射箭，一下射下了九颗太阳，只留下一颗供百姓取暖和赢得光明，于是人们称后羿为"恤下地之百艰"的英雄。（《山海经·海内经》）

在《山海经》一书中，描述"迎难而上"的故事可谓比比皆是。最著名的是"刑天舞干戚"的故事。刑天是上古时期的一位战斗英雄，在一次战斗中，他失败了，并被砍掉了头，"葬之常羊之山"。但是，英雄的刑天不甘失败，"乃以乳为目，以脐为口，操干戚以舞"。（《山海经·海外西经》）就是说，他没有了头，刑天就把自己的乳房变成眼睛，把自己的肚脐变成了嘴巴，挥舞着盾牌（干）和板斧（戚）继续战斗。这种至死不渝的战斗精神受到了历代中国民众的赞誉。后来陶渊明在一首诗中赞道："刑天舞干戚，猛志固常在。"具有如此迎难而上精神的英雄在《山海经》中还有许许多多。最为奇特的是，为了战胜困难和敌手，《山海经》中特意塑造了大量形体和风貌大异于现实生活中的人的"神人"形象。

在大荒山处生长着一种"三面之人"，他们比现实中的人观察更全面，对事物的认识更深刻，而且"其人不死"。（《山海经·大荒西经》）在北部中国，还生长有一种"一首而三身"的奇人，《山海经·海外西经》塑造这样一种奇特的人，目的很明确，那样的话可以分身有术，办更多事了。《山海经》中还说，在空桑山到烟山间有六千六百四十里，那里的十七座山中，居住着"兽身人面神"（《山海经·东次二经》），他们有着野兽般的健壮，人一般的灵巧，神一般的奇特，这是把兽、人、神三者合而为一了。此外还有所谓的"彘身人面神""马身人面神""牛身人面神"(《山海经·北次三经》),这些都是为了使现实中的"人"更具有"兽"的力量和"神"的特异,那样在"迎难而上"的征途上会有更多胜算。

有人一定会想,我们的先人那样强调"迎难而上",那样强调勇敢的战斗精神,客观上在先人前行的过程中,真的是那样艰难吗?或者说,比起其他一些文明古国来,我国的先民真的是前行得更艰辛吗?《山海经》及其他经典说的,是真的吗?

答案是肯定的。

真的,我们的先人行进得是够艰难的。

大禹治水成功,对中国的疆界有这样一个说法:"东渐于海,西被于流沙,朔、南暨声教,讫于四海。"(《尚书·禹贡》)意思是说,当时的疆域东边到达大海,西边到达沙漠地带,北方和南方到达声教影响所及的地方。这是一个大致的说法。用现代人能懂的话来说就是:我国东边面临着茫茫的大海,西北横亘着漫漫的戈壁大沙漠,西南耸立着帕米尔高原、青藏高原和横断山脉。大海、沙漠、高山一方面围护着这块板状的东亚大陆,同时这种封闭隔绝的地理环境又给先民的发展天然地设置了重重障阻。行路难,发展生产更难。大自然给先民出了一道大难题。

上面说的是地理条件,再看看与农业生产密切相关的气候条件。在距今数万年到五六千年的前文明时期,华夏先民的主要生存地盘在长江和黄河中下游地区,而这些地区的气候条件又不太有利于人的生存和农业的发展,因为气候的突变率太大。就拿降雨量来说,据竺可桢先生的计算,欧洲各地的雨量平均变率为 12.5%,就是被人视为气候条件恶劣的西伯利亚地区,也只有 25%,而黄河中下游地区竟达 35%,长江中下游地区因梅雨和台风的影响,情况大致差不多,也就是三倍于欧洲。按气象学的通例，当雨量平均变率为 25％ 时，农作物就会受到大的损害，若达到 40％ 时则颗粒无收。（竺可桢《论祈雨禁屠与旱灾》）相对恶劣的气候条件，简直是为先民的农业发展设置了难以逾越的障碍，时而大旱成灾，时而暴雨成灾，那是常有的事。《山海经》中说的"十日并出"，即是对大旱的描述。史书上说的"洪水滔天，浩浩怀山襄陵，下民其忧"（《史记·夏本纪》），是大水泛滥的纪实。

面对如此恶劣的地理环境和气候条件，怎么办？

中华先民是好样的，他们交出了一份足以使后代子子孙孙永远自豪的答卷：以不倦的奋斗精神换取丰硕的民族成果，大量的神话传说传颂了这种奋勇搏击、迎难而上的精神。

毫无疑问，相当恶劣的地理环境和气候条件对世代居于斯，生于斯，繁衍于斯的中华先人造成了巨大的灾难和发展风险。考古发现证明，数万年前的中华人平均寿命 20 岁还不到，在洪水和干旱的大灾大难重压下，人口几度出现了负增长，还不得不多次西向迁徙。可是，灾难本身具有两面性。它可以压垮懦夫，却不能阻障勇敢者前行的步伐。我们的中华先人伟大之处在于他们坚定地选择了一条与恶劣的自然条件抗争之路。在不倦的前行中，克服了重重困难，砥砺了斗志，熔铸了不屈不挠的民族性格，走出了一条民族新路——

多难兴邦

"多难兴邦"是一句中华人长期使用的古成语，意思是说，一个邦国或族群如果面对着多灾多难的困境的话，不一定就是坏事，它相反会激发起人们的雄心，驱策人们万众一心地去奋斗，以创造"多难兴邦"的奇迹。

这一成语的来历是很久远的，《左传·昭公四年》上就有这样的话："邻国之难，不可虞也。或多难以固其国，启其疆土；或无难以丧其国，失其守宇。"这是晋平公与他的属下司马侯之间的一番对话，对话的主题是怎么看待楚这个大国的"邻国之难"。当时的晋平侯很霸气，认为自己有"三不危"，因此洋洋得意——一是自己国家地势险要，二是自己国家多马，三是另两个大国齐、楚正是多难之秋。这个叫司马侯的下人在晋平公的头上浇了一盆大大的冷水，他说，你说的"地势险要"和"多马"，都算不了什么，古今多少这样的邦国最终垮台了，至于"邻国之难"，也是不足为凭。古今"多难之国"有的垮台了，有的反而兴盛了，反而兴盛的，靠什么？这个司马先生说了一句极为重要的话："恃险与马，不可以为固也，从古以然。是以先王务修德音以享神人，不闻其务险与马也。"说得清楚极了，要使"多难兴邦"，别的都靠不住，唯一靠得住的是"务修德音"，修德政。

这就是"多难兴邦"的出典。说这话的司马侯是春秋时人，对我们来说是很久远的"古人"了。可司马侯说，他说的这些，是"从古以然"，也就是更古的古人是这样说，也是这样做的，这不是谦逊之言，历史的本原就是如此。面临大灾大难的中华原始先人相信的就是"务德""享神人"以求得创造"多难兴邦"的奇迹。

从《山海经》一书看来，我们远古的祖先是感悟到了上述这些道理的，并且用神话故事的特殊形式，表述了自己的观念。在《山海经·南次三经》中有这样一段描述神鸟凤皇的经典文字："（祷过之山）又东五百里，曰丹穴之山，其上多金玉。丹水出焉，而南流注于渤海。有鸟焉，其状如鸡，五采而文；名曰凤皇。首文曰德，翼文曰义，背文曰礼，膺文曰仁，腹文曰信。是鸟也，饮食自然，自歌自舞，见则天下安宁。"

明明是灾难深重的远古社会，当时整个社会现实状况应该是以"多难"两个字概言之。可是，《山海经》中的这一神话故事却以"天下安宁"告白于天下。那么，怎样才能使"天下安宁"呢？唯一的条件就是凤皇鸟的"见则天下太平"。所谓"见"，即"现"也，也就是出现了凤皇这一神鸟，天下就可以从"多难"走向"安宁"了。这鸟何以有如此巨大的神力呢？据《山海经》的描述，概括起来也就是两条：一是有德，它的首上文以"德"字，双翼文以"义"字，背上文以"礼"字，肩上文以"仁"字，腹部文以"信"字，就是说，它的通身显示着的就是以义、礼、仁、信为主旨的美德。以如此美德去克艰攻难，当然是战无不胜的了。义、礼、仁、信的观念，在《史记》上说五帝时期的中晚期就有了，现在看来还要早些。二是为民。这神鸟自身极为节俭，"饮食自然"，有什么吃什么，随意得很。在那样艰苦的条件下，它还时时不忘"天下"，以"自歌自舞"给天下人带来最大的欢乐。那样做，天下还会不"安宁"吗？

中国的神话与西方神话的最大不同是它的写实性。这只文之以德、义、礼、仁、信的凤皇鸟，说白了，就是中华民族先民的一幅惟妙惟肖的自画像。在当时的艰难环境中，一面是夜以继日地战斗着，改变着当时的生存环境和社会环境，一面又是自娱自乐式的"自歌自舞"着，抚慰着自我的神经和灵魂。这就是中国，这就是中国的先民的精神。

在中国历史上，后来凤皇成为传说中的瑞鸟，传统观念上把麟、凤、龟、龙称之为世间四灵，甚至称凤皇为百鸟之王。《诗经》中有"凤皇秋秋，其翼若干，其声若箫。有凤有皇，乐帝之心"的说法，真是美不可言。因为凤皇可比喻有圣德之人、有圣德之君、有圣德之国，因此如果"凤皇来仪"，那必是大吉大利大祥之兆了，是值得大加庆贺的事。《书·益稷》篇中就有"《箫韶》九成，凤皇来仪"的说法。《史记·夏本纪》说到禹登帝位时，也是"《箫韶》九成，凤凰来仪，百兽率舞，百官信谐"。可见，《山海经》编织的凤凰神话，并非空穴来风，凤凰作为有德之鸟是被世代民众普遍接受了的，当是现实状况的折射或是当时先民的梦想。

荀子在《荀子·礼论》中说过一句惊世名言："人生不能无群。"这在整个世界当是最早提倡群体主义的言辞了。这也不奇怪。上面说到了，在上古社会，中国先民的生存条件是那样恶劣，如果单打独斗，其结果是可想而知的。在中华初民的群体奋斗中，逐步在头脑中形成了这样一种可贵的集体主义观念——

同心断金

"同心断金"这句成语的意思是，只要人们同心同德、齐心协力，就是像金石那样坚硬的物件，也定能把它切断开来。此语提倡运用群体的力量来克服困难，发展生产，实现共同富裕。

"同心断金"这句成语的语源极为久远，可以肯定地说，早在原始社会后期，即青铜制品（古人所谓的"金"）进入人们的生活和生产领域的时候，这种朴素而面向现实的观念就产生了。《易·系辞上》："二人同心，其利断金。"简约地说就是"同心断金"。了不起啊，我们的原始先民！他们在那样久远的历史起始点，在那样艰苦卓绝的条件下，已经通过反复的实践，懂得了"一加一大于二"这样一种大道理。在那样恶劣的环境下，如果人人各自为政，势必一事无成。可是"二人"（隐含着多人之意）就不同了，可以互补短长，可以齐心协力，可以议论商讨，这样，力量大，办法多，"断金"是早晚的事。"一加一大于二"这个真理的发现，是中华先人发展史上的一个大事件。

"同心断金"有着丰富多彩的表述方式。如"同心一力""同心一意""同心一德""同心共胆""同兴共济""同心同德""同心合力""同心合众"等。同时，人们又将"同心"观念实体化，于是又有了"同心鸟""同心莲""同心藕""同心脍""同心结""同心缕"这样一系列看得见、摸得着的物件。

经过数千年以至上万年的演进，到了春秋战国时期，"同心"观念已为绝大多数有识之士所接受，并提升到理论的高度。孟子一再告诉人们说，同样是人，可本质上实在是很不相同的。有从事于张扬仁义道德的"大人"，也有一心沉湎于"耳目之需"的"小人"，有修德的"天爵"，也有醉心于高官厚禄的"人爵"。孟子十分明确地告诉人们："欲贵者，人之同心也。……诗云：'既醉以酒，既饱以德。'言饱乎仁义也，所以不愿人之膏粱之味也，令闻广誉施于身，所以不愿人之文绣也。"（《孟子·告子上》）这段话的基本意思是说：要想使自己成为一个高贵的人，你就得以'同心'的态度处世。《诗经》有这样的话，说有的人追求醉生梦死，有的人以德性生活于人世。《诗经》说这话的意思是在警示和提醒世人，如果想当一个真正有仁义精神的"大人"，就不能再去当醉心于膏粱美味的"小人"。要使自己真正赢得美好的声誉，就不能再去艳羡那文绣美服了。

我们完全可以这样说，"同心断金"起于中华初民，是他们长期生活经验的思想结晶。可以说，没有"同心"精神，中华先民就不可能走出大自然设置的重重险阻，走出一条古文明的阳关大道来。处于战国时期的孟夫子，完全是出于远古先民的传统观念，大声疾呼，要求人们不能过"醉以酒"的小人生活，而应同心协力，共赴艰难，走"饱以德"的大人之路。这就形成了中华民族风雨同舟、自强不息的集体主义精神。

给中国古代社会造成极大困难的，不仅是自然条件的相对恶劣，还有生产工具的相对落后。当时的中国已开始使用木柄的铜锄以及木柄的铜铲，但量不大，多为木器和石器。农业工具的相对落后，进一步强化了社会的群体性和整体意识。在困难面前，中华先人并没有退缩，而是相信只要民众团结一心，就能创造出人间奇迹来，这就是所谓的——

众志成城

《国语·周语下》中有这样的话："众志成城，众口铄金。"韦昭注释道："众心所好，莫之能败，其固如城也。"这可以看成是与"同心断金"同义而又新颖的一种表述。如果说有什么差异的话，"同心断金"所强调的是只要人们同心协力，不倦奋斗，哪怕是困难坚如金石，也是可以克服的。而"众志成城"说的是，只要众人一起努力，就能创造出人间奇迹来，犹如人能通过手提肩挑建造起固若金汤的城池一样。

在群体组合中，"同心断金"以"二"为数据，所谓"二人同心"；而"众志成城"则以"三"为数据，所谓"三人为众"。一般都以为"众"字简化前只能写成"衆"字，而且在甲骨文中也如此写，其实不然，更大的可能性是最古的写法就是三个"人"字合成的这个"众"字。在《国语·周语上》中就有"兽三为群，人三为众，女三为粲"的说法。这段文字实在很重要，说明在春秋战国时期甚至之前的很长时期，就有"人三为众"的观念（后演进为"三人为众"），更为重要的是，说明以"三"指代"多"是古已有之的。由"一加一"大于"二"的互助合作观念，到"一加一加一"大于"三"的互助合作观念，显然是一种社会生活发展的巨大进步。

从现有的文字资料可知，早在三代之前，也就是先民时代，"三"的数字崇尚（实际上是崇拜）已成时尚。"道生一，一生二，二生三，三生万物。"（《老子·第四十一章》）"三"是弘扬大道精神、走向万物的最关键一环，在强调人际合作和治国平天下过程中特别重视"三"也是有道理的。久而久之，就有了"有不速之客三人来"（《易·需》），以"正德、利用、厚生"为治国三事（《尚书·禹贡》），"狡兔有三窟"（《战国策·齐策》），礼节有"三揖三让"（《礼记》），《诗》有"风、雅、颂"三体，丧期有"三年为限"。至于九州、九天、九死、九歌、九招、九重天等等，都不过是崇"三"的叠加形式罢了。"三"成了我国先民数字崇尚的基本形态。

　　不过，在先民那里对"三"的崇尚最主要的还是表现在农耕劳动的协力上，用"一加一加一"的形式凝聚人心、组合劳力。有文献这样记载远古社会的劳动场景："王大令众人曰：协田，其受年。"（甲骨卜辞）短短的十个文字符号，却生动具体地描画出了一幅原始时期的农耕写意图：暮春三月，大地解冻，百物苏生。这时，原始氏族社会的氏族长（所谓的"王"）把人们召集在一起，庄严而大声地发布春耕动员令（所谓"大令"）。他站在一块高地上，大声地对众人说："俗话说得好，三人为众，三力为协，大家一定要同心协力，把精力放在春耕上，争取今年秋后有个好收成（所谓"受年"）！"大家听了氏族长的动员后，很是兴奋，忙着分头准备农务去了。这里特别值得说明的是，协作的"协"字现在的写法是"十"字旁边三个"力"字（"力"字加两点，是三个"力"字的省文），意思是把三人（三方面、三股力量）加在一起，拧成一股绳，以应对恶劣的自然环境。而文献上的"协"字写成排列成品字形的三个"力"字下一个"口"字，意思也很清楚，是要三口"人"同时出"力"，去干好一件事，这件事当然主要指的是农活。

在《诗经》中，中华先民合作互助致力于农务的场景更壮观，涉及的人数更多。

载芟载柞，其耕泽泽。千耦其耘，徂隰徂畛。

这四句出自《诗经·周颂·载芟》。意思是说，在祖国广袤的大地上，到处都是群策群力垦荒辟土的勤劳勇敢的中华先民。他们有的忙着割去荒地上的野草（载芟），有的忙着刨掉山野上的树根（载柞），大约有数以千计的人（千耦）成双成对地在那里耕耘着，为了有更多的土地可耕种，他们有的走向了低湿地（徂隰），有的走向了高坡地（徂畛）。这是一幅多么宏大而欢腾忙碌的春耕大生产图景啊！

就这么短短的四句诗，把远古时代中华先民互助合作在农田里耕作的情景写活了，这是世界上哪一个民族也不会有的。有了这种精神，我们的祖先在如此困难的条件下能率先进入文明社会，也就一点儿也不奇怪了。《载芟》一诗说是"千耦其耘"，也就是说大约有两千来（一千对）人在田头合作耕耘，在《诗经》的另一首名为《噫嘻》的诗中，还有"十千维耦"在那里共同"播厥百谷"呢！请想想，"十千维耦"是一个怎样的概念？"十千"就是一万，"一耦"要两人，那就是说有两万人在同一原野上开荒、播种、耕耘，其场面大得简直令人难以想象。

这就是中国！这就是中国人！这就是中国的先民！而多少年来的考古发掘又大致印证了这种大集体式的生产方式的实际存在。在距今七千到五千多年的仰韶古文化遗存中可见，其社会基层结构已经很完善，集体居住地的面积少则数万平方米，多则数十万平方米，最大的华阴西关堡，以及咸阳尹家村都达到一百万平方米以上。半坡和姜寨的遗址包含着居住区、公共活动场所、广场、陶窑、牲畜夜宿场、墓地以及防护壕沟，也足可供成千上万人居处。再说，就是不居住在一起的人，也不排除可以集中起来一起劳动。这样看来，《诗经》中说到的"千耦其耘"和"十千维耦",完全可能是写实的。

华夏民族意识中的群体主义精神,不仅强烈地表现在人与人之间的互助互利上,还表现在人与最亲近的动物之间的密切关系上。对长达千万年间风雨同舟一起走过来的那些动物,中国先民一直铭记在心。中华民族是一个懂得感恩的民族。在感恩的动物中首选的当数牛了。在中华先人的心目中,牛是名副其实的宝牛、金牛、神牛,牛给世界,当然也给人类带来了好运气,真可谓是——

牛气冲天

如果说牛是人类生命和生活中最亲密的伴侣,那是一点儿也不过分的吧!在这颗星球上,凡有人的踪迹的地方,都会有牛相伴陪。在中华地域内,有蒙古牛、秦川牛、三河牛、华南牛、晋南牛等,还有黄牛、水牛、牦牛等品类,在世界各地,还有非洲牛、美洲牛、欧洲牛等。真可谓是"牛"遍天下了。

当然,人与牛之间的关系真正"牛"起来,那是在两者之间建立起饲养与被饲养的关系之后。在中国,大约牛的饲养已经有了七千年甚至更为久远的历史。在河姆渡文化遗址、齐家文化遗址,以及松辽平原西部的大安、双辽文化遗址,都发现了大量的牛骨以及与牛有关的大量生产工具与运输工具,还有牛圈的遗址,还有一些牛骨磨制成的祭品。这些都足资证明我国养牛史的源远流长。

在长达数千年的与牛的共同奋斗中,我们的中华先民读懂了牛,读懂了牛的精气神,最后有了"牛气冲天"的评述性结论。

"牛气冲天"是说,牛的精气发自大地,而它的气势却直冲云天,并让万里长空为之动容，故有"冲天"之说。"牛气冲天"表述的是一种刻苦、耐劳、坚持精神，也是不屈不挠、一往无前的战斗精神。牛的可贵之处在于，它植根于大地，全身心地贡献于大地，故能感天动地。人们颂扬它，崇拜它，正在于其"俯首甘为孺子牛"。

《周易·说卦》中有一种经典的提法："乾为马，坤为牛。"乾是天，坤是地。中国人崇尚一种龙马精神，将日行千里的马与"飞龙在天"的龙糅合在一起，再加上马那"天马行空"的态势，因此认定马属天了。而牛生来就是属于大地的。它不张扬，只是默默地耕耘着大地，永不疲劳，永不止步。《广阳杂记》说道："地辟于丑，而牛则辟地之物也，故丑属牛也。"不是说盘古开天辟地吗？而继盘古开天辟地的当是实实在在的苦干着的人和牛了。"辟地"是人与牛协力的杰作。

牛在干支纪时中被称为"丑"。丑时，在时间段上是午夜刚过的清晨1—3时，这本身是在夸牛的勤奋精神。丑时，生物都还在睡眠中，可牛就已早早地起来了。"地辟于丑"或者说"地辟于牛"是在说牛的早起是为了辟地。辟地就是耕地。在我国先民的眼中，土地是自然界万物之母，无论是地上的走兽、空中的飞禽，还是水中的游鱼，还有漫山遍野的树木、野草、庄稼，都是由大地孕育生化的。人牛共作的耕地的过程，在先民们的心目中，它不仅是农业生产的过程，也是万物获取生机的一个重要触媒。天地开辟之时，万物一派沉寂，是牛，当然也是人，拉动了犁铧，"犁"开了沉睡的大地，唤醒了蕴藏在大地母亲怀抱中的生命的种子。由于犁铧对大地的触摸，种子抽芽了，破土了，成长了，结实了，一代又一代繁衍了，于是有了民众的衣食之材，有了万物的代代相传和生生不息。人们把这一切归之于人的智慧和牛的勤勉，也是恰如其分的。

中华先民是懂得感恩的，不仅感恩于同类的人，也感恩于属于异类的牛等动物。在中国先民的心目中，牛是耕耘创世的英雄，是值得人们世代纪念的。因为牛的辟地功能，人们后来异化其具有沟通天地鬼神的特异功能，于是，牛骨成了占卜用的神器。先人每当遇到征伐、田猎、祭祀、农耕、灾变、婚娶、丧葬等这样一些重大事件时，就会以被认为有神异功能的牛骨进行占卜，这种用作占卜的牛骨已在西安沣西龙山文化遗址和甘肃武威皇娘娘台齐家文化遗址都被发现了。占卜的方法一般是先是把艾团粘在牛肩胛骨的表面，然后将它放在火堆上烧烤，牛骨的背面就会出现种种裂痕，古人称之为"兆"。专业的卜者口中念念有词，根据"兆"的情状判断出吉凶是非来。因牛具有神灵之威，后来成了先民的"图腾"之一。有说"宝剑之精上彻于天"，比喻宝剑之厉害，后人觉得牛更厉害，于是演化为"牛气冲天"，进而比喻事业兴旺发达，红红火火，蒸蒸日上。

在以农业为主体的中国古代社会，无论汉族还是少数民族，为了感恩牛为世界和人类所做出的巨大贡献，形成了多种多样的敬牛护牛的民俗活动。很多地方把旧历四月初八定为牛的生日，在这一天，牛享受特殊的待遇，不外出干活，还可以吃好的，喝好的。侗族的人们这天都会在牛栏边祭祀牛神，做黑糯米饭或花糯米饭给牛吃，并用甜酒冲鸡蛋这样的美食来喂牛，还用防疫的药水给牛洗澡、梳毛、驱虫。牛们耕耘和劳作惯了，这天却让它由人护着、宠着、伺候着，还真有点不习惯呢，为此还不情愿让主人喂它美食呢！这时主人可不答应，强按着牛头，该吃的要它吃掉，该喝的要它喝掉，只有那样，主人才会感到幸福满满呢！海南的黎族在七月或十月过牛节，人们敲锣打鼓以示庆贺，一边喝牛魂石泡过的福酒，一边与披着红妆的群牛同舞。其他还有以五月七、六月六、七月七、十月一为牛节的，也都有自己的说法和传说。

数千年乃至上万年来，在中华农耕文明的沃土中培育出了丰富多彩的牛文化，人们赋予了牛刻苦、耐劳、忠厚、诚实、坚守，和终其一生埋头苦干和勇于献身的精神，谓为"孺子牛""拓荒牛""老黄牛"以赞颂，并凝聚成了一句中华民众都记住了的成语——牛气冲天。这冲天的牛气，与世代的中华先民一起，"冲"出了神州大地先进的远古文明，"冲"出了积淀于这块古老大地上的中华民族魂。正是从这样的意义上讲，"牛气冲天"可以说是与"人气冲天"同义的。

天神·地祇·人鬼

现在开始讲原始社会的天神、地祇和人鬼。前面讲中华先人脚踏实地的行为风格，主要讲现实生活，现在这部分要讲一讲中华先人的精神世界。与世界上一切民族和种族的人一样，在中华先人的头脑里，天神的观念是有的，地祇（地神）的观念也是有的，人鬼的观念更是有的。但是，鲁迅指出，中国人的神、鬼、人观念大不同于西方，最大的特质在于"人神淆杂"，这也与前文所说的中华先人的脚踏实地、面向生活的行为作风有关。中国人是面向实际的，因此，先人首先看到的是世界的色泽及这些色泽背后的意蕴，久而久之就形成了他们心目中的——

三色世界

人认识世界，大约都是从睁开眼睛触及现实世界展示给人们的色泽开始的。颜色是现实世界向人们展示的第一道风景线。可以这样说，在人们的心目中，颜色是一种极为奇特的东西。在先民时期，颜色会影响到人的心理和情绪，影响到人际关系，影响到对世界以至社会的认知。诚如德国伟大思想家黑格尔说的："颜色的观念性较强，所以宜于表现观念性较强的内容。"（《美学》卷三）

这里要说到"三色世界"，说到不同的时代、不同的族群所形成的不同的颜色崇拜。

一说到"三色世界"，人们一定会想到中国古代社会持有不同颜色崇拜的三大族群，想到三代中各代迥然不同的颜色崇拜，这种颜色崇拜甚至影响到当今的中国，影响到当今世界的相当一部分地域。

在《礼记·檀弓上》中有这样一段记述性的文字："夏后氏尚黑，大事殓用昏，戎事用骊，牲用玄。殷人尚白，大事殓用日中，戎事乘翰，牲用白。周人尚赤，大事殓用日出，戎事乘騵，牲用骍。"如果把这段文字翻译成现代文，大致的意思是说，夏人办丧事入殓时选择在黄昏时分，出征作战时驾乘黑马，祭祀杀牲也要选择黑色的动物。殷人办丧事入殓选择在中午时分，出征作战要乘坐白马，祭祀杀牲要选用白色的动物。周人办丧事入殓时要选在日出时分，出征作战要乘坐大红色的马，祭祀杀牲要选用红色的动物。由此看来，在夏、商、周人那里，不同的颜色崇拜已经渗入了政治、经济和社会生活的各个领域。

上述《礼记·檀弓上》中的这段文字当然很重要，它生动地描出了三代时期的社会风情。但是，它也会给人造成一种错觉，似乎黑、白、红的颜色崇拜是起于我国的三代时期。而实际情况并非如此。从记述更古老先民生活情况的《山海经》一书看来，三代时期的黑、白、红崇拜不是源，而是流，其真正的源头当在更古老的原始社会。

《山海经》写尽了远古先民眼中的颜色世界。由于比夏、商、周三代更古老，因此此时先民眼中世界的色调更单纯，更古朴，也更实在，但没有像《礼记》中记述的那样井井有条。有意思的是，他们视觉感受中的世界就是黑、白、红三色的。我们初步计数了一下，在这部只有数万言的经典中，提到黑色生命体的有28次，提到白色生命体的有42次，提到红色生命体多达52次，更为有意思的是，许多的生命体是这三色中的二色或三色的复合。很显然，书中强调的某种颜色，是有其特定的寓意。被学界尊为"一代宗师"的钱穆先生认为"三色世界正是远古先民认识世界的基准"。

《山海经》讲的是色彩和故事，寓寄的是向往和祈求。

在《北次三经》中写道，在一座叫马成山的地方，生存条件十分恶劣。可是有一种"状如白犬"的马匹，却安然地在山地里生存了下来，而且在那里长大，繁衍发展，一点也没有逃离荒凉山区的意思。这种马身白，马首上却长着浓浓的黑毛，马首的皮肤也是黑色的。一些人感到好奇，那样荒凉的马成山区怎么留得住这匹黑马？有那么一天，一些人一起到马成山探望这匹奇马，当人们来到山区的时候，奇迹发生了，此马"见人则飞"，它腾空而起，跃上万里碧空，于是，它又被人们呼之为"天马"。

这里写的是"黑"——从天马精神，会使人想到勤奋，想到腾飞，想到志存高远。

在《中次十一经》中有这样一则故事：在一座名为堇理山的山间，栖居着一种小鸟。这种鸟初看像一只普通的喜鹊，可仔细看又不是，他的身子是青色的，可长着白色的嘴、白色的眼睛，白色的尾巴。由于它勤于在山地里耕作，被人取名为"青耕"。最为了不得的是，小鸟死后躯体可以供人食用，"可以御疫"，就是说，小鸟躯体能起到"疫苗"一样的奇效。

这里写的是"青"，也写的是"白"——它让我们想到，奉献社会给人带来光明和幸福。

《中次三经》中写道：在一条名为正回河的河流中，生存有一种飞鱼。这种飞鱼长得像头猪，又大又肥的。可是，它全身长有"赤文"，看上去像一团火一样。它还长有粗壮有力的双羽，一兴奋就高高地跃出水面，向世界展示自己的雄姿和丰采。"服之不畏雷，可以御兵"，凡是吃了这种红色的飞鱼肉的人，胆大不怕惊雷，但是又不好战。

这里写的是"红"（赤）——从中让人感受到的是勇敢、坚毅、正气而刚强，红色的飞鱼精神让人过目不忘。

最有价值的是，《山海经》的作者还试图将可爱的黑、白、红三色组合起来，形成一种复合色的神话生命体。《西次三经》中写道：有一种称为文鳐鱼的特殊鱼类，它的形状长得有点像鲤鱼，而又长有鸟一样的羽翼。身上是苍黑色的斑纹，长着一颗白色的脑袋，还长着一张红色的嘴巴。它活动的范围广极了，常常在西海活动，过会儿又会遨游于东海，最善于夜间飞行。它的鸣叫声犹如鸾鸟，肉的味道酸甜酸甜的。"食之已狂，见则天下大穰。"他的肉可以治人的轻狂之习，使人走扎实的富足之路。这种鱼一出现在天下，天下就会大丰收（"大穰"），家家丰衣足食。

这里写的是"苍文""白首""赤喙"集于一体的三色组合生命体——那样就必然"天下大穰"。在古代的农业社会，还有什么比"天下大穰"更值得高兴和庆贺的呢？《山海经》为我们展示的三色世界的图景，虽没有三代时的完整和成熟，但自有其可爱之处，也正好证明远古才是三色世界的活水源头。

天神、神祇的观念，在古代世界的各国都有，中国也不例外。究其根底，在于对大自然的认识极为有限和肤浅。正如鲁迅先生指出："昔者初民，见天地万物，变异不常，其诸现象，又出于人力所能以上，则自造众说以解释之，凡所解释，今谓之神话。神话大抵以一'神格'为中枢，又推演为叙说，而于所叙说之神、之事，又从而信仰敬畏之，于是歌颂其威灵，致美于坛庙，久而愈进。"（《中国小说史略》）为世人顶礼膜拜的神圣，说穿了，事实上起自——

阴阳不测

中国的古典文献《易·系辞上》有言："阴阳不测之谓神。"意思是说，人对阴阳是难以预测的，只有神才能控制和测定阴阳之变。中国人把万物的变化发展归之于阴阳两端相互作用的结果。天与地是阴阳，日与月是阴阳，春与秋、夏与冬是阴阳，男与女、雌与雄是阴阳，白昼与黑夜是阴阳，甚至东与西、南与北、上与下、明与暗，都是阴阳。阴阳这两大对立面之间的既对立又互动，促成了事物的变化发展。《礼记·郊特牲》里说："阴阳和而万物得。"这一道理本没有错。但是，原始先民由于时代的极大局限性，对如何才能促成"阴阳和"，对阴阳互动变化的轨迹，一时又找不到答案，于是就造出一个"神"来了，正如鲁迅先生说的"自造众说以解释之，凡所解释，今谓之神话"。

这样看来，"神"的出现，完全是原始的先人"自造"出来的。

前面我们已经说了，中华初民是在与艰难困苦的生存条件的抗争中站立起来，讲求实际是我们民族的特质，因此神话特别少，造神运动也不怎么积极，出现的统管一切的"至高神"也是千呼万唤始出来。在《山海经》一书中讲述了一个具有中华特色的最高神——西王母——的面世。

《山海经》一书总共只有十八卷，包括《山经》五卷，《海经》十三卷，统共大约五万来字。可是，直接写西王母的就有六处之多，约有千余字，既有写在"山经"中的，也有写在"海经"中的，可见创作者对其用心之深。

作为最高神，西王母是高高在上的。"昆仑之虚方八百里，高万仞。上有木禾，长五寻，大五围，面有九井，以玉为槛；面有九门，门有开明兽守之。百神之所在。"（《山海经·海内西经》）古时八尺为一仞，万仞当为八万尺，真是够高的了。对此，一些专家作了考证，从山高和方位综合考虑，作为圣山的昆仑山可能就是今内蒙古乌海市桌子山，此山形如桌子，高不可攀，与《山海经》中形容的"面有九井""面有九门"极为相似。

因为是最高神，人们拼着命往"大"里塑。一是活动的范围大。《山海经》中，一会儿说西王母居于"昆仑之虚，在西北，帝之下都"，一会儿又说居于"昆仑南隅"，还说"玉山，是西王母所居也"，玉山地近流沙，近于我国西部的大沙漠地带了。还有说她居于"西王母之山"上的，不知何所指。总而言之，为了解决不同地区"下民"的生计问题，她过着"居无定所"的生活。

再者，是形象的高大和神异。《西山经》中说她"其神状虎身而九尾，人面而虎爪"。又说她"其状如人，豹尾虎齿而善啸"。《大荒西经》中又说她"神人面虎身有尾，皆白处之"，"皆白处之"是说她浑身都长着白毛，"白"象征着光明，西王母是给人类带来光明和幸福之神。

神话中的西王母又是懂得修饰自我的"上"品之神。《海内北经》中写道："西王母梯几而戴胜杖，其南有三青鸟，为西王母取食。"这短短的一段话，大有深意。说西王母每天一大早外出之前，总要一丝不苟地妆扮自己一番，这里说的"梯几"，指的是凭靠在梳妆台边上。然后，她精心梳洗，再戴上必要的装饰品。"青鸟"是神话中的吉祥鸟，是专门伺候西王母吃喝的，青鸟站于其身南，说明西王母是必先梳洗而后食。这些看来似乎闲笔的细节描写，意在凸显西王母品味上的"上"等。

《山海经》为世人提供了一位高、大、上的尊神西王母，意在要人们相信，像西王母这样的至高神，是完全可以解决"阴阳不测"的疑难课题的。

读了上一篇，人们一定会想，西王母作为最高神，其形象之塑造，是否是谁凭空想象出来的呢？完全不是这样的。首先，如此伟大的神话，绝非一人一时之所作，诚如鲁迅先生所言，"'街谈巷语'自生于民间，固非一谁某之所独造也"，原始先人创造神话传说故事，起先一定是"街谈巷语"，经过几代人、甚至几十代人的筛选、提炼，最后才由某些"能人"定格成广为流传的神话版本。其次，如此伟大的神话之作，一定是一定社会现实体制下"人"的生活的曲曲折折的映像，凭空而生是不可能的。正因为如此，后世不少思想大家都称中国神和中国神话故事是——

人神淆杂

读西王母这个中国最早的最高神的传说，可以从中看到中华先民的形象和精神气质。西王母这个"神"身上，淆杂着中华先民作为"人"的某些情状，这是可以肯定的。

在西方世界，所有的最高神都是男性的，而中国最早的最高神却是位女性，这一点值得注意。不仅"西王母"这个名字是充分女性化了的，就是她的装束、她的打扮也是女性化的。请读一读这样一段文字："又西三百五十里，曰玉山，是西王母所居也。西王母其状如人，豹尾虎齿而善啸，蓬发戴胜，是司天之厉及五残。有兽焉，其状如犬而豹文，其角如牛，其名曰狡，其音如吠犬，见则其国大穰。有鸟焉，其状如翟而赤，名曰胜遇，是食鱼，其音如录，见则其国大水。"（《山海经·西山经》）

这段文字实在太重要了，其大致意思是说，位处中国西部的玉山，是西王母的居住处。西王母留着披肩的长发，长发上戴着各种女人专用的饰品，当然这些饰品中还有一般女人没有的辟邪物和象征权力和法力的物件。她身穿豹尾服，嘴里镶着象征凶狠有力的老虎牙，有时是戴着虎牙项链，还时不时从口中发出有威力的呼啸声。她的职责是预警天灾（司天之厉）和严惩那些违背天命胡作非为的人（五残），从而人们以为她是秋后肃杀之气的代言人。西王母有两个得力的助手：一个名狡，能够帮助管理农业，夺取丰收；另一位名叫胜遇，他是带领民众治水的高手。

这是神吗？是神，同时，她又是实实在在的人，真是"人神淆杂"啊！读西王母的神异故事，令人不由得会想到远古时期女性为主体的母系氏族社会。西王母云云，不正是活灵活现的一位母系氏族社会的部落联盟长吗？

由西王母这位威风凛凛的母系氏族社会的部落联盟长，又使我们联想到 20 世纪 80 年代在内蒙古赤峰市的白音长汗遗址中发现的一尊被人称为"中华老祖母"的石像，这也许是中华大地甚至可以说世界大地上最古老的人物雕像。

石像十分的端庄，传神。她既通体透出女性的柔美和仪态万千的魅力，又浑身散发着那个女性为尊的时代女人们特有的刚性和力感。石像的头脸部分显得十分的夸张和硕大，颈部挺拔有力，大大的眼睛逼视着前方，炯炯然如有光芒，鼻梁高挑，显得英气勃勃。腹部鼓起，似有身孕——当然，这更多是对女性的一种象征意义。这尊"中华老祖母"的双臂自然下垂，双手交叉于前胸，嘴巴微张，似乎是在向周围的人们发布什么信息。石像竖立在一间约 60 平方米的地穴式房屋遗址中，离石像 30 厘米处是一副灶头。专家们以为，这是在告诉人们，在那个时代，具有权威的女性才是真实意义上的"衣食父母"。

八千年前的"中华老祖母"给了人们一个有力的参照，西王母是否也生存于那样一个"知母不知父"的时代呢？做那样的考虑，看来是无所大错的。

同时，我们还可以在"西王母"的"西"字上做一点文章。这里说的"西"，既是神话传说中神界的西部王母，又是现实世界中人间西部地区的部落联盟领袖，可以说是虚实合一，神人淆杂。有人对神话中的西王母所居作了一番考证，其结果很令人惊异。

《西山经》中说西王母居于流沙"又西三百五十里"的玉山地区，活动范围也以玉山为中心。据专家考定，那里大体上在今日的黄土高原北部、黄河河套南北、阴山山脉、贺兰山、雅布赖山、大红山、马鬃山、大马庄山、巴里坤山，以及天山山脉一带。值得注意的是，在阴山山脉、桌子山、贺兰山、天山等地，至今仍然完好地保存着许多绘制于先夏的精美的岩画，内容涉及狩猎、祭祀、婚俗、天文、水利等，雄辩地证实了当年的辉煌。

《大荒西经》中说道，"大荒之中，有山名曰丰沮玉门，日月所入"，附近有灵山，山上有著名的"十巫"，那里"百药爰在"。就在灵山之"西有王母之山"。有专家认为，《大荒西经》记述的地理区域十分广大，当在祖国的广漠的西北和西南地区。它所记述的第一场景是共工族的圣山不周山，方位当在今黄河河套以北的园山山脉地区，而灵山地区，"王母之山"地区当在河套地区的更西、更北，很可能进入新疆地区的某地了。而那里当时显然是较为发达的地区，不然不可能成为"百药爰在"的文明之地。

《海内西经》中说道，"海内昆仑之虚，在西北，帝之下都。昆仑之虚，方八百里，高万仞。"有专家认为，这里很有可能就是今内蒙古的鄂尔多斯高原。在古代，鄂尔多斯高原曾经水草丰盛、物产富饶，其高原东西和南北各有 360 公里，与古人所说的昆仑"方八百里"基本相符，在鄂尔多斯高原西部有一座突出而挺拔的高山，这就是桌子山，海拔是 2 149 米，顶部平如桌面，故有桌子山之名。桌子山的北麓已发现两万平方米的先夏时期的聚落遗址，地表遍布着彩陶残片和磨制石器，文化层厚度有 50 厘米，桌子山区矿产极为丰富，除了炭灰之外，还有铁、铅、锌、石墨、白云母、芒硝、石膏、耐火黏土、石灰石、石英砂岩等。这座山下还有众多水系发源于此，最著名的是洋水和黑水、弱水、青水，形成了所谓的昆仑水系。西王母选中这样一块风水宝地作为自己的"下都"，自有其必然之理。

这样看来，从地理观念上看，西王母的这个"西"字，大致落脚在今日的黄土高原北部、黄河河套南北、阴山山脉、贺兰山及天山山脉一带，与当下考古发掘证明的中华早期文明起于西土的说法大致相符，也完全坐实了鲁迅先生说的中国神是"人神淆杂"的观念。中国先民是按照人的形象造神的。看，这个西王母形象与母系社会中国西部的部落酋长多么神似！

在远古时期，西王母是天神。西王母来到人世，负责帮助人世预警种种天灾，并惩戒那些胆敢触怒天意天威的人。在西王母时期，大约还没有"天父"的说法，因为西王母是女性，天际当和人间一样，那时也是女子当权，反正对西王母的尊崇就是对天的尊崇。对中国先民来说，对地的尊崇比对上苍的尊崇更深沉，更具体细微些，因为它对人的贡献更实在，更具体。记得鲁迅先生在《阿长与〈山海经〉》一文中说过："仁厚黑暗的地母啊，愿在你的怀里永安她的灵魂。"鲁迅这里说的"地母"，就是千万年来中华先民耳熟能详的、发自他们心灵深处的最为亲切和温暖的呼唤——

大地母亲

中华先民在自己脚下这块热土上至少已经生存繁衍了两三百万年。对中华先民来说，天是高远的，壮阔的，而地是亲近的，温暖的，可以这样说，至少在数万年之前，已出现对于大地母亲的呼唤和认同，只是因为当时还没有文字，没有记录下来罢了。《尚书》中说的民生"六府""三事"，合称"九功"，都与大地分不开。所谓"六府"指水、火、金、木、土、谷，都是大地母亲孕育的种种最基本的生存资料，而所谓"三事"指的是正德、利用、厚生，指在大地母亲的指导下怎样利用好这些生存资料，为社会的发展建功立业。《易·坤·象辞》上说："至哉坤元，万物资生，乃顺承天。坤厚载物，德合无疆。"意思是说，伟大之至的坤元大地，是万物赖以生长的基地，她所做的一切都是顺应天意的。大地的特性就是厚道而无私，其德性将万世无疆！"坤厚载物"，道出了大地母亲的宽厚、温顺、无私、奉献的崇高品性。

这位大地母亲不仅给世代寄生于这块大地上的子民以衣食之源，还教会了这些还不太懂事的"初民"怎样去奋斗和应对艰难困苦。

中华先民是懂得知恩必报这个道理的。对大地母亲的报恩形式至少有两种：一是尽量利用好这里的物质资源，奋发图强，不倦前行。这一点，我们的中华先人是做到了的，在文明的发祥期始终走在世界的前列。二是隆重地、不间断地祭祀大地母亲，以表达极度感恩的赤子之心，这一点，我们的中华先人也是做到了的。

在《礼记·曲礼下》中有这样一段文字："天子祭天地，祭四方，祭山川，祭五祀，岁遍。诸侯方祀，祭山川，祭五祀，岁遍。大夫祭五祀，岁遍。士祭其先。"将这段文字翻译成大家都能懂的现代文就是：天子应当祭祀天地之神、四方神灵、山川之神，以及户神、灶神、中溜神、门神、行神等五祀之神，一年要祭祀一遍。诸侯应当祭祀封国之内的山川之神、五祀之神，一年也要祭祀一遍。大夫应当祭祀五祀之神，一年也要祭祀一遍。士则只需祭祀各自的祖先就可以了。这段文字是周人写的，是要求当时的人们坚守祖宗立下的规矩，实行严格的祭祀天地制度，从实际内容看，主要是祭祀大地的规矩。由上面这段文字，再结合其他一些资料，我们完全可以得出下述结论。

其一,《礼记·曲礼下》中说的是"祭天地",但是,从实际的内容看,完全是重在祭大地母亲。我们的古人也敬天,也祭天,但对于"天",中华先人主要是敬畏,而大地母亲就不一样,是亲切,是温暖,是真真切切的感恩。

其二,对大地母亲的祭祀,是层层落实了的。我们且不去管天子、诸侯、大夫、士这些西周才有的名号,实际上强调的还是层层落实,层层抓好。而且各抓各的,不重复,不混淆。上层的管理者(即《礼记》中所谓的天子、诸侯)要抓好"祭天地,祭四方,祭山川,祭五祀",这"四祭"是职责所在,可称为全面抓祭祀,而且要求实行"岁遍"祭祀制,即一岁祭祀一次,年年祭祀,不能中断,谁不落实谁就要被问责。中层(即《礼记》中说的大夫)要抓好"祭五祀",主要是祭户神、灶神、门神等比较实际的土地神,也应"岁遍",即一年重复祭祀一遍。社会下层(即《礼记》中说的士,其实还应包括广大民众)就只要"祭其先"就可以了。祖宗祭祀是最重要最广泛的祭祀,这就奠下了民族性的"祖宗崇拜"的基石,也是中华民族的一大传统。

其三,祭品的选用。祭祀大地母亲的祭品也不是一成不变的,它实际上是社会生活的曲折反映。《左传·昭公二十九年》引《易》之传文说:"山川,地神。土色黄,故用黄驹也。"驹,又称龙驹,是古人心目中被神化了的吉祥物。而在现实生活中,所谓驹即是两岁上下的少壮之马,而且必须是身高六尺的黄色骏马。马是龙马精神的寄寓载体,与中华古典的民族图腾相吻合,因此远古时此为主祭品的最佳选项。但是,后来原始农业兴盛起来了,特别到了牛耕时代,以黄驹祭大地母亲就显得不那么合时宜了,大约到了距今七千至八千年的时候,风行以牛为祭了。《礼记·曲礼下》中记述说:"天子以牲牛,诸侯以肥牛,大夫以索牛,士以羊、豕。"意思是说,天子祭祀用纯一毛色的牛(即所谓"牲牛"),诸侯祭祀用经过精心饲养的牛(即所谓"肥牛"），大夫祭祀可以用临时挑选的牛（即所谓"索牛"），士祭祀可以用羊和猪。耕牛的在人们心目中"牛"起来，也是在这个时间段。士和平民百姓认为牛为祭代价太高，同时长期以来管理部门一直有禁杀耕牛令，于是萌发了以羊和猪作为替代品的办法。羊者祥也，它能给人带来吉祥如意。猪耳大福大，而且长期与人同居一屋，以此祭大地母亲也是十分妥帖的。

其四，禁止"淫祭"。《礼记·曲礼下》中说道："非其所祭而祭之，名曰淫祭，淫祭无福。"这里是说，凡是不是自己应该祭祀的神灵而加以祭祀，称为淫祀，淫祀是不会给祭祀者带来福音的。还有一种情况是，当时已经形成了"岁遍"的祭祀规则，也就是同一种祭礼一年举行一次，不准自行加码。有些人为了讨好土地神，同一种祭礼反复举行，那也属"淫祭"，也是得不到福报的。

这些规范和禁忌，表达了先民对大地母亲的尊敬与孝心。

炎黄子孙，感恩于大地母亲，也感恩于自己的生身父母。在前文讲述祭祀大地母亲时，先民就把最终的落脚点放在了"祭其先"上面。这里说的"先"，既指的是同宗同族的祖先，也包括先于自己而去的父母一辈。中华先民同世界上几乎绝大多数先民一样，相信人是由两部分组成的，一部分是人的躯体，这是外在的；另一部分是人的灵魂，是内在的。人的死亡只是人的外在躯体的死亡和腐烂，而人的另一部分灵魂是不死的，它进入另一个世界仍然生活着，称之为——

人死为鬼

原始先人以为，人不仅有躯体，还有可以游离于躯体的灵魂。人死亡之后，灵魂离开了躯体，但灵魂是不死的，即成了所谓的鬼。这种灵魂不死的观念，大约在旧石器时代就有了。距今大约2.7万年的山顶洞人的洞穴，是目前发现的最早的墓葬。在墓葬中，考古学家发现死者尸骨的周围撒满了赤铁矿粉末，并有兽牙、蚌壳、鱼骨制成的种种装饰品和日用品。这正是原始人脑中灵魂不灭观念的深度反映。他们把红色的赤铁矿粉末视为鲜血、生命的象征，以此让灵魂继续存活。在幼稚得显得十分可爱的原始先民看来，后人摆放的日用品和装饰品正是可以让死者的灵魂继续存活的物质条件。

灵魂不死的观念遍及于世界各国的先民。恩格斯说过："在远古时代，人们还完全不知道自己身体的构造，并且受梦中景象的影响，于是就产生了一种观念：他们的思维和感觉不是他们身体的活动，而是一种独特的、寓于这个身体之中而在人死亡时就离开身体的灵魂的活动。……这样就产生了灵魂不死的观念。"（《路德维希·费尔巴哈和德国古典哲学的终结》）在极为艰难困苦的先民时期，这种灵魂不死的观念，给了当时与大自然奋斗中的先民以巨大的心灵抚慰，也给予他们一代一代生存下去和奋斗下去的力量。这样看来，在人类思想发展的源头，灵魂不死的观念所起的作用并不是负面的。

心理学家的研究表明，灵魂不死观念遍及远古世界，它源于人对梦境及随身而在的影子的浅层化甚至扭曲化理解。中国战国时期的思想大家庄子就是个说梦的大家，他在《齐物论》中说："梦饮酒者，旦而哭泣；梦哭泣者，旦而田猎。方其梦也，不知其梦也。梦之中又占其梦焉，觉而后知其梦也。且有大觉而后知此其大梦也。……君乎？牧乎？固哉！丘也与汝，皆梦也。予谓汝梦，亦梦也。"这么一段短短的文字中，连用了11个"梦"字，由此，世人称庄子为"人生如梦论"的始祖。最有意思的是，他说做了个梦，自己忽然变成了一只蝴蝶，大梦醒来后，竟弄不清是自己变成了一只蝴蝶，还是一只蝴蝶变成了自己。别以为他是在故弄玄虚，庄子那个时代的大部分人确实弄不清是怎么回事，至于更古老的处于原始时期的先民，更是会以梦为真了。

影子也是长期困扰先民的一道思想屏障，对他们来说，也始终是一道难解的谜。看，在日光下，人身会有影，而如果阴雨天，人身无影。白天人身有影，黑夜又人身无影。这就给先民造成了一个印象，人身和人影是可以分离的。再说，人的身影又是不断变幻着的，夏日清晰，冬日模糊，晨间身影长，中午时身影短，这些在原始先人看来都是"谜"，久而不得其解，就造出一个"影子灵魂说"来。在数千年的中华习俗中，有一项禁忌，为死者大殓时，活人不能站在棺木的下首，让送丧人的影子投射到棺木中去，棺木一钉死，就把送丧人的灵魂也钉进去了，那样是极不吉利的事。可见，把身影视为灵魂也是原始先人的一种长期的误解。

误以梦境为真，误以身影为实，"灵魂不死说"就在原始先民心中扎下了根。迷信者以为人死后灵魂不死，称之为鬼。《礼记·祭义》中说："众生必死，死必归土，此之谓鬼。"《礼记·祭法》中又说："大凡生于天地之间者皆曰命，其万物死皆曰折，人死曰鬼。"《殷墟甲骨文实用字典》对鬼作了这样的解读："鬼，从田，从人，字像人戴着奇异之面具，以示非人面似鬼。"意思很清楚，把死人葬到田野中去，灵魂随之而去，那就是鬼了。《说文》则说得更直截了当："鬼，人所归为鬼。"人的必然归宿就是为鬼。

中国历来提倡孝道。但开初的孝道只限于生前，即老人活着时年轻人应该多关照他们，至于死后既已成了鬼，就无所谓了。在很长一段时间里是"葬之中野不树不封"（《周易·系辞》），意思是人死后既然变成了鬼，那就找一块中野之地，一埋了之，连作为纪念的"树"也不种一棵，深葬于地下，连"封"土也不培，就算是入土为安了。

对先祖的祭祀也是有的，那就是通过招魂的形式，把魂招回家，实行"家祭"。有不少的人家则在相当长一个时期里连家祭都不搞。

为了纠正这种生孝而死不孝的风气，社会上开始流行起了一种说法，"孝"的观念，应该由生及死，由父母而及于祖先，不应只主张生时孝，而忘记对亡故的家鬼的孝。还有一种说法，家鬼的鬼魂不仅可保护生着的后人，如后人不孝不仁，也会作祟于后人。《云梦秦简》有这样的记载："甲乙有疾，父母为祟。""丙丁有疾，王父为祟。"说甲、乙、丙、丁诸人都是因为对家鬼（死去的父母及祖辈）的不孝，只顾自我的吃喝玩乐而不重视孝顺家鬼而受到父母的"为祟"的。几经周折之后，对家鬼的礼敬重视起来了，丧葬也渐渐重视起来了。

从相关的历史资料看，"葬之中野不树不封"的现象确实是存在过的。《史记·孔子世家》中有一段文字："丘生而叔梁纥死，葬于防山。防山在鲁东，由是孔子疑其父墓处，母讳之也。孔子母死，乃葬五父之衢，盖其慎也。挽父之母诲孔子父墓，然后往合葬于防焉。"这段文字是纪实的，大致的意思是说，孔子生下不久，其父亲叔梁纥就故世了，葬在了防山一带。防山在鲁城的东边。因为取的是"不树不封"的葬法，过不多久就不知具体的葬地了。孔子长大后，多次问母亲，母亲都回答说不知道。母亲确实是不知道的。因为父亲死时，母亲很年轻，依当时的规矩，年轻丧夫的女人是不能随意抛头露面的，她没有出席丈夫的丧礼。后来母亲也死了，因不知父亲的葬所，由是不能合葬，只能暂葬在一个叫五父衢的地方。后来，多处打听，得以从曾参加其父丧礼的邑人挽父之母那里打听了父葬的确切方位，才把母亲迁到那里与父合葬，并建起了高高的坟头，栽树标定了墓地。

这是一则很珍贵的历史资料，从中可知，直到孔子时，"不树不封"的深土葬和"又树又封"的建坟葬还是并存着。"人死为鬼"，为了表示孝，在父母死后建起一个个坟头，这件事多少与孔子的提倡有关系。

既然是"人死为鬼",鬼又是人的灵魂离开人体以后的另一种生存状态,那么,鬼与人一样,它也应该有三六九等之分的。人有人格,鬼则有"鬼格",这倒是在理的,在人们心目中,人有刚强的人,懦弱的人,开明的人,阴冷的人,鬼也有雄健的鬼,怕死的鬼,爽朗的鬼,阴险的鬼。《诗经·小雅》有篇题为"何人斯"的诗。何为"何人斯"?用白话说,就是他是何等样的人啊?原来作者面临的那个"他"是个"其心孔艰"的人,也就是心地黑暗、高深莫测的人,作者由此马上想到了"为鬼为蜮",想到了鬼中变化多端的蜮类。不过,中华先民的心地是光明的,就是在谈鬼时,也总是希望张扬如是的品格——

死为鬼雄

南宋著名诗人李清照是个顽强不屈的女性,她极为不满于宋高宗的放弃抗敌,不战而匆匆南渡,写出了著名的《夏日绝句》诗:"生当作人杰,死亦为鬼雄。至今思项羽,不肯过江东。"作者在这里用了项羽不愿苟且偷生、战斗到底的典故,而且是古今妇孺皆知的熟典,但效果却出人意料的好,成为真正的传世之作。道理很简单,因为这首诗颂扬的不只是一个项羽,而是寄寓其间的那种民族精神。这种民族精神,我们不妨名之为"鬼雄"精神。

这种至死不渝的鬼雄精神,是贯穿于我们民族发展的全过程中的。早在记述"日月洪荒"时代的《山海经》中,就有大量的无私无畏、为民献身的"鬼雄"出现。他们中有"与日逐走"结果"道渴而死"的夸父,有被断首后"以乳为目,以脐为口,操干戚而舞"的刑天,有"有人无首,操戈盾而立"的夏耕之尸。连《山海经》中的许多"义"鬼"义"怪,如生活于浣水中的冉遗鱼,长于中曲之山的驳,生活于谯明之山中的猛兽孟槐,栖于汜水的箴鱼,它们为了拯人类于水火之中，竟大义凛然地甘愿奉献出自己可贵的生命，为"死为鬼雄"的生命信条写上了重重的一笔。

将"死为鬼雄"精神体现得最为淋漓尽致的当属屈原《九歌》中的《国殇》一诗了。该诗这样写来：

操吴戈兮被犀甲，车错毂兮短兵接。
旌蔽日兮敌若云，矢交坠兮士争先。

凌余阵兮躐余行，左骖殪兮右刃伤。
霾两轮兮絷四马，援玉枹兮击鸣鼓。
天时怼兮威灵怒，严杀尽兮弃原野。

出不入兮往不反，平原忽兮路超远。
带长剑兮挟秦弓，首身离兮心不惩。
诚既勇兮又以武，终刚强兮不可凌。
身既死兮神以灵，子魂魄兮为鬼雄。

将这首千古名诗翻译出来，大致上是说：

勇敢的将士手握着吴戈，身披着犀甲，与敌军战车相错，短兵相接。旌旗多得遮蔽了太阳，敌人的队伍如天上的云朵般众多。流矢交相飞落，我军的士兵奋勇向前。

可终究是敌众我弱，敌人的大队人马冲进了我军的队伍，冲散了我军的队列。四匹一组战马，左边的马匹被射死了，右边的马匹也受了严重的刀刃之伤。战车陷在泥浆里难以自拔，受伤的马匹也动弹不得。这时，我军的主将亲自擂鼓，鼓舞士气。真正是天怨神怒啊，我军的士兵虽拼死抵抗，最后还是全部捐躯身亡，尸横遍野。

战士为国出征，远赴疆场就没有准备活着回来。沙场茫茫，故乡路远。不少士兵死去了，手中仍紧握着长剑，肩头的秦弓正准备拉开。即使身首分离，仍旧怒目向敌。这种既勇又武的精神，表现出了一个真正的战士意志的刚强和神圣不可侵犯。身体是死了，可是神灵不死。战士们的魂魄，成为鬼中的雄杰！

这是一首不朽的叙史诗章，是对一种傲骨情怀的凝练，承载了中华先民的浩然正气。其中的不少诗句后来成了励志的成语。无妨举例如下：

"操吴戈兮被犀甲"——后世浓缩为"操戈被甲"，形容战士的威武神姿和仪容。

"车错毂兮短兵接"——后世浓缩为"短兵相接"，形容战斗之激烈和残酷。

"旌蔽日兮敌若云"——后世浓缩为"旌旗蔽日"，"旌旗"是古代战争中使用的一种旗杆顶上有彩色羽毛为标识的旗帜，"旌旗蔽日"，说明战争场面极为壮阔。

"矢交坠兮士争先"——后世浓缩为"一马当先"或"争先恐后"，"士争先"表现出了勇士的奋不顾身。

"天时怼兮威灵怒"——后世浓缩为"天怼灵怒"，"怼"，就是怨，"灵"即指神灵，因此也可以译为现在常用的"天怨神怒"。

"严杀尽兮弃原野"——这里是两句成语融合在一句诗中，一是"斩尽杀绝"，一是"弃尸原野"。

"出不入兮往不反"——后世浓缩为"出生入死"，或者是"出不顾反"，也可以说是"义无反顾"的语源。

"首身离兮心不惩"——"不惩"有不怕、不悔恨的意思，后世将此语演化为"身首异处何所惧"这样的话。

"诚既勇兮又以武"——后世浓缩为"既勇又武"。"勇"是勇敢，是精神状态；"武"是武艺，是战斗能力。"既勇又武"是战斗中的全才。

"终刚强兮不可凌"——后世浓缩为成语"刚强不屈"。

"身既死兮神以灵"——后世浓缩为成语"身死神灵"，也就是身虽死去，精神却永垂不朽。

"子魂魄兮为鬼雄"——后世浓缩为"魂为鬼雄"。值得注意的是，本句的起首作者特意加了个"子"字，"子"就是你或你们的尊称，作者站在历史客观的角度指出，你们这些视死如归、既勇又武的烈士虽然死了，但你们会被人民永远记住，成为极其了不起的"鬼雄"。

很少有一首诗能牢牢地被后人记住，并差不多句句成为后世耳熟能详的成语的。唯独此诗不同，其内容丰富，涵盖面广，再说这些血与泪乃至牺牲生命的历史教训，怎不会被一代代人牢记呢？

奋斗，不怕死，敢于与强敌血战到底，这样的"鬼雄"精神，从《山海经》中来自远古的"有人无首，操戈盾而立"的民族绝唱，到战国时期屈大夫的"子魂魄兮为鬼雄"，到宋代女诗人李清照的"生当作人杰，死亦为鬼雄"，到近世禁烟英雄林则徐的"苟利国家生死以，岂因祸福避趋之"，到中华人民共和国国歌中呼唤的"起来，不愿做奴隶的人们，把我们的血肉，筑起我们新的长城"……在中华民族中代代相传。

面对这些，我们可以自豪地说：这就是中国，这就是千万年来绵绵不绝的中国精神。

五帝时代

远 古 五 帝 卷

成语里的万年中华史

前　言

在地处东亚的这块古老土地上，中华先民艰难地一步一个脚印地前行着。经过上百万年的奋斗，到了距今五千多年前，我们的祖先在炎黄二帝的带领下，终于跨入了人类文明的门槛，看到了文明的曙光。中华民众记住了这一切，称炎黄二帝是我们民族的共祖，称自己是炎黄子孙。炎黄子孙在习惯上也可以称为黄帝子孙。

黄帝之前的漫长岁月由于还没有发明文字，靠口耳相传的神话传说故事传递信息，因此，那段历史显得纷繁杂乱，含有诸多"不雅训"即不可信的成分，即使到了炎黄时代的传说故事，也是各说各的，所谓"百家言黄帝，其言不雅训"。而太史公司马迁在《史记·五帝本纪》中一锤定音，认定黄帝为"人文初祖"，也就是认定五千多年前的黄帝时代是我们民族进入伟大"人文"时代的开端。

对"人文初祖"，太史公是有着严格的内涵规范的。其一，黄帝结束了长期"诸侯侵伐"的所谓"万国时代"，第一次实现了中华大地的初步统一，即所谓"一统天下"，出现了"诸侯咸来宾从"的可喜局面。其二，黄帝建立了中央的权威，妥善处理了中央与地方的关系。据传，当时东方有"东帝太皋"，西方有"西帝少昊"，南方有"南帝炎帝"，北方有"北帝颛顼"，黄帝则被拥立为"中央大帝"——中国历史上极为重要的"中央"一词浮出水面。中央大帝与地方四帝之间不是平起平坐的关系，而是领导与被领导的关系，中央大帝"执绳制四方"。其三，黄帝建立了精干有力的中央治理机构。"置左右大监，监于万国"，这里所谓的"大监"就是中央派到地方坐镇的特派员，这既是对地方的保护，又是对地方的监督。同时，"举风后、力牧、常先、大鸿以治民"。打铁先得自身腰杆硬，中央主要管理人员精干有为的素养显得特别的重要。其四，黄帝时代开创了"以农为本"国家经济体制的创建。"时播百谷草木，淳化鸟兽虫蛾，旁罗日月星辰水波土石金玉"，经济要全面抓，但最基础的还是"时播百谷草木"。其五，黄帝时代文化上有了巨大突破——发明了文字。文字的发明是惊天地泣鬼神的大事件，也是一个社会进入文明期的重要标志。

黄帝标志着一个时代，一个中华民族昂首挺胸迈步走向文明的时代。"黄帝三百年"，说明其影响是极为深远的。黄帝时代又称五帝时代。在司马迁的笔下，五帝之间——黄帝、颛顼、帝喾、尧、舜，乃至后起的大禹之间——都有着血浓于水的血亲关系，可谓是一脉相承。他们"鸿鹄大志""雷厉风行""常为天下先"，既然是这样，那么说我们都是炎黄子孙，就更是顺理成章的事了。

万国时代及其终结

众所周知，五帝时期是我国文明的发祥期，一切都在初创之中。那么人们一定会问，在此之前祖国大地上的社会情状是怎样的呢？大史学家司马迁给出的答案是，文明出现之前有过相当漫长的万国时代。而当时的人们心目中的"国"也与文明时代的观念不完全相同，大致可归结为——

以戈守土

我们前面的三十多讲，讲的都是远古岁月，也就是人走出动物界以后，经过艰苦奋斗，一步步地前行着，终于在衣、食、住、行各个方面都有了相当的进步。从这一讲开始，我们要讲第二章，章名是"五帝时代"。这是一个新的时代，一个伟大的时代，一个从蒙昧和野蛮走向文明的时代。这第二章分三节，第一节是"万国时代及其终结"，实际上讲的是"前五帝时代"，也就是五帝时代之前天下四分五裂的那个时代。第二节是"人文初祖——黄帝"。讲从黄帝时代开始，我们国家就正式进入文明时代了。第三节讲五帝中的第二帝、第三帝、第四帝、第五帝，一直讲到大禹成为天下共主，中国社会开始进入王朝时期，也就是进入家天下的私有制社会。

这一讲是第二章的第一讲，是讲国家的渐次形成。战国时代的大思想家荀况有一句名言："人不可以无群。"其意思是说，人类如果不是群居的话，他就难以生存，不是被大自然中的强势生物体所吞噬，就是被人类中的其他强势集团所兼并。这可以说是人类几十万年乃至上百万年生存发展过程中总结出来的最可宝贵的精神文化财富。荀况分析得很实在，说从人的个体来说，个头没有狮虎壮，力气没有鲸那么大，如果凭个体之力拼搏于大自然，那定然失败无疑。人的真正长处何在？就在于懂得群居，而且通过总结经验，把群居生活打理得日益完美。人是靠群体的力量战胜自然，也战胜自然界的猛兽的。同时，也是靠群居战胜同类中的对手的。考古发现证明，自有人的第一天起，人类就是群居的。星星点点的坐落在祖国大地上这些难以数计的聚落群的客观存在，就是人类群居的最好物证。

人类越是发展，人口越是增长，聚落群与聚落群之间利害关系越密切，他们之间的矛盾和争斗心也就会越发显现出来了。在相当长的一段时间里，地球上供人类享用的物质资源是相对固定的，但人口在增长，这样势必增加了聚落群与聚落群之间的利益冲突。有人作过一个粗略的统计，在近一万年间，人类的总量比之前增加了一千倍，而且人均每天花在衣、食、住、行及游乐等方面消耗的能量也是过去的一千倍。在步入文明时代前后，人类对地球生物圈的总体影响力大约达到了前农耕时代的百万倍，甚至更多。这样一来，人类施加给地球的压力大大增加了，人的聚落集团与聚落集团之间的利益之争也尖锐化了起来。为了提高竞争力，利益相同或相近的聚落群会结合起来，形成更大的利益集团。

相关专家研究表明，"群聚是人类基本的生活方式和组织形态"，它的聚落形态由小到大、由简单到复杂，大致可以分为三个阶段：

先是形成聚落群，那是以血缘为纽带组成的小型社会群体，一般是由数十人到上百人组合而成，这是初级阶段。

第二阶段是组建规模更大的聚落群团。聚落群团不只就规模而言要比初期的聚落群大得多，而且结构也复杂些。它由若干个有血缘联系的聚落群组成，以血缘的远近分成一定的级差。这些组合在一起的聚落群在地盘上具有相邻性。在组合过程中，开始出现了核心聚落群，核心聚落群的领袖同时也自然而然地成为整个聚落群团的领袖。每个聚落群团人员可能达到成千上万人。

第三阶段则称为聚落集团，这时已是以安置有序的具有行政色彩的族和族群为基础的血缘体了，这种血缘体占有相当大的地盘，涉及的聚落群、聚落群团已相当多，它们之所以能团聚在一起，主要以共同利益为基础，以抗衡共同敌人为目标。正如裴安平所著《中国史前聚落群聚形态研究》指出的那样："为了保卫聚落集团的共同利益，开始形成了一定规模的武装集团，一般而言，聚落集团的首领，也是武装集团的首领。"

到了天下出现那么多的聚落集团的时候，也就开始有了所谓的"国"的观念。也就是说，他们往往自称自己的聚落集团为"国"。不过，这一时期的人们心中的所谓"国"，实际上只是家乡的意思，或者就叫做故乡，与现代意义上的"国"不同。聚落集团的那么多有一定血缘关系的人相对固定地居住在某一地域，生育在一起，吃穿在一起，病老在一起，那个地域岂不就是家乡？其实，把家乡称为"国"，在后世有较高学养的文人学士的笔下还时有出现。唐诗中的名句"故国三千里""故国音书无"，这里说的"故国"显然不是现在我们说的祖国，而是指故乡。"故国三千里"是说自己是远离故乡三千里的游子，"故国音书无"是说我这个游子连故乡的消息和书信都久久没有得到了。

说到"国"字，年岁大一点的人都知道它的繁体写法是"國"。这是很有意思的，按理说到商、周的时候，国家早已存在，虽然商时的甲骨文和周代的金文，还没有发现我们常用的"國"这个字眼。是不是说明当时的人没有"國"的观念呢？不是的。可以这样说，有家乡意义上的"國"的存在，就会有国的观念，也会有国的文字表述。那么，当时的人们是以何种文字符号来表述"國"的观念的呢？找到了，原来当时用的是一个"或"字。在相当长的一段时日里，"或"字表述的都是"国"的意思。

那么，请问"或"作何解？《说文·戈部》："或，邦也。从口，戈以守一。一者，土也，地也。"原来上古时代的人们的观念很实在，他们也很聪慧，认为要成其为一个邦国，也就是人们相对定居的故乡，第一当然要有人口，那是劳动力的要素，也就是"或"字中的"口"字，这是最重要的。第二是要有土地，这是国人的立足和生存之地，也就是"或"字中的"一"。有了充足的劳动力和大片的土地，农耕社会生存和发展的基本要素就具备了，这个"邦"也大致上站立得起来了。

当然，当时聚落集团与聚落集团之间的利益之争越来越激烈了，因此，要使故乡真正成为人们安居乐业的恒定地域，就得有一定的武装力量，这种武装力量在"或"字中得到了充分而完美的体现。我们的古人实在太聪明了，武装的象征是"戈"，古人把代表劳动力的"口"，和代表土地的"一"，都安放在那个代表武装的"戈"字之下。这样一来，"以戈守土"，甚至"以戈守一"的观念不就深入人心了吗？老老少少，谁都会明白，有了"戈"这个好东西，就可以保一方平安了。

"以戈守土"的观念在五帝时代之前的几千年间，一直存在着。"戈"是先秦时代的主要兵器之一，后来对兵器的发展有了深远的影响。《礼·檀弓下》中云："能执干戈以卫社稷。"其意以干戈防御、保卫家乡和国土。

说是"以戈守土"，实际上更重要的是"守人"，就是用武装来保卫聚居在一起的群体。而这些大小不一的群体的黏合剂是血缘。这些血缘共同体史学家称之为氏族聚落。当时，大河上下，长江南北，到处都是氏族聚落，可谓之——

星罗棋布

上一讲和这一讲都是讲万国时代的特征的。上一讲说的"以戈守土"强调的是万国时代的武装防御和斗争色彩，"以戈守土"就是用武装来保卫聚居在一起的群体。而这些大小不一的群体的黏合剂是血缘。这些血缘共同体史学家称之为氏族聚落集团。这一讲是要说这样一些氏族聚落集团的分布密集度之高，范围之广。就当时而言，可以说大河上下，长江南北，到处都有氏族聚落集团存在着，真可谓"星罗棋布"。星罗棋布这句成语是说，像天空中的星星似的罗列着，像棋盘上的棋子那样分布着。形容数量众多，散布的范围很广。当然有时也作"棋布星罗""星罗云布"。

近百年的考古大发现，使大量的氏族聚落集团的遗存，得以重见天日。我国考古史上第一个发现的氏族聚落集团是距今约七千年的半坡氏族遗址。

大约有五万平方米的仰韶文化半坡遗址，展示了当年生活在黄土高原上的先民从生到死的生存轨迹。当时的陕西半坡地区大约比现今的气温要高上摄氏三四度，属亚热带气候类型，温暖湿润，而且半坡地区依山傍水，是一处很适合于人居住、生存、繁衍的地方。在半坡地区，先民们在此繁衍生存，形成了一个拥有大约千人的大氏族和大部落，考古社会学上称之为聚落群。建起了包括居住区、制陶区、墓地在内的聚居地，这块聚居地建筑群把这里约千人的生老病死都关切到了。

半坡遗址的大致布局是这样的：遗址中最重要的部分是人们的居住区。在居住区中央有座大约 160 平方米的大房子，这是部落集会、议事的地方，很有可能部落的首长，包括军事领袖就居住在那个大房子里。当时的局面是"以戈守土"，军事首领的功劳很大，他的权威也一定很高。大房子的四周有着数量十分可观的小房子，都是有十多平方米到数十平方米面积大的居室。当时贫富还没有分化，阶级还没有出现，在住房上还是相对平等的。这一间间小房子，相当于小家庭的住所。大房子的前面有个中心广场，很显然，这是定时进行聚落集团会议的场所。通过集会，传达聚落集团首领的相关指令，也可在集会上自由发表自己的见解。

遗址的北面是氏族的公共墓地，多是单人葬，也有双人葬或四人葬的。遗址的东边是制陶区，其制作的陶器艺术质量相当高。半坡遗址出土有近万件石质、陶质、骨质的工具，分别为农具、猎具、渔具、炊具、食具和纺织用具。半坡人用这些工具打猎、种粮、制作熟食、纺织衣物。他们已经懂得用石磨盘、石磨棒进行食物的加工。这种石磨象征着传统中国式的磨制食品工具，它的使用一直延续了几千年。

最引起人们兴趣的，是在环绕居住区的外侧，有一条深深的大围沟，从相当规范的构架看，那是人工建造起来的，其目的显然是为了防止敌人、野兽和洪水的侵袭。从"以戈守土"视角看，当时开凿了这道大围沟以后，在大围沟的两侧，一定是有大量的持戈而立的武士的，他们为了保卫家园，保卫这里的每一个成员，随时准备应对来自外部的侵袭力量。在整个聚落的外沿，也有古城堡式建筑的痕迹，那当然是武士们的居处之地了。这些仿佛都是在用事实诠释着一个"或"字，诠释着"万国时代"那种强烈的武装色彩。

星罗棋布的氏族聚落群，展示着当年所谓"国"的"以戈守土"。

在天下广阔的巨大空间中，这样自以为是"国"的聚落群何止万千。再说，社会越是发展，这样单打独斗的聚落群要单个儿生存就越难，它们必须与周边血缘相同或相近的聚落群联手，组合成聚落群团，那样的"国"力量才更大些。再进一步，若干个聚落群团再联手，就能形成统治范围更大、实力更雄厚、构架更严密的聚落集团，这样"国"的领地就比较大了，司马迁在《史记》的《五帝本纪》中称其为"诸侯"。在当时，这样的"诸侯"还是如满天星斗般多，形容为"星罗棋布"也不为过。

在半坡氏族及其他一些新石器时代的遗址中，在人死后的墓葬中，都是有随葬品的。随葬品的多少，一定程度上反映了社会地位的高下。我们发现，一般而言，妇女的随葬品要比男子的随葬品多些，也丰厚些。这除了反映出母系氏族时期的遗痕外，还一定程度地表明了人们对人口增长的渴求，因为在相当长的一段时间里，人们相信生育的多寡是与女子有关的。给死后的女性以更多的优厚待遇，是希望本族人口更快增长，以应付越来越激烈的族群斗争。

人类在进入文明时代之前，"万国"为了各自的生存和发展，发动掠夺和战争几乎是不可避免的。这会给民众带来苦难，看来不是件好事，但又是走向统一必然要经受的痛苦。这就是历史的辩证法。这里的问题在于：在中华大地建立统一国家之前，当时所谓的天下的大小不一的邦国真的有数以万计之多吗？回答是肯定的，当时确实是——

万国林立

今天讲"万国林立"，这是顺着上一讲"星罗棋布"下来的。"星罗棋布"是对当时天下乱象和天下群雄蜂起的一种形容,而"万国林立"则是对当时政治局面的数字化实指。这两讲的关系十分地密切,这一讲也可说是上一讲的继续和发挥吧。

有人也许会想,你要讲的题目是"万国林立",可是,在当时真的有万国之多吗?我们认为,司马迁在《史记》的《五帝本纪》中提出"万国林立",绝不只是随口说说而已,而应该是有切实的依据的。我们这一讲,就是要在万国林立的这个"万"字上做点文章,让大家读后都信服。

说到"万国时代",离不开对距今七千年到五千年的仰韶文化的发现和发掘。1914 年,中国考古学的先驱、瑞典地质学家安特生来到中国,翻开了中国考古篇章的第一页。他当时主要从事古人类学的研究,1918 年,有人告诉他河南仰韶村发现了许多古生物化石。安特生虽然很感兴趣,但抽不出身来,就指派地质研究所的一位年轻有为的中国人刘长山去考察。刘长山来到河南的渑池县,开初打听不出多少名堂,当时兵荒马乱的,谁都不愿对这个外来的陌生人说真心话。后来他打听到,那些化石和有着人工制作痕迹的石头都在普通农民家中,他就出了个奇招:张榜高价购买那些石头。他还公开申言:"按质论价,一律以现洋支付。"这下那些穷得叮当响的农民可高兴了,纷纷把石头和其他物品送上门来。刘长山一看,其中真有不少前所未见的好东西,不少显然已经是相当精细的人工制品。刘长山说到做到,诚实无欺,一律当场现洋支付。只几天工夫,就收购到了六百多件新石器时代的石器、陶器和其他珍贵的物件。得到这些文物后,他还不满足,很想到文物出土的现场去看个究竟。经他再三请求,一位农民把他带到了文物的原生地仰韶村,由此考古史开拓出了后来命名为仰韶文化的新时代,后来还发现了一具相当完整的人体骨架,被定名为所谓的"仰韶人"。

"仰韶人"代表了一个时代。他们已经依据自己的意愿建造起了相当规模的村落，村落里有较为正规的居住区，有公共作场，有很大的窑场，有公共墓地，有很好的防卫设施。他们制作了大量的石刀、石斧、石锄、石铲，除了大量石器外，还发现了大量骨器、陶器和蚌器，利用这些工具开拓出了片片良田。他们种植了粟、黍，畜养了猪、狗。他们居有一定的地盘，并与周边的部落组成了带有军事性质的联合体，实际上已经具有原始意义上"国"的味道。当然，这里说的"国"，实际上只是氏族或部落为基础建立起来的聚落群团或聚落集团而已。

　　这样的"国"，在当时的中华大地上，究竟存在过多少呢？如果从1918年最早的中国考古人刘长山发现仰韶人和组织开发仰韶文化算起，那么到如今已经过去了一百多年的考查历程。在这一个世纪的发掘过程中，考古学家们在黄河上、中、下游流域的许多地区，发现了数千处文化类型基本相同的聚落和村邑遗址。这些聚落和村邑遗址，它们的主人现在可以认定生存于大约距今七千至五千年之间，也就是五帝时代之前的那个"万国时代"。同时，这数千个聚落和村邑遗址中，小的只有数十户聚族而居，大一点的就有上百户乃至上千户了。他们割地而据，都号称自己的团体为"国"。

　　上面说的是黄河流域，在黄河上、中、下游，已经发现的所谓"国"已有数千个了。如果再加上还没有发现的，那就更可观了。近几十年来，长江流域的新石器时代遗址的发掘进展神速。生活在浙江余姚的"河姆渡人"，他们生活在距今约七千至五千年之间，正是传说中的"万国时代"。河姆渡人最大的功绩是学会种植了水稻，在遗址中就发现了大约 2 吨的稻谷。这是世界上种植水稻最早的处所。在那里，发现了 170 多件骨耜，那是最主要的生产工具。为了应付江南地区多雨多水的自然条件，他们极为聪明地发明了干栏式的居住建筑，建筑分两层，下层养牲口，上层住人。那里有十分发达的玉石制造业，玦、瑶、璜、管、珠这样一些玉制品的精美令人叹为观止。他们聚族而居，河姆渡地区俨然是一个独立自主、自给自足的"国"。据专家估计，长江上、中、下游这样的"国"，少说也有三四千个。

如果再加上岭南地区，还有广大的西部地区，以及四面八方的边远地区，在中华广袤的大地上，在黄帝时代之前这样被称为"国"的聚落和村邑，绝对是不会少于一万个的。它们都有自己独立的血脉传承，都有自己被公共推举出来的氏族和部落的首领，都有相沿成俗的议事机构，以及自己的武装力量，这样的以据有一定地域为前提的团体称之为最原始的"国"，有什么不可以呢？

考古学者在郑州北郊两公里处的邙岭余脉上发现了仰韶晚期的一处城堡，即西山古城堡，学者们视之为具有最原始城堡形态的"国"。西山古城堡的城址的平面略近于圆形，西墙残存约60米，北墙西段自西北角向东北方向延伸，长约60米，中段向东圆缓而折，略向外弧凸，长约120米，东段再折而东南，与西北角形状略同，残长约50米。城墙现存高度保存最好的约3米，宽约5—6米，城墙拐角处加宽约8米。城墙的建筑采用先进的方块版筑法，基底较宽，向上则逐级内收，形成一级级台阶。这以城堡形态建立起来的"国"，比起以深深的大围沟包裹起来的"国"来，其独立性，其武装抗拒外来侵略性，就更明确了。到了司马迁说的"诸侯相侵伐"时间段，在"国"中建筑城堡类的保护性硬件，就更加普遍了。

世界各地的一些著名古城，平面规划颇不一致，但多为椭圆形。如美索不达米亚的乌尔、伊朗的弗拉斯巴等，平面均为椭圆形。西山古城同上述世界诸名城在规划上的一致性，表明圆形布局属古典城邑之范例。这也反映出远古人类在聚落规划观念上所见略同。这就更加具体地印证了《五帝本纪》中说的"三年成都"以及"万国林立"的变化趋向。

人类在步入文明之前，为了生存和发展，当时的"万国"之间的掠夺与战争是不可避免的。当时的所谓"国"，也不具有文明社会政治色彩浓烈的国家的概念，只是各自为政的邦国和氏族群体而已。当时的所谓"诸侯"也与文明社会天子明文授予职权的诸侯不同，只是拥兵自重的武装团体而已。他们之间的攻守侵夺，司马迁称之为——

诸侯侵伐

首先提出"诸侯侵伐"这一命题的是太史公马迁。他在《史记·五帝本纪》上说："神农氏衰，诸侯相侵伐，暴虐百姓。"这里较早使用了"诸侯"一词。何为诸侯？严格意义上的诸侯那是指古代帝王分封在各地的国君。诸侯在历史上的出现，说明当时至少已经有了名义上的帝王，或称为天下共主，那样才有可能"封"某某为诸侯。这样看来，"诸侯侵伐"这一命题的提出，还是十分值得关注的。

人类在步入文明之前，为了生存和发展，万国之间的掠夺与战争是不可避免的，甚至可以说，这是一种历史的必然。恩格斯在《家庭、私有制和国家的起源》一书中说过："进行掠夺在他们（指处于原始社会末期的人们——引者）看来，是比进行创造的劳动更容易甚至更光荣的事情。"历史就是历史，它是不能随意超越，也不能想当然地改写的。在原始公有制社会行将终结，而新的私有制社会制度尚未完全确立之时，人们的思想就是像恩格斯指出的那样"紊乱"和"不可理喻"，连"掠夺"这样的举止行为也普遍地被视为是一种"光荣"，那聚落群与聚落群之间、聚落集团与聚落集团之间的战争还能避免吗？

这样"无厘头"的、单纯为掠夺而发生的战争，可以说充斥了整个万国时代，也就是从原始社会向文明社会转化的时期，从时间观念上讲，大约相当于距今七千年到五千年的漫长岁月。在这样漫长的岁月中，人们一直为莫名其妙的战争困顿着、纠缠着，谁也解脱不了。人类要迈进文明的门槛，就是那样不容易，充斥着痛苦和鲜血。

这么两千多年的为掠夺而进行的战争，大致上又可以分为两个大的阶段。第一阶段就是我们前两讲说的"万国林立"的阶段。这一万多个"国"，确切地说是一万多个大小不一的利益集团，在逐利的前提下成年累月地进行着战争。说不清、道不明的战争的结果是"国"的兼并，由万国，兼并为千国，以至于百国，于是，随着地域较广、势力较大的诸侯的出现，第二阶段到来了，也就是太史公说的"诸侯侵伐"的阶段。

《易·比》中说："先王以建万国，亲诸侯。"说得有点模糊，如果当时仍是万国的鼎盛时代，权力那样分散，实力强大的诸侯就不可能冒出来。只有通过不断兼并，万国合并成千国、百国、数十国之后，才会有所谓的"诸侯"。《帝王世纪》说得较为明白了，认为："女娲未有诸侯，炎帝时乃有诸侯。"女娲是创世后初期的领袖人物，当时不可能有权倾一方的诸侯。经历了百代甚至数百代的繁衍，才传到大家比较熟悉的炎黄时代。一般以为，炎帝族的兴盛和据有天下，当在黄帝之前（也有人说是同时代），如果黄帝把中国带入文明社会是在五千多年前的话，炎帝之有天下当在距今六千年上下，那时有了名义上的"天下共主"，也有了势力上雄霸一方的所谓"诸侯"。

我们常说"一方诸侯"这么一句话。诸侯权势盛，据有的地盘大，权倾一方是它的最大特色。所谓"诸侯侵伐"，指的是利用自身权势对周边弱势群体的侵略，对不听话的异己群体的征伐。有学者以为："距今六千至五千年，聚落社会迎来了一个空前发展的新时代。"这是一个怎样的"新时代"呢？这时，聚落和聚落群在财富与实力的基础上进行整合和重组，聚落群团的最大变化是少数强势聚落群的崛起，"最后结束了群龙无首的历史。"（裴安平《中国史前聚落群聚形态研究》）这里说的"新时代"，也就是宣示着原先的万国时代正在走向消亡，代之以数量上少得多、实力上强得多的若干诸侯和名义上的"天下共主"。

"诸侯侵伐"时代的大致情况是怎样的呢？由于当时还没有文字的记载，实在有点模糊了。好在神话传说故事为我们留下了若干珍贵的历史记忆，填充了这一时段的空白。据说，当时中华广阔大地上，在不断兼并的基础上，已经形成了三大部族诸侯大集团：在黄河中上游流域和长江流域的一些地区，形成了华夏集团，这是当时最大的诸侯集团，华夏集团下又包含着炎帝部族集团和黄帝部族集团，可能还有其他集团。在泰山及其附近地区，形成了东夷部族集团，在东夷下又包含着太暤、少暤、九黎这样三大部族诸侯集团。还有一个就是以洞庭、鄱阳两大湖为中心的苗蛮诸侯集团，这一诸侯集团下面所辖的分支更多，也更复杂，现在难以说清。不管怎样，在"诸侯侵伐"时代，也就是步入文明社会的前夜，满天星斗的万国已不复存在，代之以数十、最多是上百的诸侯在那里争斗和厮杀。

"诸侯侵伐"，顾名思义当时诸侯间的厮杀是十分激烈的。这些同样可以从考古文物中得到有力的实证。

一是司职于战事的专职的军事将领的出现。大汶口文化当属东夷集团的地界，在离大汶口不远的陵阳河遗址的一个墓葬中，发现了一个身份明显是军事将领的墓葬。墓主是一位中年男性，他手执斧钺，肩扛战旗，腰间佩着战斗的号角，好不威风。一看就是位高级别的军事将领。在他的身边，有着大量的随葬品，如贵重的骨质或象牙质的雕筒、指环等，还有不少供死者"食用"的猪头。这样的武将墓葬，在大汶口就有二十余座。

二是频繁而大规模的战争造成了大量的伤亡。在大汶口墓地中，有一种奇特的现象：有墓穴，有随葬品，但是，没有尸骨。这又是怎么一回事呢？考古学家们一致认为，那是战士的墓穴，因为战死了，或者被对方俘获而杀害了，故只有空穴而无尸骨。在江苏北部邳县大墩子墓地，不少青壮年男子的尸体，有的骨架腿部有箭伤，有的箭头还留在腿骨中，有的骨架不全，有的有躯无首，有的缺臂少腿，有的身首异处，这些毫无疑问都是战争所造成的。

三是战争伴随着掠夺和虐杀。在大汶口的花厅墓地，发现了一种特殊的墓葬。在那里有若干座长5米、宽3米的大型墓地，随葬品十分丰富，超过了100件，包括陶器、石器、玉器、彩绘木器，还有整只的狗、整头的猪。问题是：这些葬在大汶口地区的墓葬用品，却大多来自数百里甚至上千里之外的良渚文化区，道理何在？另外，良渚人是基本上没有殉葬习俗的，可来到花厅地区以后就大搞起殉葬来，这又是为什么？很可能是：在诸侯侵伐时期，大汶口人与千里之外的良渚人之间有一场恶斗，结果大汶口人战败了，良渚人占领了花厅地区。花厅地区的青壮年有的战死，有的逃亡，而逃不走的妇女、儿童后来成了统治那里的良渚人的殉葬品。

太史公司马迁真是了不得，《史记》的不少篇章真是字字有着落，太史公说"诸侯侵伐"，果然！走向文明之路，不只不平坦，而且可以说是步步血迹。

大约是到了距今六七千年的时期，经过不断的征战和兼并，万国时代走到了它的尽头，文明统一的曙光已经依稀可见了。当时国与国之间的兼并进一步加剧，最后在神州大地上涌现出了民众信得过的、足以掌控全局的权威人物——

三皇五帝

　　上面说到万国林立的时代是在战乱和火拼中度过的。也说到了诸侯侵伐时期，那时期弱肉强食成了它的主旋律，战争不仅没有止息，还愈演愈烈。历史推进到了距今六七千年的时期，万国时代和"诸侯侵伐"时期走到了它的尽头，文明统一的曙光已经依稀可见了。国与国之间的兼并进一步加剧，最后出现了掌控全局的被称为"皇"和"帝"的权威人物，后人归纳为"三皇五帝"。三皇五帝实际上就是这些大国的首领。《艺文类聚》一书上说道："天数极高，地数极深，盘古极长，后乃有三皇。"在时间顺序上，这里是说得很明确的，先有盘古的开天辟地，然后才有三皇，三皇之后才有五帝。至于"后"多少时间呢？所有古籍上都没有明说，只有一个大概和传说。

　　在民间，在后世的一些论述中，"三皇五帝"一词完全是作为成语来运用的，指代的是遥远的、靠神话传说来留存历史信息的古代社会。记得唐代诗人在一首题为《剑门》的诗中写道："三皇五帝前，鸡犬各相放。"把三皇五帝看作是两个时代的分界线，之前是"鸡犬各相放"的公有社会，也就是我们通常说的原始社会，之后则是私有化了。毛泽东在《论反对日本帝国主义的策略》一文中说："自从盘古开天辟地，三皇五帝到于今，历史上曾经有过我们这样的长征么？"可见，人们历来都是把"三皇五帝"当作远古社会的代表人物来看的。

　　何为"三皇"？大而言之，至少有六种说法：第一种称伏羲、神农、黄帝为三皇，见于《周礼·春官》，后也见于《庄子·天运》。第二种称伏羲、神农、女娲为三皇，见于《吕氏春秋·用众》，文中还说这三皇在中国历史上是"大立功名之人"。第三种称燧人、伏羲、神农合称三皇，见于班固的《白虎通》。第四种称伏羲、神农、祝融为三皇，同样见于班固的《白虎通》。第五种称天皇、地皇、泰皇为三皇，见于《史记·秦始皇本纪》。第六种称天皇、地皇、人皇合称三皇，见于《艺文类聚》，而且还加以引申附会，说"天皇、地皇、人皇，有兄弟九人，分为九州长天下"。秦汉以降，还有各种各样的说法。这三皇中大多提到了"神农"，可见中国自古以来是重农的。

何为"五帝"？同样也是众说纷纭，大致上至少有这样五种说法。第一种称黄帝、颛顼、帝喾、唐尧、虞舜为五帝，首见于《礼记》，后来为司马迁所采录，写进了《史记》。第二种称伏羲、炎帝、黄帝、少昊、颛顼为五帝，主要见于《礼记·月令》。第三种称少昊、颛顼、高辛、唐尧、虞舜为五帝，见于《〈书〉序》，并且强调："五帝之道，可以百代常行。"第四种称伏羲、神农、黄帝、尧、舜为五帝，见于《易·系辞》。第五种称东方之青帝、南方之赤帝、中央之黄帝、西方之白帝、北方之黑帝为五帝，见于《礼记·春官》。

尽管三皇五帝的诸多传说故事，给了我们从原始社会走向文明社会那个历史阶段有趣的想象空间。但是，如此林林总总、交叉重叠的"三皇""五帝"说，也给我们的学习生活带来不少麻烦，可以说是莫衷一是。如果任凭这种"公说公有理，婆说婆有理"的状况继续下去，那从公天下走向家天下那一段历史将成为一团乱麻。因为上述种种说法，凭的并不是科学的依据，而是神话传说。

历史要求有一位有头脑的大思想家、大史学家，站出来做清理历史现场的工作。他就是"读万卷书，行万里路"的太史公司马迁。司马迁在研究"三皇五帝"种种资料时，使他最头疼的是"其文不雅训"。《史记正义》说："训，驯也。谓百家之言皆非典雅之训。""驯"一词的直解，是驯养、驯化、合乎规矩。文不雅训，就是不合乎规矩的言论，也就是不足采信的说法。他必须摈弃"不雅训"的文字和观念，让中国民众清晰、明白、正确地认知这样一段历史。

"三皇五帝"之说，起于战国时期，后有所演绎和增删。战国时期是思想大解放的时期，也是百家争鸣的时期。在"中华始祖"说上，孔子和儒家学派设定的是"始祖不出尧舜"和"言必称尧舜"这道门坎。应当说，在当时条件下，设定这样一道坎大致上是正确的。但是，到了战国时期，几百年过去了，文献资料大为丰富，社会大踏步前进了，人的认知也大大前进了，跨越"始祖不出尧舜"这道坎的条件也就成熟了。顺势而为，战国诸子勇敢地跨越了这道坎。最大的思想成果是由尧舜向前大步跨越，形成了所谓的"三皇五帝"说。

　　但是，这是个相当繁杂的学说。按理从时序上说，"三皇"是该在"五帝"的前面，如果真能说清楚，且符合史实，又何尝不是好事一桩呢？但是，从总体上看，不管是"三皇"说，还是"五帝"说，都显得相当冗繁。同样是说"三皇"，所指各各不同。同样是说"五帝"，又是各说各的，也就是司马迁说的"其文不雅训"，这就增加了不可信度。同时，三皇与五帝既然时序上有先后，那么其人物就不该有交叉，比如就不能说黄帝既是五帝中人，又是三皇中人，面对这种情状，司马迁大胆地站出来做了三个方面的工作：一是坚决摈弃"三皇"说，在《史记》中再也不提"三皇"这一提法；二是确立新"五帝"观，就是从五帝的五种说法中，择取以黄帝、颛顼、帝喾、唐尧、虞舜为五帝之说，并加以改造后著述《五帝本纪》；三是厘清"五帝"脉络，明确以黄帝为首的、有血缘承袭关系的"五帝"世系。

　　这是破天荒的，司马迁的此说一出，马上获取了世人高度的认同。

　　这是功德无量的事。明代学者钟惺赞道："'好学深思，心知其意'，是作史之本；'择其言尤雅者'，是作史之法。一部《史记》，要领尽此矣！"司马迁对远古历史的规范性梳理，功莫大焉！普天下华人的共识"黄帝始祖说"，即源于司马迁的《史记》。

在远古时期，"战神"是指战无不胜、攻无不克的神圣战将。在原始社会走向文明社会的转型期，战争是一种常见的现象，也是催生新社会到来的最重要因素之一。蚩尤似乎是为战争而生的。他武艺高强，善于发明和使用先进武器，又具有相当的智慧，懂得作战艺术，在一系列战事中，他被人们尊为——

无畏战神

"战神"本身就是一个十分了不起的称号，所谓"无畏战神"，更是极为崇高的荣誉性桂冠了。在中国历史上，被公认为是无畏战神的，无疑就是蚩尤其人了。

经历了"万国林立"的大战乱时期，经历了"诸侯侵伐"的大兼并时期，历史终于来到了大约距今五千五百年左右的中华文明的黎明期和发端期，此时，站在历史最前台的是这样三个强势而显赫的人物：炎帝、黄帝、蚩尤。他们是雄踞一方的族群的杰出首领，可又是争夺统一天下主动权的族群的代表人物。其中的蚩尤，据一些典籍记载，他的族群活动在今天的山东、山西、河南、河北一带，作为当时天下最有名望的领袖人物之一，他被形容成是"铜头铁额"的强悍人物。

讲五千年文明史的发端，总是绕不过黄帝、炎帝和蚩尤这三个关键性的人物（或者说是三大族群），也总绕不过在他们之间发生的阪泉之战和涿鹿之战这样两场古来为人们津津乐道的大战。虽说三人都是传说人物，附会在他们身上的传说故事也往往扑朔迷离，难以清晰地加以解读，说法种种，莫衷一是。但是，这三大族群之间的"不打不相交"和"越斗越亲热"，实在很是耐人寻味的。

春秋时期以来，在中国古代典籍中对蚩尤其人的传说性的记述相当丰富，但也常有矛盾之处。根据这些记录，综合看来，蚩尤是上古时代九黎部落的领袖。学者依照《逸周书》《盐铁论》等作品中的一些说法，推测蚩尤早期是属于太昊、少昊氏族集团的，当然也有人说他实际上仍然是华夏集团的，并且从属于炎帝集团。据传说蚩尤有兄弟八十一人，个个武艺高强，这所谓的八十一兄弟，实际上就是八十一个以血缘纽带联结起来的部落和部落联盟。这些兄弟部族的人，个个骁勇善战，势力强大。至于作为他们总头领的蚩尤当然就更是了不起了。

据书本上记述，蚩尤是个长着十分奇特外形的半神半人式的人物：他生着人的身躯，牛的蹄腿，有四个眼睛，六只手臂，头上长着尖利的角，耳边的头发竖立起来的话，就好像一把把锋利的剑一样。他吃的东西更为奇特，平时除像常人一样吃肉食、菜蔬、果品之外，还能吞吃铁块、石块、沙子那样的硬家伙，吃得快，消化得也快。《太平御览》引《龙鱼河图》形容说："蚩尤兄弟八十一人，并兽身人语，铜头铁额。"所言"铜头铁额"应该是一种刻意的带有夸大意味的形容，意谓其头像铜铸的一样坚硬，其额像铁打的一样耐磨，实际上是形容其人的勇猛强悍，不可一世。也很可能是说，这一武装群体的人们已经拥有铜器和铁器。自蚩尤故事传世以后，"铜头铁额"一词，常用来形容人的勇猛强悍。

战争是古代氏族社会走向建立国家过程中的重要元素，尤其是氏族社会的晚期，战争以及进行战争的组织，已成为民族生活的正常职能。在古代的一些强悍的民族那里，"战争对他们来说是一种消遣和摆脱单调的营生的休息"（《马克思恩格斯选集》第四卷）。

蚩尤被尊为无畏战神，不只是因为他本人的意志坚强，英雄善战，还在于他是传说中先进武器的发明者。在蚩尤之前，"民固剥林木以战矣，胜者为长。"（《吕氏春秋》）那时的战士手中握有的所谓兵器，无非就是木棍和树干，战斗力是相当有限的。蚩尤是个智慧型的人物，他带着部队来到一座名为葛卢山的地方，这是一个相对比较荒僻的地方，人烟稀少。蚩尤来到那里，发现那里的人们正在开山取矿，忙得不亦乐乎。

"你们在忙乎啥呀？"蚩尤好奇地向人们打听。

"我们正在冶炼矿铜。"人们回答他。

蚩尤拿起一块铜块，顺手掂了掂，不由地叫出声来："好沉啊！"

那里的人们对这个陌生人还挺热情的，告诉他："这铜的用处可大着呢，可以用它制作农具，制作日用工具，有了它，办事省力多了。"

那一夜，蚩尤就住在了葛卢山，与那里的老乡，也与自己的部属一起研究，他问部属："既然这铜可以制作农具，可以制作日用器具，为何不可以制作打仗用的战争武器呢？"部属回答说："当然是可以的。"于是，蚩尤就在那里手绘出种种攻防以及护身用的武器，让那里的工匠锻打。不行的话，就推倒重来。大约在这个葛卢山，蚩尤锻造出了有史以来的第一批铜质武器。

《吕氏春秋·荡兵》中有这样的记载："蚩尤受葛卢山之金（铜）而制之以为剑、铠、矛、戈、戟。"这就是世称的"蚩尤作五兵"。蚩尤发明了"五兵"以后，战争的规模和杀伤力都大大地上了一个台阶。有一种说法，神农氏是以石为兵，黄帝是以玉为兵，而蚩尤则是以金为兵，他一度当上了炎帝的"正卿"，也就是炎帝属下地位最高的官员，相当于后世的丞相，这是与他发明先进军器分不开的。

自古以来，人世间一直有蚩尤制军法的传闻。他常年生活在军士中间，吃的穿的与一般士兵没有什么两样，生活上极为刻苦。他是中国历史上最早制定军法的人，规定战斗中的士兵必须"枕戈而睡"，一旦号令声起，马上就能拿起武器战斗。如果发现某些士兵有所松懈，就给这些士兵及其顶头上司以严厉的处置。他每制定一种军法，就先在自己的近卫部队中试行，得到验证可行以后就在整个部队中推行。他的那一套"严"字当头的军法，后来推行到了九黎族的八十一个部族的每一个部族之中。由此，"无畏战神"便传扬开来了。

据称，蚩尤军队中有一支特种兵部队，战斗力特强。这支队伍专门招募英勇善战的山间游民，以及功夫了得的水上渔夫。他们来自最基层的民众，年轻力壮，又练得一身好武艺，并有着一个让人闻之胆寒的名号——

魑魅魍魉

看到这个题目，大家一定会想，上一讲讲的是一位英雄，一位名字叫做蚩尤的无畏战神，怎么一下转到"魑魅魍魉"这个课题上来了呢？难道英雄蚩尤与那些"魑魅魍魉"还会有某些瓜葛不成？要知道，"魑魅魍魉"作为一句成语，一般作为害人的妖魔鬼怪的统称。魑魅，往往指山鬼；魍魉，常常用以指水妖。将此语用在人世，则专指那些祸害社会、作恶多端又善于巧变的害人精。既然如此，英雄蚩尤怎么可能与"魑魅魍魉"搭界呢？

在这里要告诉大家的是，英雄蚩尤不只与"魑魅魍魉"搭界，而且关系还相当密切呢！为了与同样是大英雄的黄帝抗衡，蚩尤还重用那些"魑魅魍魉"呢！

此话似乎是越说越让人糊涂了，既然"魑魅魍魉"是妖魔鬼怪，是作恶多端的害人精，那么，大英雄又怎么可能与之关系密切呢？又怎么会利用"魑魅魍魉"与黄帝抗衡呢？要解开这一谜底，还得从文化意义上来解读。

原来对"魑魅魍魉"的解释，原本没有一般人所想象中的那样简单。它不仅有着民俗学意义上的理解，还有着深层的文化学意义上的理解。也就是说，不能一言以蔽之。先从民俗学意义上说吧，民众往往简单地把"魑魅魍魉"这样的山鬼水妖，视作变化多端的恶魔，进而视作世间的恶人。这样"魑魅魍魉"自然而然在广大民众心头有了负面的印象。以至于权威的《中国成语大辞典》也会写上："魑魅魍魉本为传说中的鬼怪，现用以喻指各种各样的坏人。"这话对不对呢？应该说是又对又不对。从现今普通民众的观念上讲，是对的。但是，如果去翻翻历史典籍，那又不完全对了。

民俗的解读只是话分两头的一头，另一头也挺重要，那就是历史的、文化的意义上的理解。不少文献说到"魑魅"时，往往解读为："魑魅，山神也。"权威的《说文》则补充了一句："魑魅，山神，状兽形。"说到"魍魉"，则释之为："魍魉，水神也。"加在一起，"魑魅魍魉"就是神通广大的山神水神了。要知道，当年大禹历尽千辛万苦治水成功后，就铸九鼎以为纪念，在鼎的外壁上，铸的就是活龙活现的"魑魅魍魉"。鲁迅先生在《且介亭杂文二集》中写道："铸了魑魅魍魉的形状的禹鼎"，"却是留给后人的宝贝"。在众多文献典籍中，"魑魅魍魉"是"兴风雨云露并益于人"的益兽，是超乎人力的神道。正是从这个意义上，蚩尤在与黄帝的斗争中借助于魑魅魍魉之力，并没有错。

传说在距今五千多年前，黄帝、炎帝、蚩尤三驾马车之间的拼杀绵绵不绝，无休无止。黄帝与炎帝之间是兄弟之邦，但也一度闹得不可开交。蚩尤有说他是东夷集团的，也有说他是炎帝集团的，总之，他在三方争斗中，倾向于团结炎帝，而共同对付黄帝，因此《史记》上称当黄帝"习用干戈，以征不享"时，"诸侯咸来宾从，而蚩尤最为暴，莫能伐"，意思是他最不听话，也最难对付。大家一定想，其他诸侯都很快荡平了，服服帖帖地就范了，为何偏偏蚩尤"莫能伐"呢？这里有个道理，一是上一讲说的，蚩尤是个了不起的无畏战神，他发明了先进的武器，他懂得用兵，懂得战略战术，因此常常连黄帝也奈何不了他。还有一点是人们始所未料的，蚩尤有一支王牌军，一支特种兵部队，这就是所谓的"魑魅魍魉"。

涿鹿之战是黄帝与蚩尤之间的一场大决战。据一些史籍记载，涿鹿当在今河北涿鹿县城的南十余里处。原先这是蚩尤族群的活动范围，后来黄帝族渐渐地强大起来，把领域东推到了当年涿鹿一带。涿鹿之战持续的时间很长，它大致上分为两个时期。前期蚩尤占有一定的优势，后一时期黄帝占了绝对的上风，并最终取得了胜利。蚩尤之所以在战争前期能占有优势，靠的就是魑魅魍魉这样一支队伍。在《通典·乐典》中明确地写着："蚩尤氏帅魑魅魍魉，与黄帝战于涿鹿。"

　　在上面已经说到了，以蚩尤为领袖的九黎族一度据有山东、山西、河南、河北这么一大片土地，可谓是半壁江山在手。在这一大片土地上，有着大量的江河湖海，也有着成片的高原山林。在江河湖海上，活跃着的是灵巧而勤奋的水上渔夫。在高原山林间，出没着英勇的山间游民。他们的体力、身手、勇敢精神，都是一般平原上的人们所不能比拟的。

　　"如果把这些人组织起来，那必将是一支特别能征善战的队伍！"蚩尤是一个有军事天才的指挥员，他的想法总是别出心裁、独具一格。

　　说干就干。蚩尤来到山林，选取千余名英勇强悍的山林游民，经过一段时间的训练，这支行山地如履平地的铁脚板部队形成了。蚩尤赐给他们一个光荣的名号，叫做"魑魅"，也就是山神大队之意。蚩尤又来到江海，又选取了千余名灵巧善战的水上渔夫，经过一段时间的训练，一个个成了翻江倒海的了不起的干将。蚩尤也赐给他们一个光荣的名号，叫做"魍魉"，也就是水神之旅的意思。两支队伍合起来，就是"魑魅魍魉"了。

　　战争一打响，冲在最前头的就是魑魅魍魉特种兵部队。这一部队，他们嘴里不停地尖声呼号着，发出一种刺耳的怪声，黄帝的士兵一听到这种声音就会神志模糊，天旋地转，不战而败。他们的着装也怪模怪样的，犹如鬼怪一般，见之让人不寒而栗。

这究竟是一支怎样的队伍，现已不可考。但"魑魅魍魉"既有山鬼和水神之谓，那么不排除这支部队的基本成员为山间游民和水上渔夫，他们的山间行走能力和水上功夫都十分高超，再经蚩尤的精加操练，再加以某些人将其外部形象妖魔化，那当然更会让人感到十分可怕了。

魑魅魍魉在黄帝和蚩尤时代并无贬义，相反它是勇猛并带有神秘色彩的代名词，可是后来一经成语化后，它完全成了一个贬义词了。

蚩尤也不是不可战胜的。黄帝"征师诸侯"，把当时的各路诸侯最大程度地团结在自己的周围。双方最后大战于涿鹿之野，黄帝全力以赴，"遂禽杀蚩尤"。靠的是什么呢？神话故事告诉我们，靠的是一种——

指南神器

今天我们讲"指南神器"是接着上一讲说下去的。读者一定会想，既然蚩尤的魑魅魍魉部队那么不得了，那么神勇，可是最后怎么会是出现黄帝胜蚩尤败的结局呢？这就应了一句老话："道高一尺，魔高一丈。"蚩尤有所谓的魑魅魍魉这样的特种部队，难道黄帝就没有别的办法对付了吗？这就引出了"指南神器"的话题。

黄帝究竟是想出了怎样的锦囊妙计，最终打败了实力不俗的蚩尤的呢？其妙计归结起来有两条。

第一条妙计是：靠舆论的强大攻势，分化敌手，团结更多的部族对付强势的蚩尤。可以说，黄帝统一天下的过程实际上就是实现更大范围的大团结的过程，也是问计于老百姓的过程。在《尚书·吕刑》

一文中有那么一段关键性的文字："蚩尤惟始作乱，延及于平民，罔不寇贼，鸱义、奸宄、夺攘、矫虔。"这段文字虽说是后人归结出来的，但却明确地罗列了蚩尤的四大罪状：一是"鸱义"，是说像传说中的怪鸟"鸱"那样丧尽天良、干尽坏事。二是"奸宄"，是说蚩尤虽然主持制定了劓、刖这样一些禁止犯罪的酷刑，但是，暗地里又容忍他的部属内外勾结干违法乱纪的事，作奸犯科。三是"夺攘"，是说蚩尤纵容他的部属强抢民财，盗窃国库，无恶不作。四是"矫虔"，是说蚩尤管理紊乱，很多人矫称上级命令，以谋取私利。而黄帝呢，则完全不是这样，他"清问下民"，也就是虚心地问计于下民，一切都是为下民，为百姓着想，为下民谋福利。舆论的强大攻势使蚩尤丧失了民心，也败坏了他的声誉。

黄帝宣传的那些不一定全是事实，历史地说，蚩尤其人远没有上面黄帝宣传中说的那样差劲。但是，对黄帝来说，作为一种舆论攻势其目的是达到了的，至少是部分地达到了的。史书上说，由此"苗民弗用灵"，不仅老百姓深受舆论的影响，连蚩尤治下的苗民也将信将疑起来了。

第二条妙计是：运用当时最先进的科学技术利器，用以制服对方。蚩尤是很懂得利用自然条件进行战斗的。这里有一则著名的神话传说：黄帝与蚩尤战于涿鹿之野，也就是涿鹿城的郊外，九战而不胜，最后只得退居泰山脚下。这时，蚩尤继续作法，大雾弥漫，三天三夜不散，黄帝军队的行止就没了方向，对方把黄帝的人马团团包围起来，根本辨不清东西南北，而蚩尤军就凭借手中先进的武器，大开杀戒，一度让黄帝军处于十分被动的局面。这里说的蚩尤"作法"云云，只是神话故事的附会手法，实际上就是蚩尤利用初春时节大雾弥漫的天气施展自己的军事才干。面对这样的局面，黄帝不但毫不示弱，相反想出了妙招获得了战争的胜算。

黄帝的妙招同样是以神话故事的形式见于典籍的。传说，在万分困顿之时，黄帝并没有坐以待毙，而是积极地下令四出寻找破除迷雾的神人。这时，有一个气度非凡的女性出现在黄帝面前，她说道："我是九天玄女，受西王母之托，前来救助于你。"黄帝马上拜谢过西王母的恩典，恳求九天玄女马上作法行事。九天玄女在黄帝军阵中住下以后，马上为黄帝打造了一座指南神器，名为"指南车"。这种车的两个轮子，与一般的车没什么两样，但车上有个木柜子，里面制作有一个木制的仙人，仙人站立在车上，他的一只手擎起在那里。黄帝不解其意，便问道："这车可作何用？如何才能破得蚩尤迷雾？"九天玄女回答："这是专破蚩尤大雾的指南车。现在你车子随便转向何方，仙人举起的手一直指向着的方向，那定然是南方。那样，雾再大，也不会迷失方向了。"黄帝听说此言，高兴极了，指南车制成的第二天，就将这神器投入了战斗之中

　　蚩尤依仗大雾的威力，以为黄帝已困在雾中，自己是胜券在握。于是，放松了警惕，整天的在军中饮酒作乐，等待黄帝的不战自败。万万没想到黄帝已有了这制胜的指南神器。他靠着九天玄女制作的指南神器，很快摸清了蚩尤的排兵布阵，摸清了蚩尤军的行动走向，最为重要的是，摸清了蚩尤军的中军所在。这样，迷雾反而成了蚩尤自己军队前行的障眼法术。在一个雾气正浓的清晨，黄帝率大军直扑蚩尤军的中军阵地。蚩尤根本没有作任何的防备，在无抵抗的情况下，就被黄帝的军队抓获并杀死了。盛极一时的蚩尤大军就这样作鸟兽散，结束了黄帝与蚩尤对峙的时代。

　　在这里，"指南"一词浮出了水面，后世称能指引正确方向者，皆名之为指南。同时，中国和西方世界一直以指南针为中国的"四大发明"之一。那么，如果有人要问，指南针最早发明于何时呢？我们的答案是，大约最迟不会迟于黄帝时代。

涿鹿之战后，蚩尤被杀，群龙无首，其军战斗力锐减，大部队就退到东南地区去了，在那里建立了广泛的生活基地和活动空间，世代相传，一直到现今。但也有一部分蚩尤部属永远地留在了北方，在山西长治一带还建立了所谓的黎国呢！

在中国历史上，蚩尤当属最伟大的失败英雄。历史记住了他，他也不因为失败和被杀而被后人辱没。他被作为中华民族的"战神"而备受尊崇。民间对他不屈精神和英雄主义的崇拜，不变如初。据传，他死后不久，"建蚩尤冢，民常十月祀之"。后来黄帝也为蚩尤的精神所感动，"后天下复扰乱，黄帝遂画蚩尤形象，以威天下"（《太平御览》卷七八引《龙鱼河团》）。汉初刘邦起兵时，就"祠黄帝，祭蚩尤于沛庭"（《史记·高祖本纪》），让黄帝与蚩尤平起平坐了。这种不以胜败论英雄的观念，一直广泛流传于民间。现不少地方仍有蚩尤墓、蚩尤碑、蚩尤祠、蚩尤庙等，正反映民众对英雄的追悼和纪念。

在步入文明社会的炎帝、黄帝、蚩尤三大族群中，蚩尤族群与炎黄族群的关系比较疏远，而炎黄两个族群的关系就十分密切。值得思考的是：为何人们总是将炎帝与黄帝并提？炎帝与黄帝之间有着一种怎样的亲情关系呢？现有的文献资料明确告诉人们，炎帝与黄帝是名副其实的——

同胞兄弟

在日常生活中，"同胞兄弟"这个词儿我们常用。大致而言，一般都是从两重含义上说的。一种含义是从家庭的视角讲的，同一父母生育的子女，人们会理所当然地称之为同胞兄弟，简称同胞。"胞"的意思指的是母亲生育子女的胎衣，出自同一胎衣的孩子，血脉相通，故称之为同胞。"同胞"之说，起源颇早，大约夏商周三代时已有此说，到汉初的一些文人作品中"同胞之徒"之类的说法已为习见了。另一种含义是从族种的视角讲的。在千万里之外的海外，如果我们偶遇一位黄皮肤黑眼珠的华人或华裔人士，可能会情不自禁地相拥而泣，并会发自肺腑地称之为"同胞"。为何这样称呼呢？简而言之，那是因为从根本上说，我们是同种同族同祖的一家人。这"一家人"云云，就是源于被华人普遍认同的炎黄二者是同胞兄弟之说。

那么，说炎黄之间是同胞兄弟，有没有根据呢？当然有。据《国语·晋语》记述："昔少典娶于有蟜氏，生黄帝、炎帝。黄帝以姬水成，炎帝以姜水成。"其意思是说，当年少典娶了少数民族的有蟜氏为妻，生下了黄帝和炎帝兄弟两人，两兄弟长大以后，黄帝在姬水一带成就事业，而炎帝在姜水一带成就了事业。兄弟两人都成就了事业以后，就一步步成为中华大地上两个最大的部落联盟集团，即黄帝集团和炎帝集团。

这里要说一说对"少典之子"的理解。"少典"是一个人的人名吗？据《史记索隐》的考证，"少典者，诸侯国号，非人名也"。这样看来，所谓"少典之子"就是指少典国这一诸侯国的国君的儿子，远古时代语言文字极为简略，人们习惯于称少典国国君为"少典"。少典国是我国西部地区的一个相当大，且有很大影响的诸侯国，当时正处于上升期。宋代著名学者郑樵在《通志·三皇纪》中记载道："（炎帝）亦曰人皇少典之元子。"当时，所谓的"三皇"，泛指天皇、地皇、人皇。按《通志》的说法，如果少典是人皇的话，那不论少典这一诸侯国还是其他的国君，在人世间的地位都是最为崇高的。我们在说中华人文之祖的时候，当然永远会忘不了炎黄始祖，但是，如果再往上推进，就得感谢生养炎黄二帝的那个少典之君了。

少典作为"人皇"，其实应当就是中原地区的一代首领。他没有娶中原人士为妻，而是远走他方，娶了有蟜氏的一个女孩为妻。"蟜"是一种带刺的毒虫，有蟜氏显然是以这种生命力极强的毒虫为图腾的部落。据《山海经》的说法，"有蟜，其为人虎文，在穷奇东。"这里说的"穷奇"地在何处？现在已经难以说清了，大致的意思是说，有蟜氏这一部落当在天下的东方，因为崇拜和特别喜欢"蟜虫"，因而这个部族的人们都在自己的身上纹以蟜虫的图像。这种天下的主体部族与边远少数部族的联姻，奠定了后来中华大地民族融合和民族团结的基本格局。这是后人应该感恩于先祖少典氏的。

当时少典国大概还未完全定居，所谓"迁徙往来无常处"。每攻占一地域，就在那里派人驻守，而主力队伍又前行了。少典国的国君与有蟜氏的女子结合以后，生下了炎帝和黄帝兄弟俩。两人之中谁是长子，谁是次子呢？文献的说法不太一致，有说黄帝为长炎帝为次的，也有说炎帝为长黄帝为次的。好在无关大体，谁大谁小都一样。

炎帝和黄帝从少典和有蟜氏那里传承了聪颖好学的天性。相传炎帝是人身牛首，生下三天就能讲话，五天能走路，七天生齐了牙齿，三岁就知稼穑，故号为"神农"。炎帝长成后，身高八尺七寸，是个身高力大的彪形大汉。相传黄帝同样是聪颖异常的人物。司马迁写《五帝本纪》，说黄帝"生而神灵，弱而能言，幼而徇齐，长而敦敏，成而聪明"，是个了不起的人物。

炎帝和黄帝从少典和有蟜氏那里传承了龙的传人的文化观念。关于炎帝和黄帝是龙的传人的故事，至今还流传于民间。当代学者唐家钧等多人到陕西宝鸡和湖南炎陵县一带采风，当地民众就流传着这样动人的故事：说当时战事频频，少典常年征战在外，有蟜氏思念丈夫、千里外出寻找丈夫的足迹。不料来到一个叫华阳的地方的时候，遭遇到了一个叫火魔的恶魔的暗算，他企图占有这个年轻美貌的女人，正在此时，富于正义感的东海龙王之子金龙站了出来，救助了有蟜氏，使她免遭凌辱。但是，在金龙救助有蟜氏并在接触到有蟜氏肌肤的一瞬间，有蟜氏若有所感，于是怀上了炎帝，后来又怀上了黄帝。这可能就是《太平御览》中记述的"有蟜氏之女，名女登，为少典正妃，游于华山之阳，有神龙首感女登于常羊，生炎帝"这段话的出典所在吧！一些史书上说，黄帝"生日有角龙颜"，就是生日那天有角龙出现于天际，还说炎帝"龙颜大唇"，这些都是不奇怪的了。就这样，龙的传人的故事也就一代又一代传下去了。

在逐步统一天下的过程中，少典国的部队打到哪里，就把哪里的土地分封给信得过的下属。部队打到姜水，就把姜水一带的土地交炎帝去管理，即史书上所谓的"炎帝以姜水成"。少典国的部队打到姬水边，少典国国君就把姬水一带封给了黄帝，故有"黄帝以姬水成"之说。后来，炎帝和黄帝分别形成了祖国大地上两个最大最有实力的部落联盟集团：炎帝集团和黄帝集团。

但是，两个集团发展得再强大，都不会忘记他们的初始是兄弟之邦。这是理所当然的。但是，所谓的姬水和姜水，都只是陕西境内两条不太大的河流，相距也只有数十里，其间活动的空间是很有限的。兄弟之邦归兄弟之邦，到了一定时候，各自为了拓展生存空间，还是会有矛盾，还会有摩擦，甚至会有战争。这就是我们下一讲要说的。

再好的兄弟之间也会有磕磕碰碰的时候，炎黄"阪泉之战"是两大部族矛盾长期发展的必然结果，可谓是——

兄弟阋墙

"兄弟阋墙"这句话现在已经高度成语化了，它出自一句古诗。

《诗·小雅·常棣》上写道："兄弟阋于墙，而外御其侮。"其意思是说，再好的兄弟之间也会有磕磕碰碰的时候，因此，兄弟之间闹矛盾甚至发生战事，实在是难免的，但如果一旦遭遇外侮的话，就应毫不含糊地同心协力，一致对外。这里说的"阋"，是争吵的意思，"阋于墙"是指争吵于家庭或家族的门墙之内。炎黄两个集团的一场战争，正好暗合了"兄弟阋墙"这一成语。

当时，炎帝族和黄帝族已经成为中华大地上两个最强大的部族，都挤在相对狭小的西部地区这一块黄金地块上，于是就有地盘之争。按照司马迁的说法，是因为"炎帝欲侵陵诸侯，诸侯咸归轩辕"，炎帝想扩充地盘，即所谓的"侵陵诸侯"，引起诸侯们的不满，黄帝乘势与诸侯结成联盟，发动了这样一次历史上著名的阪泉之战，最终打败了炎帝。

从实力上讲，当时炎黄二帝都有可能战胜对方。客观地说，论炎黄两大武装集团的实力和地位而言，由炎黄中的哪一位为主体来实现天下的一统，都合情合理。这要看谁对天下事务的处理得当，谁准备得更为充分了。

为了打败对方，夺取一统天下的主动权，黄帝可以说是做足了功课，而炎帝在这方面比较滞后。

战争的背后是经济，战争的胜负最终还得由实力来说话。在走向统一的过程中，可以说大小战争是绵绵不绝。但是，黄帝的高明处在于，一边从事战争，一边发展生产。据《史记》上说，当时是天下大乱，"诸侯相侵伐"，你打我，我打你，简直让人说不出个是非曲直来。在这种情况下，黄帝一面"习用干戈，以征不享"，把不听话的、阻碍统一的"诸侯"首先一一除掉。另一面则是"治五气，艺五种，抚万民，度四方"。黄帝在这里是做了四件大实事：一是"治五气"，历来的解释有点神乎其神，说五气是"五行之气"什么的，其实"治五气"

就是将金、木、水、火、土这些基本物质要素调配得当，不使哪一种缺损。二是"艺五种"，这点上大家的意见是一致的，都认为"五种"即是黍、稷、菽、麦、稻五种谷类。三是"抚万民"，凡是在战争中攻占得胜的地方，都要安排好这里的民生，"抚"有安抚之意，妥帖安顿之意。四是"度四方"。这里有平等地处置四方事务之意。办好这四件事，应当说都是大得民心的。

与战争直接关联的是民心。黄帝很懂得团结各路诸侯，孤立炎帝集团。《史记·五帝本纪》上说："黄帝与炎帝战于阪泉之野，帅熊、罴、狼、豹、貙、虎为前驱，以雕、鹖、鹰、鸢为旗帜。"黄帝是把北方的那些以熊、罴、狼、豹、貙、虎等猛兽为图腾的部族，与东方以雕、鹖、鹰、鸢等猛禽为图腾的部族都团结在自己身边了。中国历史上有一句治世名言，叫做"得民心者得天下"。其实，我们可以进一步说在中国，是得弱小和边远民族之民心者得天下，黄帝当年就是这样做的。黄帝他把北方的、东方的少数民族的青壮年都编进自己的部队，让他们发挥作用，那样做多有战斗力，又多得民心。当时虽然炎帝部族十分强大，也难以抗争了。"三战，然后得其志"，战争持续的时间很长，也很激烈，最后黄帝是胜利了。

除此之外，黄帝还重视军事革新。《史记》有一句话，说黄帝"以师兵为营卫"，这是一项大的军事革新项目。也就是建立了"军营"体制，用以开展自我护卫和对敌斗争。"营"是一个可以各自为战的基本单位，它的上级机构是"师兵"。一般性的战争，就是以"营"为单位四面出击，如果是大规模战争，则可以以数营之兵力联合作战，直至动用整个师兵投入战斗。

充分准备后，战争就在阪泉之野打开了。阪泉在何处？众说纷纭，比较靠谱的是《史记正义》所引《括地志》上的说法："阪泉，在妫州东南，怀戎县东五十六里处。"古怀戎县即今之河北省怀来县，离今天的北京市区不太远，可能算是北京的市郊。这次战争打得很惨烈，"三战，然后得其志"，打了多次拉锯战，死了不少人，最后黄帝集团才取得了胜利。黄帝对这场胜利很在意，因此在战后把"阪泉"一地改为"黄帝泉"了，"黄帝泉"这个名字一直沿用至今。

炎帝集团在北方黄河流域被打败后，中原地区是没有立足之地了。于是，忍痛一迁再迁。史书上有"初都陈"的说法，这里说的"陈"，指的是现在河南省的淮阳一带，相对于原驻地，是东迁了。还有"又徙鲁"的记载，在曲阜一带停歇了一段时间，这可能对春秋时期的鲁文化有着极大的影响，相对于原驻地来说又东迁了一大步，差不多是退到大海边上了。接着南迁到"厉山"，在湖北省的随州市一带。最后是迁到"路"。"路"在哪里？即在今湖南省的茶陵军露水乡。在衡山地区，炎帝终于定居下来了。在那里，炎帝与早已在南方安家立业的黎族人一起，一心一意地发展农业，改善民生，由是被民众尊为神农氏。据《越绝书》载："昔者神农氏之治天下，务利之而已矣，不望其报。不贪天下之财，而天下共富之；不以其智能自贵于人，而天下共尊之。"

炎帝是中国历史上最伟大的失败英雄之一。可说是虽败犹荣。他败走南国，从而开始了新的艰苦奋斗和艰难创业，以"天下共富之"之功，赢得了"天下共尊之"的殊荣，与黄帝一起成为名副其实的中华始祖。

由于生理和体力条件上的差异，男女在社会生活中是有分工的。在漫长的初民社会时期，从来就是"男猎女田"。当时狩猎是主业，也是原始人生活资料的主要来源，这个活儿理所当然地落到了体壮力大的男子汉身上。而田间采集当时是副业，所费精力也小些，比较适宜于女子担当。到了五千多年前的炎黄时代，社会生产大大跨前了一步，作为耕作业的农业渐次浮出历史的水面，耕作这样的体力活儿又自然地落到了男人身上，而女子更适合于居家从事纺织类劳务。炎帝集团败走之后，来到了广阔的南国之地安家立业。兄弟究竟是兄弟，黄帝集团非但没有乘势追击，相反还暗地里帮了兄弟一把。炎帝集团并没有灰心，而是在南方积极地发展农耕，被世人称为神农氏。为了富民，为了国富民安，炎帝教民——

男耕女织

"男耕女织"这是顺着上一讲往下讲的。还是讲炎帝，不过不再讲炎帝的战争生涯，而是讲他率部南下以后的农耕事业。

话说炎帝集团败走中原之后，经过艰难的长途跋涉，来到了广阔的南国之地。兄弟究竟是兄弟，黄帝集团也没有乘势追击和扑杀对方，而是给对方带去了一个温馨而带有暖意的问候："兄弟，不要灰心！咱们各自在自己的地盘上好好干吧，得干出点名堂来。"事实证明，炎帝集团和黄帝集团，不管是在北方，还是在南国，都是好样的。炎帝集团在南国这片新天地里，积极地发展农耕事业，被世人称为神农氏。为了富民，炎帝教民开拓男耕女织的新境界。

一说到男耕女织，马上会让人想到凄楚而动人心弦的牛郎织女的神话故事。

牛郎织女的神话故事孕育的时间很长。早在《诗经·小雅·大东》中，就有"织女"和"牵牛"的粗线条描述。说是"维天有汉，监亦有光"，就是天上有一条汉河（又称银河、天河），十分开阔，波涛闪闪有光，把织女和牛郎这对多情人隔在两岸，不得相拥相爱。"跂彼织女，终日七襄"，"跂"是踮起脚跟远眺，"襄"，《说文》说是"织文"。

写得太传神了，由于不能与牛郎相见，织女便时时踮起脚跟远望着牛郎，每日织文至七襄之多。而那牛郎，"睆彼牵牛，不以服箱"，"睆"是目光明亮之意，意思是说，牛郎目光炯炯地盯视着河对岸的织女，无心拉车（即"服箱"），亦无心耕地。后来在《古诗十九首》中，有了"迢迢牵牛星，皎皎河汉女，纤纤擢素手，札札弄机杼"这样的动人描写。《古诗十九首》是中国古代文人五言诗选集，是由南朝萧统从传世无名氏古诗中选录十九首编入《文选》而成的。后在南朝时的《小说》中，牛郎织女的故事就已经有了雏形了。这个故事的梗概是这样的：天帝的孙女是一位美丽的织女，织得云锦天衣，供天仙们享用。这是个调皮的女孩，织锦之余常到银河去澡浴。这事不知怎么给勤劳而贫困的男孩牛郎知道了。据说当时天地相去不远，银河直通人间。牛郎只有一匹老牛，老牛同情并教他：趁织女洗澡时将其天衣偷偷取走，这样让她回不了天堂，进而向她求婚，娶其为妻。牛郎依言而行，织女见牛郎纯朴、勤劳，也就嫁给了他，两人也就在一起过起了男耕女织的幸福生活，并生了儿，育了女。可是，这事被天帝知道后，为之大怒，命令王母娘娘将织女捉回天上。牛郎可没了办法，只能眼看着织女飞上天去，仰天长号。这时，牛郎身边的已经修炼得有了神气的老牛对牛郎说："我马上要死去了，我死后你们马上把我的皮剥了，包裹在你与你的子女身上，那样就可以升飞上天，与织女团圆了。"牛郎照此做了，全家人顿时神奇地飞了起来。眼看着马上要追上织女了，这时王母娘娘忽然拔出头上的金簪，只往空间一划，就成了一条波涛滚滚的新的天河，把织女隔在河西，把牛郎和孩子们隔在河东。按天帝的规定，只能在每年的七月七日在鹊桥相会一次。

这里表面上讲的是男欢女爱的情感故事，内底里却反映了一个时代的职业成就。社会发展到一定时期，就有了男事农耕、女从纺织的社会分工。就中国社会而言，这种社会分工大约出现在距今五千多年前，也就是炎帝集团南迁南国大地的时间段。

战败之后的炎帝退守到了南国之地。令他意想不到的是，南方之地竟是如此宽广富饶。在不太长的时间里，炎帝就与周边的族群建立了友好关系，由于炎帝的友善态度和高超的治国理政能力，不少族群的领袖都愿与炎帝联盟，甚至将自己统领的土地委任于炎帝。相传后来炎帝在南国管辖着南到交趾（即今岭南一带）、北到幽都（即今河北北部）、东到旸谷（即今山东西部）、西到三危（即今甘肃敦煌一带）的广大土地，可以说，炎帝简直是据有了大半个天下。

怎样去打理这一大片大好河山呢？炎帝想了又想，最后决定："求可食之物，尝百草之食，察酸苦之味，教民食五谷。"（陆贾《新语》）由于他是在南部中国这块土地上大力发展农耕事业的第一人，这时的炎帝又新增了一个广大民众赠予的新名字——神农氏，或者被称为炎帝神农氏。众所公认，炎帝是远古时代中华大地上的农业之神。

作为农业之神，他是教民播百谷的先行者。这里有两则有趣的神话故事。清初马骕编撰的《绎史》一书，搜集著述旧文，广征博引，纂录从"开辟"到"秦亡"之间的史事，排比先后，附以论断，这是有很重要史学价值的著作。他在《绎史》上说："神农之时，天雨粟，神农遂耕而种之。"这一故事是说：有那么一天，天上忽然飘来一片乌云，过不了多久，下起了不大不小的阵雨来，这时突然有人呼叫起来："啊呀，这可不是一般的雨呀，雨中夹带着粟粒呢！"这时，炎帝手捧着天上下来的粟粒，内心开始沉思起来："出现这种天雨粟的奇特现象，该是上天对我的一种启示吧！如果把这些天赐的粟粒植进大地，不就可以为民造福吗？"于是，他马上把自己的这一想法告诉给民众，大家都认同这是上天的启示。当春天到来的时候，他们在炎帝的带领下播种，当秋天到来的时候，他们就在炎帝的带领下收割。日复一日，月复一月，年复一年，就有了人世间"耕而种之"的农业。另一则神话故事出现在《拾遗记》中，又名《拾遗录》《王子年拾遗记》。这是古代中国神话志怪小说集，作者为东晋王嘉，字子年。今传本大约经过南朝梁宗室萧绮的整理。故事也更具浪漫色彩。说在一年的春天，有一只美丽的丹雀来到了南国。丹雀徘徊于炎帝的居处，久久不愿离去。它口衔着一枝硕大的九穗禾，不偏不倚，正好坠落在炎帝的跟前。炎帝拾了起来，觉得这是上天的昭示，于是把这株神异的九穗禾"植于田"，不久，便长出了青青的苗，培之以土，灌之以水，施以肥料，到了秋后就收获了许许多多"九穗禾"的果实，"食者老而不死"。

神话故事总是给人以光明和希望，事实上，农业的种植比想象要艰难得多。在《淮南子》一书中，就有"神农尝百草之滋味，一日而遇七十毒"的记载。说神农氏为了在百草中选择人类可食用的植物，甚至一天中了七十次毒。代价是付出了，但收获到的是经验和教训，使人类真正找到了自己的食源。

炎帝时代，随着农业的创立，男女的分工也格局化了。男子都被动员起来从事农耕了，那妇女干什么呢？就让她们织布，解决民众的穿衣问题。战国时的商鞅认为炎帝神农氏时代是男耕女织的最美好的时代，他写道："神农之世，男耕而食，妇织而衣，刑政不用而治，甲兵不起而王。"在商鞅看来，炎帝神农氏是一位"适于时"的了不起的王者。就说农耕，神农氏首先要选择合适的植物种类并驯化使之成为作物品种，比如稻、黍、稷、麦、菽五谷；其次要有农具，比如耒耜；三是要观察、掌握农时。有关这方面的技术，他和族人不断地总结和吸取前人的知识积累，并代代相传，这绝不是一朝一夕或个人所能创造的。所以说，神农氏时期是一个相当漫长的时代。

在农业发展的早期，主要技术进步表现在驯化野生植物上，经过尝百草和试种，先民们初步确定了适合栽培的几种主要野生谷物，野生谷物种类因地区而不同，收获的种子除一部分被食用外，人们会选择饱满的籽粒留作种子，并好好保存，这其实就是对野生植物的驯化过程，使得栽培植物与其野生原种的差异越来越大，而成为农作物。我国民众非常重视留种工作，总是想方设法选择好、保存好农作物的优良种子，甚至至今还有"饿死不吃种子"的谚语，这一习俗更加有利于农作物品种的选育工作。可以推测，在神农氏中期，中国就已经基本培育出各主要农作物品种，即"五谷"。

就这样，炎帝时代"男耕女织"这个浸润着中华文化色彩的新名词，浮出了历史的水面。史书上说，炎帝（神农氏）的相貌很奇特，是"牛首人身"，把犁耕时代的标志物"牛"的首级，嫁接到大智大慧的炎帝这个"人"身上，不正好说明男耕女织时代的到来了吗？

"阪泉之战"的初始是为了争夺地盘，而其结果是为中华两大氏族集团划定了各自开发中华的基本地域，形成了中华文明的基本格局。黄帝集团以黄河为依托，"时播百谷草木"，形成了具有黄土地特色的北国农耕经济。炎帝集团以长江和汉江为依托，"耕而食，织而衣"，形成了具有南国特色的农耕经济。两者互相配合，成为名副其实的——

中华共祖

"中华共祖"，也就是认同炎帝和黄帝为我们中华民族共同的祖先。"炎黄子孙"一语，可说是中华第一成语，凡是有着中华血统的人们，不管你身居何处，国籍何方，都会衷心地以"炎黄子孙"自命和自誉，并以自己是"炎黄子孙"而感到无尚的骄傲和荣耀。

"阪泉之战"的初始是为了争夺地盘，是一种难以避免的利益之争，而其终极的结果是为中华两大氏族集团划定了各自开发中华的大地域。一南一北，各有千秋。两者互相配合，互相促进，互相融会，成为名副其实的同质同源的中华文化，而炎、黄二帝也就成了中华共祖。如果就农耕论农耕，那么，炎帝的功绩当在黄帝之上的。据《管子·轻重》篇的记述："神农作，种五谷于淇山之阳，九州之民乃知谷食，而天下化之。"淇山何在？据考证，"淇山在河南辉县西北，林县东南，淇水由山中出。淇山一名大号山。春秋时属卫国地界。"（《中国古今地名大辞典》）这样看来，早在炎帝一族南迁之前，这个大族就在北方的"淇山之阳"一带"种五谷"实验了，并且取得了极大的成功。南迁之后，炎帝又将这种先进的农业技术带到了南方，之后炎帝把"种五谷"和"知谷食"的先进技术推向"九州"，从而使天下人受益。

从历史发展的长河看，战争有残酷和破坏的一面，同时也有建设和推进历史发展的一面。试想，如果没有炎、黄之间在阪泉关键性的一战，让炎、黄这两个强大的集团永远龟缩在西部地区狭小的空间里，虽说是和和睦睦的，但就不会有日后的发展大格局。阪泉之战虽说一时间伤了兄弟之邦的和气，而且战争使双方互有伤亡，但是，从长远看，大大解放了双方发展的手脚，为双方以后的大发展、大繁荣创造了条件。黄帝族独占了北方大片的领土，把黄河流域的那片黄土地建设成锦绣河山，人称黄帝有"土德之瑞"，而炎帝氏族南迁至江汉间，又很快成了南方江汉间的部落联盟的首领，而且成了南方的神，称为炎帝神农氏。南方的炎帝族与北方的黄帝族也一直保持着友好的关系，史书上既有"黄帝受炎帝"的记载，又有"炎帝受黄帝"的说法。这里的"受"字，其义可略通于"授"字，可以理解为治国安民经验以及经济发展上的互相授受、互通有无。炎帝的"耕而食，织而衣"那一套治生本领，不是也在中原大地开花结果了吗？炎帝族与黄帝族不只是血脉相连的亲兄弟，而且也是心心相印的君王。

阪泉之战后，炎帝的主流族群退居南方了。但是，这一族群的一小部分留在了原驻地，自然而然地认同黄帝族了。还有，在由西而东、由东而南的撤退过程中，至少有小部分的人马留在了东部的陈地，即河南淮阳一带，还留在了鲁地，即山东曲阜及其周边地区。这些炎帝族群的人士后来都融入了黄帝族群之中，成为黄帝族群的相当重要的一部分。可以说，从历史的长河而言，炎、黄两个族群的确是你中有我、我中有你的，民众历来将炎、黄并称是极有道理的。

阪泉之战后，黄帝虽说成了至高无上的中央大帝，但是也没有辱没了炎帝。在此之后认定的所谓"五帝"中，炎帝仍然占有一席之地。据说当时认定的所谓五帝，是苍帝、赤帝、黄帝、黑帝、白帝，据《周礼》记载，其中的赤帝就是炎帝。因为"神农作耒耜，教民耕农"而世代受人尊崇，并加以隆重的祭祀。遍及全国各地的"先农台"，就是对这位以农立国的先贤的永远纪念。我们现在常说，中华民族是勤劳勇敢的民族，这种伟大的民族精神的形成，也与炎帝一族息息相关。相对而言，炎帝一族的千里南迁，经受的磨难更多，因此他们更懂得艰苦创业的意义和价值。战国时的大思想家韩非子作了这样的具体分析，他说，就一般而言，"凡人之生也，财用足则隳于用力"，这里的"隳"字，是我们平时用的"惰"的异体字。这句话的意思是，一般的人只要是"财用足"了，有吃有穿有享用的财物了，生活得以安定了，就会产生惰怠情绪，再也不愿拼命硬干了。可是，韩非子以为炎帝神农氏这一族群就不一样，这个族种是在"苦拼苦斗"中干出来的，他们懂得珍惜，因此，"财用足而力作者，神农也！"只有神农氏能够在生活条件已经有了极大改善的情况下，坚持"力作"，坚持永远的艰苦奋斗。这体现在神农氏身上的永远不知足、永远奋进不倦的民族精神，就是历史以及先民给我们留存的一份丰厚的精神财富。

神农氏时期，南部中国的经济一定程度上说是超越了北部中国的。

据《易传·系辞下》说："神农氏之世，日中为市，致天下之民，聚天下之货，交易而退，各得其所。"已经长期扎根于南部中国的炎帝子孙就是以这样的特殊方式，走向"天下"，当然也走向了他们的故国北部中国。这对社会的发展、民族的交融都是大有好处的。这种为了"天下共富"而不惜奔劳的精神，也可以说是一种中华的民族精神吧！

后人习惯于"炎黄"并称，那是理所当然的，因为"炎黄"是中华民族的共祖。

人文初祖——黄帝

人们常说，中国有五千多年的文明发展史，它的开端就是黄帝时代。黄帝战胜蚩尤和炎帝之后，"诸侯咸尊轩辕（黄帝）为天子"，天下一统的局面基本已经形成。黄帝并没有排斥异己，而是与当时的东方之帝、西方之帝、南方之帝、北方之帝共治天下，他则被人们拥立为——

中央大帝

"中央大帝"，这是黄帝在战胜炎帝以后获得的一个新名号，与天下一统相关联的"中央"这个新名词也首次出现在人的眼前。

黄帝战胜蚩尤和炎帝之后，天下一统的局面基本形成，可黄帝没有排斥异己，继续与战败的各帝采取合作的态度，实行与其他各帝共治天下的伟大策略，而黄帝则开始被人们尊称为"中央大帝"。他让地方各帝各居一方，各理其政。他把当时客观存在的五帝，与传之久远的中华传统文化中的五行学说紧密结合起来，使天下政局变得更加具有文化意蕴和权威性。后来西汉皇族淮南王刘安及其门客集体编写的一部哲学著作《淮南子》中，在"天文训"有载："东方木也，其帝太皞"；"南方火也，其帝炎帝"；"西方金也，其帝少昊"；"北方水也，其帝颛顼"。这样一来，四方都有人负起了责任，再加上至高无上的"中央大帝"，五帝就齐全了，有序的天下格局也基本形成了。

"中央"一词运用于社会行政，意味着纷杂战乱、群雄割据时代的终结，也意味着天下一统这样一个新时代的行将开启和开创。

"中央"是相对于"四方"而言的。在黄帝称中央大帝之前，大约只有东、南、西、北四个方位之说，也就是说，当时只有"四方"的观念。现在再加上中央，"四方"发展成了"五方"。可以这样说，只有"四方"时天下是松散的，四方各干各的，谁都管辖不了谁，事实上也是谁也制服不了谁，四方中的任意一方都处于同一个水平面上。在一定条件下，只能如此。天下谁都管不了谁，就会造成"诸侯相侵伐"的乱局。现在是"四方"之外又增添了中央这一方，"中"它处于东、南、西、北四方之中的聚焦点，它像一块硕大无比的磁石一样把四方都吸引过来，形成一种巨大的凝聚力。从政治上讲，中央与四方不是处于一个水平面上，中央高高在上，居高临下，管控四方，指挥四方。中央的出现，本身就意味着"诸侯相侵伐"那个时代的终结，而代之以"中央"主政的新的大时代。

"中央"也是相对于"地方"来说。中国古代有一句著名的话语，叫做"事在四方，要在中央"（《韩非子·扬权》）。这是什么意思呢？此言告诉人们，地方是办事机构，而中央才是执掌要务的权力机构，即决策机构。中央管理地方、地方服从中央，那是天经地义的。当然，在当时还是个因时而生的新概念。我国战国时期楚国诗人、政治家屈原在著名诗章《远游》中说了一句话："轩辕（黄帝）不可攀援兮！"其意是说：轩辕黄帝既然征服了各路诸侯，那他的权威就是不可挑战的！"不可攀援"，乃言其崇高也！无可比拟也！黄帝的"习用干戈"，黄帝的"以征不享"，包括伐蚩尤，征炎帝，都是在对挑战中央的人说"不"！司马迁在《五帝本纪》中用了这样一句话："天下有不顺者，黄帝从而征之！"哪个地方的地方势力不服从中央的领导的，只有一种选择：征之！目的就是要把掌控"要务"的大权牢牢掌握在中央手中。

有了中央，有了中央大帝，中央与地方之间，中央大帝与其他四帝之间，就不是平起平坐的关系了，而是一种中央与地方的关系，也就是领导与被领导的关系了。为了建立和维护这样一种新型的关系，黄帝做足了文章。

"中央土也，其帝黄帝，其佐后土，执绳而制四方。"《淮南子》中的这段话太重要了，它把黄帝这个"中央大帝"的中央集权的举措提纲挈领地亮相出来了。在这里，我们可以条分缕析地作一点分解。

其一，明确强调疆土的完整性和不可分割性。"中央土也，其帝黄帝"，这里有两层意思。一层意思是从五行角度讲的，金、木、水、火、土五行各有所属，其中的"土"是属于中央大帝的，是属于黄帝的。另一层意思是，中央大帝就是受命于天帝，负责管理天下的土地的。天下的土地归天下人所有，任何一位四方之帝都无权分土裂疆。任何一位四方之帝都应听命于黄帝的管辖。

其二，设置中央对地方的监管机制。这里说到了"其佐后土"。这里要弄清楚的是何谓"后土"？一般而言，后土指的是土神和地神。当时，有人一再向黄帝建议：既然除中央大帝外设立了东、南、西、北四帝，那么，为了天下真正意义上的统一，就应该由中央委派辅佐大员对四帝实行必要的监管和督察。黄帝认为言之有理，便同意了。由谁来实施监管和督察呢？最后定下来由"后土"来实施。这些被称为"后土"的督察大员也是协助中央治国理政的好帮手，他们既可助力于四帝办好地方事务，也对四帝起着监管的作用。

其三，所谓的黄帝"执绳而制四方"。一些文献上说，"轩辕（黄帝），主雷雨之神也。""其所牟举诸事，无不与雷有关。"黄帝雷厉风行的品性，是"黄帝所以胜四帝之因也"。可是，战胜四帝也许可以凭雷厉风行，但治理天下就没那样简单了。在文献中提出了"执绳而制四方"的说法。这里的问题是，何为"执绳而制四方"呢？进一步问：该如何"执绳而制四方"呢？这里有一个文化渊源上的道理，必须探索清楚。原来，在中华原始文化中，"绳"是十分神圣的东西。中国历来有"结绳而治"的说法，也有"作结绳而为网罟"的历程。原本是用稻草、用藤蔓编织起来的一根绳子，在人类社会生活中起过巨大的作用，人们用它来系物，用它来记数，用它来织网捕鱼抓鸟。这样，绳子在人们心目中成了圣物、神物。后来绳子还用来作为木工测定直线的准绳，几经转义，"绳"就有了准绳、准则、法规的含义。这里说的"黄帝执绳而制四方"，实际上是说黄帝制定一系列法规和准则，用以治国理政。治国理政的大权执掌在中央大帝手中，谁都不得动乱谋反。

从黄帝开始，中国历史上第一次出现了"中央"这个政治词汇，第一次出现了"中央大帝"这样的集权政治人物，第一次实现了"黄帝执绳而制四方"的政治局面，五帝时代的第一帝黄帝功莫大矣。

从黄帝时代开始，中华古土开始步入了文明时代。

黄帝十分重视人文方面的建设，以提高人们对统一必要性和必然性的认识。为了显示中央大帝的权威，黄帝决定铸造宝鼎。为了使天下人相信统一的实现完全出自天意，黄帝决定让属下制作天文神策。两者合起来，就是所谓的——

宝鼎神策

这里的题目叫做"宝鼎神策"，还是讲黄帝，以及黄帝的治国方略。为了显示中央大帝的权威，黄帝决定铸造宝鼎。同时，为了使天下人相信统一的实现完全出自天意，黄帝决定让属下制作天文神策。二者合起来世人称之为——宝鼎神策。这是属于天下一统后的人文方面的重大建设。

宝鼎，国之重器，权力的象征。神策，反映日月朔望轨迹之文本，实际上很可能是最古老但现已失传了的历书，在古人看来体现着天神的意愿，也与农为本、以农立国相关联。当时文字还没有出现，或不太完整，可能是半文半图的格局。黄帝在一统天下之后，宣示自己已经获有宝鼎神策，以显示这个政权的稳固性和正当性，后世的统治者也往往以"宝鼎神策"这一成语来宣示自己所创建的政权的正当性和合法性。

前面几章中讲到了，黄帝与蚩尤初战时，屡战屡败，一个重要的原因是蚩尤能"铄金为兵，割革为甲，制五兵"，用"葛卢山之金"打造出了戈、戟、矛、剑、盾等五种铜质武器。而黄帝的军队虽然英勇善战，但长期使用的仍然是石制武器，有些文献上说是"以玉为兵"，就是玉石武器，那也实在难以抵挡蚩尤的先进武器的进攻。后来在九天玄女的助力下，制作了指南车，用突然出击的方式才一举击杀了蚩尤，使其部属作鸟兽散。正在黄帝为胜利高兴不已的时候，九天玄女向黄帝又提出了这样的建言："应当看到，蚩尤还是了不得的，有许多地方得向他学一学，制作铜制武器这一点上，你是不是得赶快学学他呀？"黄帝一听，猛醒过来，马上派人到各地去探测，看何地有铜矿可开发，并将原先在蚩尤处冶铜的民工全数都请了过来，让他们为冶铜作一些准备。事情进展得很快捷，过了些时日，就开始了"采昆吾之铜"，在现今的河南省昆吾山一带进行大规模的铜矿开采，并就地制作比蚩尤更加先进的铜武器。这一举措显然是成功的，他加速了军队从玉石制器到铜制武器的转化，后来又以先进的铜武器击败了各路诸侯。

但是，天下进入和平建设时期之后，黄帝一度认为战争已经结束，铜武器的制作也已经完成了它的历史使命，昆吾铜矿的开采一度中止。

这时，九天玄女的身影又出现在黄帝的身边，热情地告诉他说："铜的冶炼永远也不能停歇，现在，武器的大规模打造是可以停歇下来了，但是，你想过没有，是不是可以制作出更多的铜制农具，以大力发展农业生产呢？如果那样，民生就可以大大改善了。"黄帝从善如流，就顺势把开采昆吾之铜的目的从武器生产改为农具的生产。这一冶铜目的上的大转变，使统一的江山得以真正稳固了下来。原先黄帝主政的黄河流域的农业生产要落后于炎帝主政的长江流域和南方的不少地区，现在由于黄帝大力推行铜制农具，天下的农业发展趋向平衡，真可以说进入了太平盛世。

有人一定会问，说黄帝时代已经率先有了铜制工器，而且铜器不只用之于战争，还用之于农业生产，是不是事实？要让人信服，那可不能单凭神话传说故事啊！得有一定的实证材料，才能让人心服口啊！这样考虑问题当然是完全正确的。好在现今的考古发掘事业进展一日千里，神话故事的不少观点得到了考古学的有力支持。从现在据有的考古成果材料看，在大约距今五千多年前的郑州牛寨遗址中，发现了规模相当可观的熔铜炉，而且十分精致，其附近还有铅锡合金的青铜块，冶炼水平已经很高。在同一时期的淮阳平粮台三期 H15 穴内发现了大量的铜渣，有铜渣就一定有铜的冶炼，也一定有铜器的制作。在登封王城岗四期的 H617 穴内，出土了不少青铜农具的残片，这些残片几乎覆盖了所有古代农具的全部。临汝煤山遗址出土了铜坩埚，其中还有铜液痕迹。鹿邑栾台遗址二期发现了铜制的铲、锛、锹等农具。这些出土的古老文物，都在用无声的语言告诉后人，黄帝时代的黄河流域确实已经走向了青铜时代，而这一时代的到来，使当时的民众生活极大改善了。

对于太平盛世的到来，黄帝是高兴的，但并未就此陶醉。他想得更多的是怎样激励全体民众永远保持一种奋进的朝气和活力。他想打造一种永恒的文化力量，促成世代的炎黄子孙积极奋进。黄帝想到了历史上曾有一位叫泰帝的古帝，"兴神鼎一，一者壹统也，天地万物所系终也"（《史记·封禅书》）。这段话的意思是说：当年泰帝铸造了一只神鼎，作为国家的重器。为何铸造一只鼎呢？原来泰帝时天下还没有统一，但他铸一只鼎是为了告诉天下民众一个最基本的道理，那就是"天地万物"最后总是要归于"壹统"的。人们按照泰帝的预言去做，天下终于实现了一统。

受到泰帝"兴神鼎一"的启示，"黄帝作宝鼎三，象天、地、人"。黄帝是要告诉天下人，鼎是国之重器，有鼎在，国就在。而且要人们牢牢记住，作为万物之主，最不能忘记的就是天和地。宝鼎铸成后，黄帝让人把天下河山绘图铸于三只鼎上，以表示此为国之重器，也是天下一统的象征。在铸鼎的同时，黄帝又让人将天文变异记述在文本上，称神策。黄帝这样做的意思很明确，就是要人们永远不忘江山社稷，永远不忘天之高地之厚。

《史记·封禅书》云："黄帝得宝鼎神策。"不言"铸宝鼎"，而语之为"得宝鼎"；不言"书神策"，而语之为"得神策"。这样做都是在着意强调，黄帝之得政权得天下皆在于天意。

建设诚信社会历来是中国人的崇高理想。人与人之间会有矛盾、斗争，以至于刀兵相见，但和谐的人际关系的定海神针还在于诚信。黄帝驾驭四方诸侯一开始就建立在诚信的基石之上。黄帝与各方诸侯订立契约文书，名为符契，要求诸侯信守。黄帝赠予诸侯珍贵礼器，名为圭瑞，要求诸侯随时佩戴在身。黄帝"合符釜山"，就是为了检验——

符契圭瑞

"符契圭瑞"，讲的是黄帝在统一天下过程中采取的行之有效的治世方略，也是统一天下后继续推行的治世方略。

前面几讲中讲到，在很长一个历史时期中，天下处于纷乱不堪的万国时代。说万国，实际上可能还不止。据有一定地盘、拥有一定武装力量的地方势力，就可以自称"王"、自立为"国"。后来，经过长期的国与国之间的兼并战争，尤其是经过黄帝艰苦卓绝的统一战争，"国"渐减少。到了黄帝宣告"天下一统"并登上"中央大帝"宝座之时，只剩下了地盘相当大、实力也相当雄厚的少数诸侯国了。也就是说，万国中的九千九百多个"国"消亡了，被更强势的国家兼并了，只剩下了数十个明确宣言服从"中央大帝"领导、承认"天下为一"的诸侯大国了。这时，放在黄帝面前的重大课题是：如何巩固和维护好"天下一统"的政治局面，如何使这些强势的诸侯国信守服从中央的口头承诺。黄帝与自己身边的几位贴心的同僚私下里反复讨论。

有的说："对付这些强势的诸侯，你要比它更强势，不然，它就不可能俯首称臣，一有风吹草动，就会闹事。"

有的说："中央还是要强兵重武，有成千上万的大军监视着这些诸侯国，看哪个敢乱说乱动？"

有的说："要采取一种策略，挑动诸侯国与诸侯国之间闹矛盾，让他们窝里斗，那样，中央的压力不就少多了？"

有的却不认同上述种种看法，说："上面种种说法都是重武不重文，一味的重压，最终相反会引起反弹，弄不好会重新出现天下大乱的局面。"

有人郑重其事地向黄帝建言："打天下要重武，但治天下必须重文。要想长治久安，最重要的还是要让天下归心，真心承认中央的权威。"

在大家各自奉献出自己的建言的时候，黄帝一直认真地倾听着，当他听到"天下归心"四字时，顿时心头一动，心想："好啊，好一个'天下归心'，要使天下人归心于中央，归心于中央大帝，归心于天下一统就非得建立有效的诚信机制不可。"这种诚信机制的具体信物就是"符契圭瑞"。

首先作为中央大帝的黄帝与各诸侯之间以"符契"为信物建立互信关系。符契，是古代刻于竹片或玉石上的一种契约文书。竹子和玉石都被视为世间的瑞物，也是信物。中央大帝与各诸侯国协商达成一致后，形成一段简短明确的言辞，刻在六寸长四寸宽的竹片或玉石上，再一剖为二，中央大帝和地方诸侯各执一半以为信物，称"剖符"。然后定期加以验证，以示双方之间的诚信，称"合符"。这种"剖符"和"合符"制度一直延续到汉末，对维护天下一统起了很大作用。

其次，中央大帝与地方诸侯又以"圭瑞"建立管理与被管理、上级与下属之间各得其所的制约关系。圭瑞，是一种玉制的高贵礼器，非常名贵，也很端庄，也是一种信物。在中央大帝与地方诸侯之间以"符契"形式建立信任关系的同时，中央大帝把圭瑞赐给诸侯，要求诸侯将中央赐予的圭瑞时时佩在胸前，记住自己是中央属下的诸侯的身份，同时也表明自己对中央的臣服和忠贞。后来"符契圭瑞"一语成语化了，往往用它来指称政治人物甚至一般人之间的重要信物。

为了考察地方诸侯的忠诚度，也为了密切中央与地方的关系，天下为一之后的某一年（具体年代有待于进一步考证），黄帝先是率中央大队人马巡游天下。由东而西，由南而北，巡遍了天下的山山水水。"东至于海，登丸山，及岱宗"，丸山据说就是现在的舟山地区，他们东巡到东海边上，登上了舟山群岛，回头又登了泰山。"西至于空桐，登鸡头"。西行到了今甘肃平凉的崆峒山，再向西，到了陇西的鸡头山一带了。"南至江，登熊、湘"。南巡渡过了长江，来到了今湖南长沙、益阳一带。"北逐荤粥"，据考，所谓"荤粥"，即是通常说的匈奴的古称。当时匈奴的气焰正盛，黄帝北巡中乘势打击了一下匈奴，也是宣示了天下共主的威势。

黄帝率大队人马一大圈兜下来，盛极一时的"荤粥"也被教训过了，按理说就可以在北方实现合符大典了。可是，黄帝又要把大队人马带回到这次巡行的出发点去。据《史记·五帝本纪》称，又经过一段时间的长途跋涉，至少历时一个来月吧，巡游队伍来到了东海，实行了隆重的"合符釜山"典礼。这里背靠的是大海，脚下是一座高耸入云的釜山，"山出瑞云，应王者之命。"在瑞云的笼罩下，在阵阵的涛声中，黄帝开始了庄重的"合符"典礼。先是祭天、祭地、祭海神、祭祖先，然后是按"符契"的内容逐条查对各诸侯国的诚信度，最后是检查各诸侯国的君主是否严肃认真地佩戴了中央大帝赐予的"圭瑞"。要达到的目的，就是所谓的"剖符于天下，征敌伐国，莫敢不听"。

这次"合符釜山"的目的一是要检验地方势力对中央的忠诚度，"符契"是否能牢记，具体执行的情况又怎样；"圭瑞"是否佩戴，容貌是否端庄；合符的命令下达后，各诸侯是否能如期到达目的地。二是要干一件大事，"置左右大监，监于万国"。这是一个新设立的机构，监察地方的活动是否与中央步调一致，这一机构的领导人有两名，为"左右大监"。这样一来，中央与地方的关系大大紧密了。也有学者认为，"釜山合符"完全是一件意义重大而庄严的政治活动，它是中华民族真正实现团结统一的前奏。"合符釜山"不仅是"合符"，同时举行华夏各族共同祭祀釜山，同样是一件神圣而隆重的宗教活动。黄帝不仅仅把"合符"安排在釜山进行，而且还要祭祀釜山。

"釜山"究竟在哪里？人们对此却聚讼纷纭，莫衷一是。近年来，一个由民间人士自费组成的考察组，对目前文史资料中重点推举的五处名为"釜山"的地方做了实地考察。其中包括河南灵宝的"釜山"，山西高平的"釜山"，河北涿鹿的"釜山"、涞水的"釜山"和徐水的"釜山"。结论还是很难得出，但总是开了个好头吧！

　　在中华文化中，称品德极为高尚、智慧极为高超的人为圣人。圣人历来是对人品的最高评定。在历史流程中，有所谓的先圣、后圣之说。盘古、女娲为先圣，炎、黄二帝为后圣，禹、汤、（周）文（周）武则被视为三代之圣。汉代许慎作的《说文解字》对"圣"的解读极为简洁，也极为精当。他说："圣，通也。"意思是说，圣人是指无所不通、智能超群的人。这个"通"字用在黄帝身上，是指他既有忧国爱民之心，也有终生劳顿之行，故被世人公认为是——

忧劳圣人

　　"忧劳圣人"还是讲我们民族的始祖黄帝，讲他身上所表现出来的那种最基本的品质。我们的中华文化中称品德极高尚、智慧极高超的人为圣人。黄帝除了具备圣人的这两项最基本的德性外，还以忧天下、劳百姓闻名于世间，故被称为"忧劳圣人"。

　　是谁第一个把黄帝称之为"忧劳圣人"的？是清代前期的一位相当有名望的思想家李邺嗣。他搜集了大量的资料，系统地总结了黄帝的治国理政经验，称："黄帝修政，一曰师兵，二曰疆理，三曰设官，四曰定历；复举其要曰治五气，艺五种，曰劳勤心力耳目，节用材物，俱治天下之大本大经为万世法。使人主开卷惕然，知黄帝忧劳圣人，诸所以治天下如此。"（《五帝本纪论》）我们后世的天地能如此完美，能成为古代世界四大文明古国之一，全然有赖于黄帝开国创业之功。他的忧民生、劳民众，为中华民族开创了万世之基业。

中国学术界有一种共识，以为"忧患意识是我们民族挥之不去的民族意识"，还说，"忧患大成于孔孟"，到春秋战国时期的孔子、孟子之时，"君子忧道不忧贫"的忧患意识成熟了。如果真是这样，春秋战国时期成熟了的忧患意识，它的起点何在呢？答案只能是：在于黄帝。作为当时天下最具实力的一股力量，他的目标是还民众以一个太平天下。可是，天下事众来艰辛，让他感受到忧患的事可多着呢！

黄帝一忧战乱之害民。

读历史的人往往一谈起黄帝，就会想到阪泉之战和涿鹿之战这两场大战。其实，正如《太平御览》一书中说到的："黄帝之初，养性爱民，不好战伐。"这里说的"黄帝之初"的"初"字指的就是他的初衷。后来，他看到蚩尤，看到驻守四方的东、西、南、北四帝，看到各路诸侯，为了一己之私利，都在妄开战端，根本不顾民众的死活，黄帝为此而哀，为此而悲，迫于此等现实，黄帝不得不起兵讨逆，他说了一句千古名言："以战去战！"通过正义之战实现天下一统，还民众一个清平世界！希望天下一统后的世界，是个没有战争的世界，远离战乱的世界。

黄帝二忧民生之多艰。

大家都还记得黄帝还有一个真名，称做"轩辕"。"轩辕"何谓？它的最初含义是供人使用、用以代步的车子。也许你会感到奇怪，一个大人物怎么会起这样一个俗气的名字呢？这里有一个故事。天下刚一统之时，为了治理国家辽阔的疆域，黄帝常带领民众东西南北四处奔走。长年累月迁徙游牧生活，各种笨重的东西都要人担肩挑，每迁移一次都给先民们带来极大痛苦和不便。遇上女人生孩子，老人生病，更是叫苦连天。忧民忧族的黄帝为了此事，可谓操碎了心。有一次，黄帝带领他的民众迁移到了北方黄土高原。这里森林茂密，地形平坦，便于长期生存。可是，他们刚一落脚，突然狂风大作，黄帝立即命全体民众人人抱树，以防被狂风卷走。黄帝只顾别人的安危，不料，自己头上戴的遮阳的大圆草帽，却被狂风吹掉了，那大圆草帽被狂风吹得就地滚动，一直往前滚了好长一段距离。由此，黄帝心中突发奇想："如果用树木制作四个帽檐般的圆轮，用轴把这些圆轮连起来，然后在圆轮上铺上木板，在木板上按放重物，移动起来不是轻快多了吗？"说干就干，这样制作之后的工具，果然运物轻松方便，还可坐人呢！就这样，"车"的雏形就制成了。以什么命名它呢？黄帝提议说："就称它为轩辕吧，意思是可载物的车子。"因为这是黄帝独具匠心发明出来的，人们也就呼黄帝为"轩辕"了。车子之发明，正是黄帝忧民生之多艰的铁证。

黄帝三忧民心之不惇。

何谓"惇"者？敦厚也，笃实也。在黄帝看来，宁要朴实惇厚的老实人，不要投机取巧的聪明人。这里有一则"黄帝遗玄珠"的富于哲理的著名神话故事，见之于《庄子·天地篇》。说有一次，黄帝带着他的诸多随从，巡游于赤水以北的地方，并登上了圣山昆仑山。下山的时候，黄帝说自己身边最珍贵的那颗黑宝珠遗失了，要随从们去寻找。那个叫"知"的聪明人转了一圈，说："找不着！"那个眼睛特别明亮的叫离朱的人去找了，回来两手一摊回答道："找不着！"那个能言善辩的叫喫诟的人也去找了，一叠声地说："找不着！找不着！"最后，黄帝只得派老实忠厚的那个叫象罔的愚人去找。去了好大一会，还不见回来，众人都说："那么多聪明人都找不回来，他这个愚人怎么行？"黄帝说："再等等吧，也许他能找回来！"过了好大一会，这个叫象罔的愚人真的把宝珠找回来了。黄帝当着大家的面说："异哉，象罔乃可以得之乎！"（《庄子·天地篇》）他是要大家想一想，为何"得之乎"的不是那些聪明人，而是那个愚人？黄帝忧心的是什么、提倡的是什么，不是明明白白了吗？他是相信"愚"一点的老实人的。

黄帝在位期间竭尽心智，操劳了一生。他毕生与民众生活在一起，从来不知道什么叫闲适。他的形象，是那样的朴实，那样的惇厚，穿着打补丁的衣衫，吃着五谷食粮，戴着一顶草帽，皮肤晒得黑黑的，那些，实际上就是中国普通农民的形象。他既是中国的普通农民，又是中国的第一大圣人。他的人生"三忧"——忧战乱之害民，忧民生之多艰，忧民心之不惇——正是"披山通道，未尝宁居""劳勤心力耳目"的伟大原动力。黄帝的确是我们民族最伟大的忧劳圣人。

我们常说中华民族有着五千多年的文明史，那是从黄帝时代算起的。当时，一切都在初创，一切都在建树。黄帝面对着四分五裂的乱局，需要带领天下人加以治平，以打造"天下为一"的新天地；黄帝面对着大自然种种灾异的挑战，不得不"旁罗日月星辰"，探究大自然的秘密；黄帝还面对着人口剧增而食物稀缺的民众的饥饿状况，于是不得不转向"时播百谷草木"；黄帝还面对着推进人际交往的文化建设的巨大任务，开创了"作书造字"的新时代。总而言之，初创、初建、初识，是黄帝时代的一大特色。正因为如此，司马迁在《史记》中称黄帝为——

人文初祖

"人文初祖"是接着上一讲讲下去的历史。上一讲是讲"忧劳圣人"，是说黄帝这个大圣人带领先人苦心劳作，开拓新路。我们今天这一讲，是要讲黄帝如何带领我们走进文明发展的大门的。

我们常说中华有着五千多年文明史，它的起点在哪里？回答是，中华文明就是从遥远的那个黄帝时代算起的。是黄帝，带领着中华民族真正走出四分五裂的所谓"万国时代"，实现了天下一统，走上了人文大道，因此人们称黄帝为"人文初祖"。何谓人文？总体而言指的是礼乐教化，即所谓"观乎天文以察时变，观乎人文以化成天下"（《易·贲》）。黄帝这个人文初祖，就是着力于"化成天下"的中华第一人。

黄帝是民族人文精神的开路先锋。他在炎帝的基础上进一步发展了农业，史书上说他"有土德之瑞，故号黄帝"，他是中华这片黄土地的真正最初垦殖者。他带领民众"时播百谷草木"，这句话的含义很深刻，也很广泛。"时播"这一概念的出现很值得重视，就是按不同的时节开播和种植各种植物，可见当时已有了相当精准的历法，这是天文学上的巨大成就，也是农学上的巨大成就。在这里提到粮食作物时称"百谷"，可见当时的种植业已相当发达，人们种植的谷物品种已相当繁多，至少该有数十种吧。而且"时播"的不只是谷类植物，也已经种植和培育草木，开始懂得美化大自然和绿化自己的家园了。至于"淳化鸟兽虫蛾"，指的是养鸟驯兽之类的家庭养殖业，那是从伏牺氏时代就开始了的，到黄帝时代是更加成熟了。

黄帝时代文化上的另一大成就是养蚕业和丝绸业的形成。中国是世界闻名的丝绸之国，而蚕桑丝绸的始祖相传就是黄帝的元妃嫘祖。嫘祖的故里在西陵一带，因此一般人又称她为西陵氏。西陵在哪里呢？后人的说法有多种，但是，据专家的考证，比较靠得住的当是河南省的西平县。1981年，在河南省的西平县的地下发掘中，发现在一"王杖诏令"的汉简上，书有"汝南郡西陵县"字样，可见，在汉代之前西平县就是称西陵县。在《水经注》中，也有"西陵平夷，故曰西平"的说法。在离西陵一百里上下的地方，就是新郑了，那就是传说中的黄帝出生地了。黄帝与嫘祖的家乡相距那么近，两人又都是积极活动的社会人士，就很有可能频繁地接触，进而相恋相爱了，嫘祖嫁给黄帝后，就成了他的元配妻子。

当时黄帝正专注于"时播百谷草木"，把"民以食为天"作为头等大事来抓，但是，也十分关心百姓的穿衣问题。人类遮羞和保暖，先是披树叶在身上，比赤身露体是好了些，但还是很不周全。后来，据传"有巢色衣皮"，暖是暖和多了，但实在太沉重，而且人口在增长，哪来那么多的兽皮来包裹身体啊！于是，据《路史》上说："黄帝有熊氏命西陵氏劝蚕稼。"作为黄帝的妻子和主要助手，西陵氏就全力以赴地研究衣着问题，偶然的一次机会，她发现桑树头上结的野蚕丝，分量既轻，又有很高的牢度和柔软度，还可充分保暖，如果以蚕丝织布，岂不是好？于是就有了家蚕的养殖和蚕丝的纺织。从西陵氏嫘祖开始，中国进入了丝绸王国的新纪元，黄帝之妻也被人们尊为"先蚕""蚕神"。

全世界有一个共识，以为文字的产生和发明，是步入文明社会的最重要标志之一。黄帝时代有诸多的文化成就，而最大的文化成就当数——仓颉造字。

黄帝时期以前，实施的是"结绳纪事"。干了什么事，干了多少事，就在绳子上打上不同式样的"结"，大家约定俗成，也算是一种记事了。到了黄帝时代，天下初步统一了，社会大大发展了，结绳记事就感到不够用了。黄帝就对他的一位叫仓颉的臣子说："你是个聪明人，想想有什么更好的办法，可以把所做的事能清楚明白地记录下来？"仓颉答应了下来。这就是《世本·作篇》中说的"黄帝使仓颉作书"这件事。

为了作书造字，仓颉确实是下了一番苦功夫。文献有载："黄帝之史仓颉，见鸟兽蹄远之迹，知分理之可相别异也，初造书契。"（《说文解字·序》）"仓颉穷天地之变，指掌而创文字。"（《淮南子·本经训》）这两段文字，虽然十分简单，但说明仓颉为了造字，着实费尽心机。首先是分理"鸟兽之蹄远（脚印）"而造书契。这是对动物世界的实地观察。世间有多少鸟类，有多少兽类，有多少"相别异"的蹄远？仓颉进行了反复比较，最后才寻找到发明文字的相关机理。第二步是再推开去，不只是研究鸟兽之蹄远，进而研究"天地之变"，从中寻找文字的由头。为了寻找到一个有利于思考的环境，仓颉返归故里，独居村西深沟之中，仰观奎星环曲走势，俯看龟背纹理、鸟兽爪痕、手掌指纹、山川形貌等，从中受到启迪，根据事物形状创造了象形文字，字成之日，举国欢腾，感动上苍，谷子像雨一样哗哗地降落下来，吓得鬼怪夜里啾啾地哭起来，即为《淮南子》记载所言"天雨粟，鬼夜啼"。

文字的发明是人类历史上的一个大事变，仓颉是原始象形文字的创造者，为中华民族的繁衍和昌盛作出了不朽的贡献。真正是惊天地、泣鬼神的事啊！

民众永远不会忘记仓颉的业绩。《史记·五帝本纪》《汉书·艺文志》都著录有"仓颉传"的一些片断，扬雄著有《仓颉训纂》，许慎《说文解字·序》中点出了仓颉的历史性功绩。陕西省白水县史官乡的"仓颉庙"建于汉代。现传说中的仓颉墓有三处——一在陕西白水县，一在山东东阿县，一在山东寿光县，一直香火不断，表现了人们对仓颉的崇敬和怀念。

上述种种，都说明了从黄帝时代起，中华民族走上了文明之大道，而带领人们走上这条文明大道的正是"人文始祖"黄帝。据考，大约五千多年前，以黄帝为首领的部落，住在中国西北部的姬水附近。黄帝死后葬于今陕西黄陵县桥山，被誉为中华民族的人文初祖。从古至今，每年清明节，都有不少海内外同胞前往祭拜。1938 年 4 月 5 日清明节，爱国将领程潜前往黄帝陵祭陵时题写了匾额，为隶书体。现悬挂于黄帝陵轩辕庙大殿门楣上，为黄帝陵一景。

    史书上有如是传说：黄帝之母游走于祁山之野，"见大雷绕北斗枢星，感而怀孕"，后黄帝降生时，又"雷声大作"，于是后世人们断定黄帝为雷神之子。作为雷神之子，黄帝秉承了"生而神灵"的天赋，办事果敢而有决断。后来，在黄帝的带领下，实现了天下一统，这时急切需要形成一个服务民众、办事高效的核心领导班子。黄帝对这些人的要求很高，他讲了四条，打头第一条就是"风后"，这可与他雷神之子的秉性有关，即意为——

雷厉风行

    "雷厉风行"是大家耳熟能详的一句成语，直白地说，是指像打雷那样猛烈，像刮风那样迅速，比喻办事的坚定迅捷、干净利落。当然，我们这里是在讲成语历史，是在讲一种治国理政的崭新风貌，是讲当年黄帝及其核心团队的办事风格。

    治国，理政，都需要形成一个精干的、精气神俱佳的核心办事团队。这一点，黄帝做到了。他"举风后、力牧、常先、大鸿为治民"，可见，他对核心办事团队的要求是极高的。黄帝在这里讲了四条，条条都重要，条条都紧扣时政这个主题，条条都可以说是后世治国安邦的大纲大要。

    天下一统以后，黄帝"举风后、力牧、常先、大鸿为治民"。人们一定会问，黄帝这里所推举的是四个人吗？开初的时候人们误以为是，后来一思索，发觉并不是。《史记集解》的作者就说了，"天下岂有姓风名后者哉？""天下岂有姓力名牧者哉？"既然不是单个的人，那是指什么呢？我们认为，正确的回答应该是，指的是黄帝对自己属下核心团队的工作作风和工作态度的一种总体要求。

黄帝要求的四条中，第一条就是"风后"，也就是雷厉风行的工作作风。

传说中的黄帝的整个生命，一开始就与"雷"字结下了不解之缘。黄帝的母亲是个刚烈而有着远见卓识的女子。有一次，她在祁山脚下空旷的野地里漫步，忽然乌云蔽日，电光闪闪，雷声隆隆，黄帝的母亲来不及躲避，不得不站在旷野中接受雷电风雨的洗礼，她"见大电绕北斗枢星，感而怀孕，二十四月而生黄帝于寿丘"（《史记正义》）。怀孕二十四月后生产的那一天，又是风雨交集、雷电交加。既然黄帝母亲是感雷电而孕，又历雷电而生，那么，后人就完全有理由说黄帝就是雷神下凡，或者说他是雷神的儿子。在他的性格中，就自然而然地融进了"雷厉风行"的非凡的品性特征。

关于黄帝有雷电般的暴烈性格，在《山海经·大荒东经》中通过神话故事的形式有一段惟妙惟肖的描述。说是当时天下的东北部是一片汪洋大海，入海七千里有座流波山，山上有头壮大如牛的怪兽，名唤之曰"夔"（音奎）。这头怪兽常出入于水中，兴风作浪，还时时出海捕食异物，对众生造成了极大的危害。

黄帝很是气愤，雷霆大怒地说："天下竟有如此作恶多端的怪兽，对此，我非亲自出兵灭掉它不可。"

黄帝身边的人都劝阻他："这只名号叫做夔的怪兽，离我们远着呢，不是说在七千里之外的海中吗，我们不必为此兴师动众。"

黄帝不能同意这种说法，强调说："七千里之外又怎么样，不早早将它灭了，它就得寸进尺，就会攻占到中华大地上来！"

黄帝说干就干，果断地亲自率众入海七千里，与夔角斗。海上风高浪急，黄帝全然不怕。大战三天三夜，最后终于杀死了恶兽夔。为了警示众生不能像夔那样作恶，黄帝剥下夔的整张皮来，将它蒙在一张大鼓的鼓面上，用棒槌击打鼓面，其声如雷，据说于五百里外处也能听到这鼓声，这雷霆万钧之声对一切作恶者都是巨大的震慑。

黄帝自己是个雷厉风行的人，他要求自己核心团队的人们也要有这样的工作作风和精神风貌。

这里也可以讲一个故事：为了物色治国的干材，黄帝日思夜想，饭也吃不下，觉也睡不好。一天夜里，他做了一个梦——"梦见大风吹天下之尘垢皆去"。梦中的黄帝似站立在天地间，忽然一阵少有的大风强劲地刮来，一下子把天下的尘垢吹掉了。大风过后，只见天地间干干净净，像是被打扫过一样。黄帝醒来一想，觉得这一梦境是上天对自己治国理政的一种昭示。

天亮以后，他就召集群臣开会，告诉大家："我昨天晚上做了个梦，梦见了一阵从未见过的大风刮来，把天下的所有尘垢都吹跑了，大地上显得干干净净。我觉得这是苍天在告诉我一个道理：我们为官当政，也要有一种大风精神，一种大风吹尘垢那样的劲儿，才能把很多看来难办的事情办好，你们说是不是这样啊？"

大家纷纷说："是，是，我们都要像风一样听从您黄帝的号令，对尘垢刮起一阵又一阵的巨风。"

听了大家的真情回答，黄帝很是满意。为了使大臣们牢记在心头，并成为一种久远的传统，黄帝在议事厅中立了一块警示牌，上面大书八个大字："风为号令，执政者也。"（《帝王世纪》）意思是说：执政者在实施号令时，要像强劲的大风刮干净天下的尘垢一样，要果断和有力，要不折不扣。

黄帝把身边的辅臣中具有雷厉风行品格的人，统名之为"风后"。由于黄帝的积极倡导，"雷厉风行"一词为后世普遍重视和广泛使用，以比喻执行政策法令严厉迅速，决不拖拉。也形容办事声势猛烈，行动像雷那样猛烈，像风那样迅疾。

雷厉风行，又作雷厉风飞，意思是完全一样的。此词被后世的人们反复运用了数千年。唐朝的大政治家和大学问家韩愈，因反对唐宪宗迎佛骨而被贬潮州刺史。他到任后写了《潮州刺史谢上表》，其中说道："陛下即位以来，躬亲听政，旋乾转坤，机关阖开，雷厉风飞（行）。"十分有趣。唐宪宗与韩愈两人的政治生涯可以说是相始终的，两人相互间也了解很深。韩愈盛赞唐宪宗在施政和用人上能"雷厉风行"显然不包括他的执政后期。唐宪宗在位十几年，其绝大多数年月中都是奋发有为、办事雷厉风行的，他削平藩镇、加强皇权，都为唐后期的中兴奠定了基石。他"能用忠谋，不惑群议"，起用了一大批进士出身的、年轻有为的干才，唐宪宗的作为被世人视为是黄帝提倡的"雷厉风行"传统风气的再现。可惜宪宗皇帝晚节不终，好神仙，宠宦官，迎佛骨，韩愈在《谢上表》中重提唐宪宗的"雷厉风行"，既是对宪宗皇帝大半生的充分肯定，又是对其晚年政治生涯的些许感叹。

黄帝时代正处于原始社会向私有制社会转化的交接点上，私有观念已经开始渗入一些官员的头脑之中。为了纯洁官员队伍，提高为官者的行为操守，全身心地投身于为民办事的岗位上去，黄帝要求下属——

奋力牧民

"奋力牧民"这个题目也是从黄帝说的"举风后、力牧、常先、大鸿为治民"一句中化出来的。黄帝所举的"力牧"，其中的"力"，即是奋力；其中的"牧"，即是牧民。加起来实际上就是"奋力牧民"一语的简约说法。黄帝时代正处于原始社会与私有制社会的交接点上，原始的公有观念当然仍然是主流，但是私有观念已经开始渗入一些人的头脑之中，尤其是被举为"牧民者"的官员的头脑之中。为了纯洁官员队伍，提高为官者的行为操守，全身心地投身于为民办事，黄帝在对下属的四条要求中着重讲到了"奋力牧民"这一条。

日有所思，夜有所梦。这里要说一说的还是黄帝之梦。那天黄帝刚睡去，马上进入了匪夷所思的特殊梦境：他似乎一下步入了一个开阔而空旷的大谷地，站在谷地的中央向远处眺望，只见一条小溪边的青青草地上，一位中年男子手"执千钧之弩"，正放牧着一大群肥羊前行。看那羊群，似乎有"数万群"，那是一个很大很大的羊的群体了，黄帝简直还没有看到过如此大的羊群。可是，那些羊群像是排了队似的，五六头一行前进，循序而进，不紧也不慢。在明媚的阳光下，显得特别富于美的画面感。只是偶然有一两头羊不守规矩的，跑前或拉后了，只要牧羊人使一个带有暗示意味的眼色，或将那闪闪发光的强弩举过头顶以示警诫，那稍有违规的几头羊就知趣地归队了。

黄帝醒来后，就与他的群臣一起开始了有趣的"解梦"。黄帝说："在实际生活中，我从来没见过这么大群的羊群，更没见过这么大的羊群能放牧得那样整齐有序。你们看，牧羊人靠的是何法术？"有的说："这还不是明摆着的吗，靠的是他手中的那支'千钧之弩'，谁不听话，那千斤之弩一发射，不听话的羊儿不就没命了？"有的不同意这种说法，说："可是，那牧羊人只是手握千钧之弩，一点也没有引发强弩的意思啊！"还有的说："这叫引而不发，如果牧羊人手中没有那强弩，那就没有威势。相反，如果牧羊人动不动乱用强弩，那整个羊群动乱起来，也是够可怕的。"最后有人说："没有强势的弩在手不行，滥用强势的弩也不行，那万头的羊群那样有序而行，关键还在于平时的训练，日积月累，长久了就成习惯了，这叫久久为功。"

黄帝听了大家说的，心悦诚服地说："说得好啊，说得好啊，真是久久为功啊！但是，我不知大家想过没有，这个梦告诉我们的，只是牧羊吗？"黄帝说到此，没再说下去了，等待着大家的回答。过了一会儿，有人省悟过来了，说道："梦的虽然是牧羊，梦境要我们品味的可是牧民啊！"

顺着这话头，黄帝叹息着说道："驱羊万群，能牧民为善者也。"（《帝王世纪》）黄帝要告诉大家的是，能够那样自如地牧羊"数万群"的那种人，也一定是一个好的牧民者，定将能把民众往"为真为善"的大道上引。

黄帝受这一梦境的启发，决定除举荐"风后"类的人才进入管理层外，让另一类定名为"力牧"的人才，也就是"奋力牧民"的人，也一起来治国理政。这里要说明的是，"牧"字既可作放牧牲畜解，又可作管理下属和民众解。"牧民"就是管理民事。《国语·鲁语》中说："君也者，将牧民而正其邪者也。"牧民的第一责任人是君主，而那些当官的应该是牧民的参与者。牧民者的重要职责在于"正其邪"。一要让民众知道何为"正"，何为"邪"；二是要使那些一时走上邪道的人改邪归正，重新走上正道。

一段时间来，黄帝一直在认真思考着牧民这样一件大事。黄帝百岁的时候，他要的不是祝寿，而是巡行天下，懂得更多的牧民之理。巡行队伍西行到空桐山的时候，黄帝突然想到，这空桐山可是广成子修道成仙的地方啊！《神仙传》上说，广成子不知生于何年何月，只知道他到此时已有一千二百余岁，道行高深，秘而不传。今天到此，可会一会此仙道之人。于是，黄帝轻车简从，只带一名随从去拜会广成子。

"广成先生，弟子今日拜见，想就牧民一事有所请教。请问，牧民之要领何在?"黄帝单刀直入。

广成子略一沉吟,只从口中轻轻吐出两个字来:"自然!"

黄帝苦苦相求:"请先生言其详。"

广成子微微一笑,颇为玄妙地说:"牧民之事,自然之道,此事只可意会,不可言传。"说罢,飘然而去。

这虽说是神话故事,却记述在《抱朴子·内篇》中:"(黄帝)西见中黄子,受《九茄之方》。过崆峒,从广成子受'自然之经'。"这"自然之经"为何物?那就玄之又玄了。

这"自然之经"在黄帝那里似乎没有明确的说法,但是却引发世代人们的深思。后来,春秋时期的大政治家管仲作《管子》,该书放在第一篇的就是《牧民》篇,这一名篇中有这样的刻骨铭心之言:"政之所兴,在顺民心;政之所废,在逆民心。"该文指出,民心即是天心,即是自然之心。专注于牧民天职的有为国君,必须奋力于四时农事,确保粮食贮备。国家财力充足了,远方的人们就能自动迁来,荒地开发得好,本国的民众就能安心留住。粮食富裕,人们就知道礼节;衣食丰足,人们就懂得荣辱。君主的服用合乎法度,六亲就可以相安无事;四维发扬,君令就可以贯彻推行。由此引出了两句千古名句:"仓廪实则知礼仪,衣食足则知荣辱。"这不正是关乎民生最大最根本的"自然之道"吗?按如此的自然之道行事的人,也是真正的奋力牧民的人。

官员的职责不仅在于简单的管理和约束民众,更重要的是为民众指点迷津,当好民众的领路人。领导人不能与民争利,要吃苦在前,获利和享乐在后,要时时处处当群众的模范,使大家学有榜样。当领路人,当表率,当站在大众头里的先锋,这事要坚持着做,要成为当官者的常规，这就是黄帝心目中的——

常为天下先

"常为天下先"，是讲黄帝对其核心团队的要求，即所谓的"举风后、力牧、常先、大鸿为治民"这一中心课题中的"常先"部分。所谓"常先"，无疑就是"常为天下先"的简约说法。

"常为天下先"强调的是黄帝团队的先锋队作用。你既然成为黄帝团队的核心，那你就不能混同于一般的普通民众，你就该为民众指点迷津，当好民众的领路人；你就不能与民争利，就得吃苦在前，获利在后；你就得时时处处当群众的模范，使大家学有榜样。这就是黄帝所要举荐的"常先"。"常"是经常，是永远。"先"是领先、垂范。这是黄帝对他的核心团队成员的基本素质要求之一。

讲到"常为天下先"，有一点中国传统文化基本知识的人，一定会马上想到老子的名言"不敢为天下先"。在《老子·第六十七章》中，有那么一段世人皆知的名言："我恒有三宝，持而保之。一曰慈，二曰俭，三曰不敢为天下先。"其意是说，我有三件宝贝，需要保持：一是慈爱，二是俭朴，三是不敢为天下先。还说道："不敢为天下先，故能成器长。"意思是清楚的，作者认为，"不敢为天下先"，是"我"的恒道，也是"我"的恒宝，有了它，个人的安危就得以保障，就能"成器长"，说穿了就能个人活得安稳些，也长久些。

这显然不只是老子个人的一家言，而是长期植根于民众间的一种主流观念。这里所言"不敢为天下先"，不是说个人不去为社会作出贡献，更不是缩头缩脑，畏葸不前。老子是个思想极其敏锐的人，他看到了当时社会的弊端之所在。当时社会上的许多人，都在那里争利，即老子所谓的"五色令人目盲，五音令人耳聋，五味令人口爽，驰骋田猎令人心发狂，难得之货令人行妨"（《老子·第十二章》）。这里讲了五种"争先"，一是争先于得到五色，二是争先于得到五音，三是争先于得到五味，四是争先于得到田猎，五是争先于得到难得之货。这样的"争"有意思吗？老子认为不仅没有意思，还是天下大乱的根子。在老子看来，"夫唯不争，故无尤"（《老子·第八章》），只有"使民不争"，才能"使民不为盗"，"使民不乱"（《老子·第三章》）。这就清楚了，老子说的不争为"天下先"，是批评时弊的，是要求人们不要迷恋于声色犬马之乐，而忘记了国家天下。

可以这样说，老子的"不敢为天下先"是从反对社会时弊的角度补充诠释了黄帝的"常为天下先"观念。也就是说，只有在物质享受上做到"不敢为天下先"的人，才能在事业上处处带头，在作风上率先垂范，做到"常为天下先"。黄帝与老子两者在观念上完全是一致的，只是两者的着眼点和视角不同而已。

黄帝的观念是为民的。他认为，当官的就是要站在民众的前头，指点迷津，引领航道，故名之为"常先"，也就是"常为天下先"，也可以说是"敢为天下先"之换言。黄帝是这样倡言的，自己也是真心实意这样做了的。

据史书记载，当天下大乱，"诸侯相侵伐"，打得个不可开交的时候，黄帝最先站出来"习用干戈，以征不享"。应当说那是一件十分繁难的事。社会从万国时代走向诸侯称雄的时代，已经是一大进步，黄帝面对的是实力雄厚的数十个诸侯，要把他们一个个征服，并把国家统一起来，那要付出多大的代价啊！黄帝的这一"常为天下先"做得果敢，做得完美，受到了天下民众的拥护，实现了天下一统。

天下一统后，"诸侯咸尊轩辕为天子"，这是顺理成章的事。可是，事物的发展总是复杂而曲折的。统一局面出现不久，"天下有不顺者"，也就是有死硬的分裂主义者站出来煽风点火，企图重走分裂的老路。

这时，又是黄帝"为天下先"站了出来，坚决维护来之不易的统一局面，"黄帝从而征之，平者去之"（《史记·五帝本纪》）。黄帝对分裂者、叛逆者决不手软，坚决进行征伐，平叛后，叛逆的那些诸侯再也没有资格当诸侯了，坚决地"去之"，也就是去消除这些人为政一方的资格。

局面完全稳定后，要走的路更长，也更艰难。这时，还是黄帝"为天下先"，率先"时播百谷草木"，率先"淳化鸟兽虫蛾"，率先"旁罗日月星辰水波，土石金玉"，率先"劳勤心力耳目，节用水火财物"，正是这样一系列的率先，才被广大民众充分认可，"有土德之瑞，故称黄帝"。只有此时，人们才心悦诚服地称赞他，他是我们心中真正的"黄帝"。

黄帝的这种"常先"精神，带动了他领导下的核心团队，使这个团队的每一个成员都具有"常为天下先"的热忱和决心，这也可以说是黄帝时代事业欣欣向荣的思想保障。

当官者应成为"常先"，这是人文始祖黄帝留给子孙后代的一份极为珍贵的文化遗产。我们应该坚守和珍视这份遗产。黄帝留下的这份精神财富，我们在孔子及其弟子身上看到了精神的闪光。孔子的学生樊迟问老师："怎样的人才算是真正的仁人呢？"孔子回答得简明扼要，说："仁者先难而后获，可谓仁矣。"（《论语·雍也》）这里提出了孰先孰后的问题，孔子的意思是说，要当一个仁人，最基本的条件是要率先经得起艰难的考验，然后再去考虑自己能获得多少。又有一次，孔子的一个年长弟子子路想去从政当官，问孔子从政的要诀在哪里？孔子回答是简简单单的四个字："先之，劳之。"子路不满足，说老师您能说得更具体一点吗？孔子又给他加了两个字："无倦。"（《论语·子路》）孔子说的"为政"六字——先之，劳之，无倦，把黄帝开始创导的为官之道，点拨得清清楚楚了。为官者一要"先之"，吃苦在先，辛劳在先，风险在先。二要"劳之"，任劳任怨，哪里有艰难困苦，为官者就出现在哪里。三是"无倦"，也就是永远坚持这样一种精神状态，一辈子都坚持"先之，劳之"的精神风貌。这样的人当政，还会有克服不了的困难、干不好的事儿吗？

从黄帝说的"常为天下先"，到孔夫子的"先之，劳之，无倦"，到当今的"先锋队""全心全意为民众服务"，从思想气韵上说可以称得上是一以贯之、一脉相承的。愿所有为政者不忘初始，永远走"常先"之路。

中华民族历来强调立志。黄帝要当官的立"大鸿"之志。孔子要弟子们"盍各言尔志"，并且道出了"老者安之，朋友信之，少者怀之"的夫子之志。诸葛亮要外甥"忍屈伸，去细碎"，从而"志当存高远"，这是我们民族一脉相承的立大志精神。在黄帝看来，天下一统后进入核心团队的当官者，更应有崇高的志趣、宏大的人生追求。黄帝所举荐的"大鸿"，指的就是——

鸿鹄大志

"鸿鹄大志"，是讲人才拥有的志向。这一讲还是说黄帝"举风后、力牧、常先、大鸿以治民"这一系列选取人才的标准。黄帝选择"大鸿"，最后是落实到立志上，要求其核心团队成员树雄心，立大志，办大事。讲得彻底些，要办大事者，必须立大志。

黄帝给自己的核心团队已经取了三个名号：一是"风后"，那是讲工作作风的，要求这个团队办事雷厉风行，说干就干。二是"力牧"，那是讲工作态度和工作方略的，要求这个团队尽力而为，既有威势，又要有组织方略和组织才干。三是"常先"，这个团队的人能冲锋在前，以身作则，以自己的行动带动全体。有了这三条以后，黄帝总是在想，就这些条件够了吗？有了这些，这个核心团队当然已是很不错的团队了，但是，他总还觉得缺点什么。缺什么呢，一时又说不太清楚。

猛然间，黄帝又想起了那个梦，那个"梦人执千钧之弩，驱羊万群"的壮阔梦中场境。啊呀，真了不得呀！一万余头羊，就那么一个人驱赶着，走得有条不紊，走得有目标，有方向。就是迷雾漫天，也能自然而然地顺道走向既定的目标。为何能如此？这是黄帝始终弄不明白的。他把此事求教于身边的人，有人问他："你知道领头羊吗？"黄帝忙问："你说，什么领头羊？"那人说："每个羊群，包括那万只羊的大羊群，都有走在最前面的领头羊。这只领头羊，有威信，训练有素，就是在弥天大雾中也能认清方向。这就是您见到的'驱羊万群'而能循序而进的重要缘由。"这么一说，使黄帝大受启发，中央核心团队的人除了要有上述三个方面的素养外，还得加上一条，那就是每个核心成员都要有把握前进方向的能力，这种能力可以叫做志向，黄帝将它定名为"大鸿"。

"大鸿"云云，显然就是鸿鹄大志的缩语。在祖国的万里长空，经常会有硕大的鸿鹄高翔于万里碧空。鸿鹄俗名天鹅，它以其他鸟类难以达到的高翔和远行让人敬仰。人们总是在想：如果人也能像鸿鹄那样展翅高翔，那不是更了不得了吗？那他的视野会更开阔，活动的空间也会更大，作为也更大、更多。人们这样想，于是就有了"鸿鹄大志"这样一个行之久远的成语。

说到黄帝对核心团队的"大鸿"命名，以及世间"鸿鹄大志"的成语，这会自然而然让人想到一个著名的历史故事。史书上说，秦末农民起义领袖陈胜，小时候就是个有大志的人。在给地主帮佣耕种田地的时候，就曾对同事者说出这样豪气十足的话语："苟富贵，毋相忘。"意思是说，如果有一天我们中哪一位富贵了，就不要忘记今天一起的帮佣者。大家都笑话他，一个帮佣者侈谈什么将来能荣华富贵，那简直是不自量力，这无异于是口出狂言。面对一起帮佣者的耻笑和不信任，他却亢声地说："燕雀安知鸿鹄之志哉！"（《史记·陈涉世家》）意谓那些家雀、燕子哪能知道鸿鹄即天鹅的志向啊。陈胜因为看到鸿鹄能飞得既高又远，就用来自比自喻，以表达志存高远的胸怀。后来的事大家都应该是知道的，陈胜是成就了一番大事业的，为了反抗暴秦的统治，陈胜振臂一呼，揭竿而起，随之而起者数十万人，起义军横行南北十余省，司马迁称推翻暴秦统治的人中间，当推陈胜为首功。陈胜起义虽然是失败了，可司马迁还是为他作了"世家"，列名在诸侯王之中。这是"鸿鹄大志"给予人生巨大推动力的生动例证。

黄帝要用的"大鸿"之人，就是指具有鸿鹄大志的人。在古人发音中，"鸿"与"黄"的发音，及"鹄"与"鹤"的发音都很相近，故而"鸿鹄"也常被误读成黄鹄、黄鹤等。古今中外，人们都爱天鹅。中国古代称天鹅为"鹄"或"鸿鹄"。在国外的民间传说中，也常有天鹅的美好形象出现。芭蕾舞《天鹅湖》表现的就是一个美丽善良而又多情坚贞的公主，被恶魔掳去变为天鹅，后在爱情力量的感召下战胜恶魔的神话故事。天鹅善飞，是飞得最高的鸟类之一，它的洁白和远举高飞成了人们心目中纯洁、善良、高尚、勇敢的象征。黄帝以"大鸿"喻大志之人，可见在黄帝时代立志之教育已提上了议事日程。

中国从来是一个重立志的国家，所谓"若射之有志"（《尚书·盘庚》），即射箭要看准箭靶子（即"志"），人生也应有志，才能有出息。三国时的大政治家诸葛亮则提出"志当存高远"，正是黄帝思想的发扬。黄帝主张举荐"大鸿"者，正好体现了中华传统文化的精髓。

现在清楚了，黄帝"举风后、力牧、常先、大鸿为治民"一语的总体意思是——

"风后"，就是雷厉风行、不为人后的那种人。

"力牧"，就是奋力前行、善于管理的那种人。

"常先"，就是不忘初心、敢为天下先而不惜牺牲自我的那种人。

"大鸿"，就是目光远大、胸有鸿鹄大志的那种人。

这就是中华文明初创时黄帝定下的人才标准，很值得我们思之再三！

在中文中，"四"是一个神秘而吉祥的数字。年有四季，地有四域，位有四方，人有四情，界有四至，天有四神，佛界有四大金刚，人世有四民（士、农、工、商），自然界有四君子（梅、竹、兰、菊），在这里，"四"代表着一种静态和动态相结合、时尚和永恒相匹配的完美，是一种"面面俱到"式的理想境界，是观察问题和处理问题的"十全十美"式的周全，它的最初典故性出处当是——

黄帝四面

大家知道，在中国文字中有"面面俱到"的说法，是说观察问题和处理问题的周全，它的初典何在呢？人们一直说不太清楚。我们读了"黄帝四面"的神话故事后，应该说"面面俱到"的出处当是源于民间传说中的"黄帝四面"。

我们在前几讲中都说到了，黄帝是最早统一天下的人，统一天下后他又成功地实施了天下的治理。他的事业越是成功，后人就越会将他的形象神圣化，以至于说得神乎其神。有一本古书上说，黄帝这个神人不只治国理天下的本领与凡人不一样，他的"尊容"也别具一格。

一般人都只生有一张面孔，他可有着四张面孔，一张向东，一张向西，一张向南，一张向北。正因为他长着朝向四方的四张面孔，因此他不用转身，就能"面面俱到"，就能明察四面八方的一切了。谁干了利国利民的大好事，他立马加以嘉奖，而谁要是躲在阴暗角落处搞什么见不得人的勾当，他也是一清二楚的。

"黄帝四面"之说究竟是怎么一回事呢？千百年来，众说纷纭。在此我们从三个视角作一点比较合符情理的解析。

第一视角："黄帝四面"之说，与讨平四方之帝的谋反及统一天下的神话故事紧密相关。神话故事中说，黄帝以他杰出的才德，很早就当上了中央大帝，而四方是由其他四帝管着的。当时东方之帝名太皞，掌管着春天事务，被称为春神。南方之帝名炎帝，掌管着夏天事务，被称为夏神。西方之帝是少昊，掌管着秋天事务，被称为秋神。北方之神是颛顼，掌管着冬天事务，被称为冬神。当时天下刚统一，表面上四帝都服从黄帝，实际上四帝正"交共谋之"，准备用阴谋手段推翻黄帝的统治，从而重新回到分裂天下的老路上去。殊不知，黄帝有"四面"，目光敏锐，洞察一切，还没等四帝动手，就公布了四帝的种种罪行，向天下宣告四帝实为"四盗"，动员民众讨伐之。结果旬月之间就讨平"四盗"，并重新任命了四方之帝，保卫了天下一统的成果。看，"黄帝四面"多么神异，又多么必要。

第二视角："黄帝四面"之说，与黄帝关心民生、巡视四方紧密地结合在一起。应当说，在《史记》中述说到黄帝的篇幅并不算很多，太史公惜墨如金，凡是"其文不雅驯"的，一律不予采录。可是，太史公却用一大段文字书写了黄帝四出巡游这件事，可以说写得具体而微，有声有色，请看："（黄帝）东至于海，登丸山，及岱宗。西至于空桐，登鸡头。南至于江，登熊、湘。北逐荤粥（匈奴），合符釜山。"这里说的东至、西至、南至、北至（逐），合起来就是"四至"，也可说是"四面"。黄帝这样的"四面"巡游，在他的生活中是一种常态，其目的一是为了了解下情，二是为解决实际问题。因为黄帝常在"四面"巡游，下面的什么问题都瞒不过他，久而久之，就有了"黄帝四面"的简约而蕴意隽永的说法。

第三视角："黄帝四面"之说，也与黄帝推举四类贤人辅佐治国理政紧密相关。上面说到了，他用的是风后、力牧、常先、大鸿四类贤人。只有"四面"寻找，才能物色到这样四类贤人。"黄帝四面"之说，不只黄帝在位和在世之时广泛流传，之后几千年间也一直在民间传颂着。春秋时孔子弟子三千，弟子们也会时不时议论甚至争议到这样的话题。

在《孔子家语》一书中，记述有这样一则故事：一次，孔子的一位入室弟子子贡当面请教老师："听说我们的古代始祖黄帝有四张脸，老师，您说说，果真会是这样的吗？"

对此，孔子耐心作了回答："黄帝的确是'四面'，不过你理解得不太对，也不够全面。'黄帝四面'的真实意思是说，黄帝选取符合自己要求的四种人（或说四个人），也就是黄帝自己说的'举风后、力牧、常先、大鸿以治民'，用这四种人以辅佐自己治理国家，让他们管理四方，结果农业发展了，商业也发展了，什么事都办成了，四面八方的民众的生活改善了，社会也安定下来了，这就是'黄帝四面'真实的意思。"

子贡还是想不清楚，说："老师，我相信您上面说的那些是对的，那么，黄帝先祖在形体上是否与一般人不一样，会否真长有四张面孔呢？"

孔子被自己弟子的执着追寻引笑了，幽默地回答："黄帝长着几张脸，你爱怎样想就怎样想吧，说他长四张脸可以，再多一些也无妨，我要告诉你的是，有了黄帝追寻的那四种贤人，天下才真正有希望了。"

在孔子看来，"黄帝四面"并不主要是指四张面孔，而是四个"方面""方位"，四个方面的四类贤达之人。这四类人（或四种人）都和黄帝思想意识相通，配合得很好，协助黄帝治理国家，很有成效，并然有序，使国泰民安。孔子将黄帝神话传说故事与当时的丰富多彩的现实生活贯通起来，这样，黄帝其本人也走下了神坛，又回到了真实的人间。

"黄帝四面"当然只是一则神话故事。神话传说故事往往采用了漫画化的手法来构架世界，说明现实。"四"，在中国乃至世界，是一个充满丰富意蕴和神秘色彩的数字。在这里，"四"代表着一种静态和动态相结合的永恒的完美。"四面"也意蕴着顾及全体的"面面俱到"。作为第一任的天下共主的黄帝，可是面面俱到、兼顾各方才成功治理好天下的啊！

五帝一脉

在司马迁作《五帝本纪》之前，虽有诸多古帝王的传说，但杂乱无章，无头无绪，有的还荒诞不经，经不起推敲，司马迁批评为"其文不雅驯"。司马迁下了极大的功夫，包括文献方面的考定和实地的考察研究，最后断然决定"独载五帝，不记三皇"（《张衡集》），终于从纷乱中理出了文明初创期的——

帝王统绪

"帝王统绪"是一个十分重要的提法，在中国历史上也意义重大。但是可能不只一般的民众知之不多，就是史学工作者，也关注颇少。因此，有必要在此讲一讲。

帝王统绪，亦称帝王统纪，这句历史成语的意思是，帝王之间应有一脉相承的继承关系。统绪，就是系统和头绪。宋代人吕祖谦认为，太史公之功迹在于，考明了"二帝三王之统纪"（《大事记解题》），这是了不起的事。明代人何乔新认为："本纪始于黄帝，以见帝王之统绪。"（《何文肃公文集》）在《史记》中，司马迁借历史人物之口说出了这样的道理："天下继其统，守其业，传之无穷。"（《范雎蔡泽列传》）其意思是说，只有弄清了帝王之间相互的继承关系，才能坚守祖业，并传祖业于无穷，这也是了解历史的纽带。

在司马迁作《五帝本纪》之前，关于远古史，简直是一团乱麻。民间虽有诸多古帝王的传说故事，但杂乱无章，有的还荒诞不经，也就是司马迁批评的"其言不雅训",一点也经不起推敲。司马迁下了极大的功夫进行研究、考察,最后决定"独载五帝,不记三皇"。

要弄清帝王统绪,使神话故事成为远古历史的资料和要素,至少要理顺和理清空间、时间、血缘这三个方面的脉络。

空间是历史人物一切作为的舞台。在黄帝统一天下之前的数千年间,已经经历了万国、诸侯相侵伐这样两个大时代。到了黄帝时代,英雄人物的活动舞台继续扩大,所谓的帝、王,当以"天下"这个空间为准。谁为"天下"一统而战,谁就配得上称王称帝,谁据有"天下"这个大空间,谁就会被人们推上帝王的宝座。黄帝是怎么被人们认可为"中央大帝"的?那是因为他在征战中能使"诸侯咸来宾从",因为"诸侯咸尊轩辕为天子"。因此,当时的人们都承认,在即将天下一统之时,只有黄帝、炎帝、蚩尤三者有资格竞争帝王,在黄帝一统天下之后,只有像黄帝那样坚持天下一统、反对分裂的人,才能称"王"称"帝"。以这样的历史空间观论之,那么,神话传说中的不少被称为"三皇""五帝"的人物,其实是不够格的。

时间是历史人物活动的轨迹,也是历史人物之间发生关系的印记。时间印记的缺失和时间序列的紊乱,是中国现存不少神话传说故事的一大硬伤。据《艺文类聚》引《三五历记》说:"天数极高,地数极深,盘古极长,后乃有三皇。"它是紧随着开天辟地的盘古出现的,这样看来,三皇似乎肯定是在五帝的前面的了,可是,有时又似乎不是那么回事。而且,三皇中有黄帝和神农,五帝中也有黄帝和神农,究竟怎么回事?一时难说清楚了。历史乱了时序,也就不成其为历史了,那神话故事也就没有依托,难以溯源了。理顺三皇五帝的时序脉络,是严肃的史学工作者必须承担的一项职责。

太史公司马迁是了不起的史学家,他敢于在"百家杂乱之中",通过思索和分析,"取其雅驯者而著之"。他首先做了一件史学上的惊天之举，大胆地"独载五帝，不记三皇"。这样做，在当时和后世都受到了某些非议，甚至有人下结论"后世都以迁为非也"。但是，事实证明，司马迁这样做，功在千秋。过去是：什么叫"三皇"？说不清。什么叫"五帝"？也说不清。司马迁坚决地摈弃了"其言不雅训"的三皇说，从五六种"五帝"说中，择取《大戴礼·五帝德》之说，"曰黄帝，曰颛顼，曰帝喾，曰尧，曰舜，太史公所述《五帝纪》是也。"（柯维骐《史记考要》）这样一来，中国社会进入文明期开局之时的状况就明确了，以黄帝为始祖的中华帝王统绪也确立了，而且一点点为世代的华人所认可。

按照帝王统绪观念，司马迁经一番考察后大胆地点明了："自黄帝至舜禹皆同姓"，"后世氏姓无不出黄帝者，故首而宗之"。这应当说是有根有据的创新之说，这也是符合中国国情的实事求是之说。这种说法如果用之于西方，就是大谬之论，因为那里的氏族制度早已崩溃，何来"后世姓氏同宗"之说？中国就大不同了。中国是氏族制度残余极为深厚的国家，"张家村""李家宅"这样聚族而居的生活状态比比皆是。经过了距今八千至五千年的数次"自东向西"，又"自西向东"，再"自北向南"的民族大迁移以后，由于是聚族而迁，因此一方面造成了民族的融合，同时又推进了另一意义上的同族同宗，原先不同宗不同族的族群，经大规模迁徙和联姻后，又产生了新的、更广泛的同宗同族。中国人面对原先不认识、见面刚几分钟的同姓人，喜欢说"五百年前是一家"的客套话，这本身就是广泛意义上的同宗同族，虽说是客套话，但也是符合客观实际的。司马迁对五帝"皆同姓"的认同方式，确实有点像现今民间的"五百年前是一家"的说法，大大强化了亲情族情。

由此可见，司马迁讲五帝，全都往亲情上靠了。说黄帝有二十五子，得姓的有十四人。五帝中的第二帝是颛顼，"帝颛顼高阳者，黄帝之孙而昌意之子也"。五帝中的第三帝是高辛，"帝喾高辛者，黄帝之曾孙也"。五帝中的第四帝是尧，"帝尧者，放勋。帝喾娶陈锋氏女，生放勋"。五帝中的第五帝是舜，这个关系就远了，可绕来绕去，最后还是绕到黄帝血脉上来："虞舜者，名曰重华，重华父曰瞽叟，瞽叟父曰蛴牛，蛴牛父曰句望，句望父曰敬康，敬康父曰穷蝉，穷蝉父曰帝颛顼，颛顼父曰昌意。"这样转了七八个弯，才绕到黄帝世系上来，这与民间说的"五百年前是一家"差不多了。必须承认，司马迁这样梳理，历史脉络是清晰多了，帝王统绪也有了，对黄帝子孙说的形成，确是立下了不世之功！

这里特别值得强调的是，"圣统"之中当有血统，那是肯定的，但是，"圣统"又不完全等同于血统。所谓"圣统"云云，着重点在于一个"圣"字。司马迁在《史记》中写得很明白了，黄帝之"圣"，在于三：其一是他的统一天下之道，"置左右大监，监于万国"，"万国和"，谁要是闹分裂，那就不是真正意义上的圣统中人了。其二是他的用人之道，"举风后、力牧、常先、大鸿以治民，顺天地之纪"。其三是他的经营之道，他把发展经济、改善民生放在了第一位，"时播百谷草木"，"劳勤心力耳目"，发展农业经济，认真踏实地为民谋福祉。这些就是黄帝留给后人的最可宝贵的精神财富，也是真正意义上的"圣统"。谁既继承了这些精神财富，又有血亲上的传承，谁就是真正意义上的圣统继承者。这样，以黄帝为始祖的、具有血亲传承关系的"五帝说"面世了。它被世人以至于天下人所接受，一直沿用至今。

五帝中的第一帝当然是"人文初祖"黄帝了。而第二帝则是颛顼帝。颛顼帝何许人也？据司马迁的严密查证："帝颛顼高阳者，黄帝之孙而昌意之子也。"这个名为颛顼的第二帝"在位七十八年"，他上任之后，大胆地对社会管理机构进行革新，把管"天事""地事""人事"

的机构明确地分开来，"以立经世之大法"，后人称其最大的贡献在于——

绝地天通

"绝地天通"，这是讲五帝中的第二帝颛顼的事，讲帝颛顼治理时期人们的社会生活和人文观念发生的变化。

颛顼帝何许人也？黄帝娶了西陵女嫘祖为妻，生了两个儿子，还有多个女儿。第二个儿子叫昌意，黄帝在世的时候主政于四川的若水一带。昌意生了个儿子叫颛顼，黄帝在世时就以"静渊以有谋，疏通而知事"闻名于世间，黄帝去世后就众望所归地被推上了帝位。

人们的社会生活和人文观念是与时俱进的。黄帝时代，当然也包括黄帝之前的相当长一段时间，掌控社会的主流观念是"地天通"，也就是认为大地上发生的一切，都是与天意相通的。天帝是最高的统治者，大地由天帝把控，人事当然也由天帝把控。反映在社会管理上，管"天事"与管"地事"，还有管"人事"的机构不分，完全混合在一起。这必然会阻障社会的分工和发展。颛顼上任之后，对社会管理机构进行了大胆的革新。清代的王夫之在《读通鉴论·平帝》中说："古之圣人，绝地天通，以立经世之大法。"这个"圣人"，指的就是五帝中的第二帝颛顼。原先是"地天通"，主导的意识当然是"天"，说是"地天通"，实际上重点放在"天"上，重的是天意，有任何一点天变，都会引起人事方面相应的变化。现在不同了，说完全不相信"天"，那是不可能的。但是，至少提出要把天与地区分开来，"绝地天通"中的那个"绝"字，就是要把天事和地事一定程度上区分开来。而且不只要区分开来，还要把重心移到人事上来，用王夫之的话来说，就是要"立经世之大法"，管理机构的功能应主要放到管人事上来。

当时，为此还发生了一场大争辩呢！不少人说："天地相通，自古以来就是这样认为的，可以说是祖宗成法，那是万万变不得的啊！"

站出来持反对观点的人反驳说："现在是非变不可了。一味按照天命办事，那人活着还有什么意思。现在什么都看天意行事，结果民众生活上的事谁都不管了，没人管播种的事，没人管耕作的事，没人管收割的事，这个社会怎么进步得了？"

主张不变的人听了这话有点松口了，但还是忧虑重重，说："你们说的那些话也在理，但是，天地一旦分开，会不会削弱民众对天帝的信奉和尊崇呢？"

坚持要变革的人们回答："'绝地天通'的结果，不是削弱了天帝的权威，相反，既加强了人事方面的管理，又强化了天帝的权威。"

对方还不太相信，惊问："那是为什么？"

主张变革者回答："道理太简单了，有了分工，有了专门管祭祀上天的机构，又有了专门管地上和人间事的机构，只会在改善民生的同时，也强化人们对天帝的崇敬。"

如此这般争论的意见，最后都传到了颛顼帝那里，引起了颛顼帝的深思。颛顼帝是坚决站在变革者一边的，他一锤定音地宣告："变，一定得变！实施'绝地天通'，设立新的管理机构，把祀天与人事分开来。"

颛顼帝的这个决定和命令记录在《尚书·吕刑》上，其中说道："乃命重、黎，绝地天通，罔有降格。"后来的学者解释，颛顼帝命令重和黎分主天神和地民之事，隔绝天神与民众的直接联系。这是社会的一大进步。在以前，从事地利与从事敬天，一直是混合在一起的，由一个机构管理，样样管实际上样样管不好，那样效率当然不高，而且会产生种种弊端。从颛顼帝开始，两者彻底分了开来，由一个名叫"重"的人负责的机构专事"司天以属神"，由一个名叫"黎"的人负责的机构专事"司地以属民"，使两者"无相侵渎"。这样两者都受到重视了。

先说"重"的"司天以属神"。颛顼当政于原始社会之末、氏族社会即将解体之时。早在颛顼之前，原始宗教已经过了长时间的运作，巫术相当流行。家家都有巫祝，人人都可以行祭祀之礼。无论哪个氏族成员随时都可通过占卜祷告祈求上帝的旨意，人人都可传达天意。把这说成是天意，把那也说成是天意，民众就不知所措了，这就容易造成意识以及思想上的混乱，从而带来社会秩序的不稳定。特别是当社会处于新旧交替之际，急需加强神权政治和社会秩序的治理。颛顼毅然实施"绝地天通"，将祭神活动和治人活动绝然分开，由专人专行祭祀占卜事宜，如此把民神分开的实质就是实行神权的垄断。神权垄断的主政者是颛顼帝，神权垄断的实际操纵人和操办机构是"重"。春秋两祭的时序和仪式、最高的祭天仪式泰山之祭的时间和方式、对天象的观察和研究、对种种天变现象的解释权，都集中于中央，集中于颛顼帝，最后由"重"发布。这样一来，天帝的权威不是下降了，而是大大提升了。

再说"黎"的"司地以属民"。原先国家的行政机构主要是"替天行道"，顺天意而行事，至于具体的民生措施则暂且说不清楚。颛顼帝当政后，至少在两个方面着力了。第一是"养材以任地"。"养材"也可作"养财"，就是国家要把所有的财力、物力用在"任地"上面，包括种地方位的选择、地力的改善、谷物的种植、植物的护理和收藏。"养材以任地"切实地加强和改善了民生，可说是确立了"经世之大法"。这样一来，把黄帝开创的原始农业大大推进了一步。第二是"治气以教化"。这里说的"气"，按《史记索隐》的解读，指的既是"四时之气"，又是"五行之气"，说通俗一点，就是我们今天说的天气之"气"，气象之"气"。颛顼帝交付给"黎"的一大任务就是让老百姓都懂得一点"治气"的知识，懂得利用天气条件去过好自己的日子。

史学大师范文澜先生在《中国通史简编》中写道："汉以前人相信轩辕黄帝、颛顼、帝喾三人为华族祖先，当是事实。"在颛顼帝时期，以"黎"为首的管理民事的官员大有作为，"养材以任地，载时以象天"，把天时、地利、人和三者紧密结合了起来，促进了生产事业的发展。"北至幽陵，南至交趾，西至流沙，东至蟠木，动静之物，大小之神，日月所照，莫不砥属。"(《史记·五帝本纪》) 天事与人事的明确分工，显然促进了民生的改善和国家的统一，这些正是我们应该永远记住和纪念这位颛顼帝的理由吧！

《世本》上说："帝喾，黄帝之曾孙。"司马迁采纳了这种说法，列其为五帝中的第三帝。他办事认真，精力旺盛，乐于进取。与"乘龙而至四海"的颛顼一样，他也是以亲民著称的，可以说走遍了四荒八野的民众家庭。人们都说，在他们身上有着一种了不起的——

龙马精神

"龙马精神"这个提法与五帝中的第二帝颛顼有点关系，更与五帝中的第三帝帝喾高辛关系十分密切。"龙马"是一种近乎神物的东西，它表现的是一种健旺非凡、开放进取的精神。

龙马精神显然与龙文化有关。龙文化有一个长期的发展过程。初始时，龙是一种可怖的神物，对人来说是敬而远之的。后来，龙因它的神通广大而变得可亲可爱了，还成了人们发展的助力。《易·乾》："飞龙在天，利见大人。"其意是说龙飞上了天空，有利于大人物的出现。同时还说到，人与龙之间是"同声相应，同气相求"的关系。那想象中的"龙"一步步地向人靠拢了。

《大戴礼·五帝德》有云:"颛顼乘龙而至四海。"颛顼帝是以亲民著称的,他走遍了天下的四面八方,甚至来到天涯海角的民众家庭中,所使用的交通工具就是龙。在颛顼帝这里,龙变得那样亲和,那样温驯,龙成了颛顼飞天周游四海最得心应手的坐骑。这在龙文化的发展史上是极具意义的。

帝喾是五帝中的第三帝,他是"黄帝之曾孙",是黄帝之大儿子玄嚣的后裔,排一排血亲的话,算是颛顼的侄子一辈的人物,《史记》上说"高辛于颛顼为族子"。帝喾与颛顼一样,喜欢龙,也喜欢像龙一样的马,而且骑着龙还有和龙一样的马巡游天下,考察天下,于是才有了龙马精神的说法。

关于"龙马"历来说法种种,有说它是传说中的一种神兽的,有"龙马出河,伏羲画八卦"之说,谓伏羲氏观天下、看龙马之身,出河图。龙马体形像马,但却是龙头、龙爪,身上有鳞片,被视为祥瑞之兽。也有说"马八尺以上为龙",龙马即为骏马。而帝喾的传说为我们提供了一种新的观念。《大戴礼·五帝德》上说:"帝喾春夏乘龙,秋冬乘马。"帝喾是一个勤于政务的古帝王。春夏两季的时候,他乘龙而出,巡游天下。有道是"神龙见首不见尾",乘龙而出意味着出入无常,人们难以预测,这对巡视和监察天下官僚是有好处的。秋冬两季的时候,他就乘马远行。马行千里,任何地方发生了事端,他能立马赶到。在《龙马记》有载:"龙马者,天地之精,其为形也,马身而龙鳞,故谓之龙马。高八尺五寸,类骆有翼,蹈水不没,圣人在位,负图出于孟河之中焉。"后世从帝喾"乘龙乘马"的传说中演绎出"龙马精神"的成语。据一些史料的记载,帝喾的"龙马精神"主要表现在如下几个方面。

帝喾少年时就辅佐五帝中的第二帝颛顼,成为"年少有为"的天下领导人。《世本》上说，"帝喾年十五岁，佐颛顼有功，封为诸侯。"颛顼"在位七十八年，年九十八岁"，当帝喾十五岁的时候，颛顼帝已八十多岁，颛顼执政的最后十年是在年轻有为的帝喾辅佐下度过的。一次，颛顼帝正准备带着帝喾巡游北国，突然病倒了，不能成行了。此次巡游北国是继续还是取消，成了放在颛顼帝面前的一道难题。这时，年少气盛的帝喾站了出来，决定手持颛顼帝的符节独自率队前行。帝喾的巡游队伍在冰天雪地的北国行进半月有余，才到达北国诸侯的驻地。可是，北国的那位诸侯欺帝喾年轻，不予接待，还冷言冷语地怀疑帝喾所持符节的正当性。这时帝喾忍无可忍，手起刀落，一下取了那头领的首级，并厉声告诫诸侯门下的那些部属："谁敢不服颛顼帝制约，格杀毋论。"制服了暴虐的北国诸侯后，帝喾火速回京复命。对帝喾这个年轻人先斩后奏的大胆行为，垂垂老矣的颛顼非但不责难他，还当众盛赞了他敢作敢为的"龙马精神"。

帝喾还是民族融合、民族团结和民族安定的实施者。在《左传·昭公元年》中有一段说辞："昔高辛氏有二子，伯曰阏伯，季曰实沈，居于旷林，不相能也。日寻干戈，以相征讨。后帝不臧，迁阏伯于商丘，主辰。商人是因，故辰为商星。迁实沈于大夏，主参。"这段文字太重要了，是春秋时期最了不起的政治家子产说的，简直是中国古代历史的简要速写。我们把它翻译成现代白话文就是说：往昔帝喾高辛氏成为天下五帝中的第三帝之后，他生有两个儿子，大儿子叫阏伯，小儿子叫实沈。兄弟俩一度关系不好，甚至兵戎相见。对闹得不可开交的兄弟俩，帝喾觉得不吉利，认为让这两个孩子"长大"的唯一办法，就是让他俩到艰苦的地方去历练，去学习治国平天下的本领。帝喾想定后，就把阏伯迁移到艰苦的商丘地区去，用辰星来定时节。商人后来沿用了这办法，因此辰星被称为商星。把实沈迁到同样艰苦的大夏地区去，以参星来定时节。最后当然两个孩子都成长了，他们建成了天下最了不起的两个诸侯国——商和夏，后来又成为中华历史上的两个历时千年的王朝：夏王朝和商王朝。这段故事告诉后人，帝喾不只自己是个了不起的具有"龙马精神"的伟人，还把两个儿子锤炼出"龙马精神"。他对自己的两个儿子如此，对其他诸侯也如此。让他们在艰难困苦中历练"龙马精神"，这是帝喾安国定邦的大方略。

司马迁在《史记》中说帝喾"聪以知远，明以察微，顺天之义，知民之急"。别的文献上又说，帝喾"其色郁郁，其德嶷嶷"，为了体民情、察民意，帝喾终日奔波在风里雨里，皮肤晒得黑黑的，精神却十分健旺，这就是具有"龙马精神"的大圣人的形象。

后人对"龙马精神"的理解有所发展，将它比喻为是一种老而弥坚的精神。唐代李郢《上裴晋公》有诗："四朝忧国鬓如丝，龙马精神海鹤姿。"一个年逾古稀的四朝元老，人老了，可身上的"龙马精神"不老。明代吴承恩在《寿熙台潘公八帙障词引》有载："龙马精神，健壮有加于少日；凤皇仪采，辉光独瑞于今时。"意思是说，一个真正有"龙马精神"的人，年岁越长，精神仪采越不减当年。明代张居正在《答陈节推书》说："年涉期颐，而龙马精神，有逾于少壮。"一个有雄心壮志的人，就是到了年近百岁的"期颐高龄"，"龙马精神"也是不会褪色和消失的。

中庸思想是中华传统文化的核心观念，主张待人、接物、处事，要不偏不倚，公平公正，无过无不及。这一思想被称为中华民族的"至德"和"公理"。这种最高道德深入于民众，为广大民众所喜闻乐见，且源远流长。历代的圣人根据民众的意愿加以提炼和浓缩，形成用文字表述的简约观念。帝喾是五帝中的第三帝，他对中庸观念的形成和完整呈现起了非常重大的作用。《史记·五帝本纪》中说：

"帝喾溉执中而偏（遍）天下，日月所照，风雨所至，莫不从服。"这是说，帝喾的治民，像溉灌大地一样，平等而执中正，遍及全天下，因此全天下的人也信服他。他强调的是治理过程中对任何人都坚守的不偏不倚、公平、公正的治世理念，后来到尧舜时被定义为——

允执厥中

"允执厥中"还是讲五帝中的第三帝帝喾高辛的。上一讲的"龙马精神"，偏于讲这位古圣人的个人品质，他勇敢、坚定、一往无前，这叫"龙马精神"。这一讲主要要讲这位古圣人治天下的方略，强调的是他的不偏不倚、公平公正，这在中国传统文化中叫作"允执厥中"。

对现在的年轻人来说，读"允执厥中"四个字可能有点艰难。我们在这里做一点说文解字式的分析。这四个字中的"厥"字，在古文中是"这个"的意思，其作用只是为了强调紧随其后的那个"中"字。除了"厥"字，其他三个字都十分重要。"执中"两字连在一起组合成一个词，我们现在还用，是指持中，不偏不倚，坚守中立。现在再说一说"允"字，它也是个多义字，这里可以作坚定、坚信解。这样一分析就清楚了，如果把"允执厥中"这句成语翻译成现代汉语，那就是坚持不偏不倚、公平公正的处事原则，也就是孔颖达所解读的"信执其中正之道"的意思。

这"允执厥中"之道，后来被士人抬得很高很高，认为是中华传统文化的根本之道，其他的种种道术都是从它那里演绎和派生出来的。明代大儒方孝孺说道："圣人之道，'中'而已矣，尧、舜、禹为万世法，一'允执厥中'也。"

其实，大儒方孝孺说得还不够精细，真正提出"执中"之大道的不是别人，正是五帝中的第三帝帝喾。这是有史籍依据的。《史记·五帝本纪》中说："帝喾溉执中而遍天下。"《史记集解》释为"帝喾治民，若水之溉灌，平等而执中正，遍于天下"。很清楚，帝喾所谓的"执中"，就是坚持中正之道，无过无不及，恩泽遍于百姓，一律平等地对待天下的一切人，作为天下共主，则要倾其全身心为天下人服务。这以后，五帝中的第四帝尧和第五帝舜，都一致主张"百姓昭明，合和万国"，以天下的和平，换取百姓的安康。舜帝还提出"执其两端而用其中于民"的具体方略。治大水的禹更是个"其仁可亲"的人物，他视天下为一家，有"三过家门而不入"的美誉。到春秋时的孔子，将帝喾的"执中"之道，进而上升到"中庸"之道，"不易之谓庸"，就是说，不变易"执中"思想应该成为常规。到孔子的孙子子思时，"执中"思想被理论化，就有了《四书》中的《中庸》一书。

　　无论如何，"执中"思想的开山祖当是帝喾。他坚决地推行了"执中"方略。对家人，对天下人，一视同仁。帝喾的小儿子实沈长大了，帝喾就驱策他离开自己身边去创业。他对儿子说："我给你五十里地，你去开垦，去发展。"实沈说："不可以更多一些吗？现在天下那么多的地，都荒芜了，我很想多要一点。"帝喾回答："不可以，天下有那么多人，如果都要很多的话，怎么分得过来？你可以拿五十里去创业，你如果有志气，五十里也够了。"实沈不再说什么了，来到位于"伊洛之间"一块最不起眼的边角地安家，定名为"夏"，史称"五十里小国"。实沈在那里默默地苦干了十年，干出了成绩，崇山一带的人们赞赏他，愿意与他合伙，这样，夏又成了"百里之国"。再后来，伊、洛、河、汾这些巨川周边的部族都愿意与实沈联合，一起抗水灾，一起搞生产，这样，"百里之国"的夏，又变成了"千里之国"的夏。帝喾看到自己的儿子那么有出息，在一次诸侯集会时，感慨不已地说："实沈这孩子有出息，我只给了他五十里，现在他已有了千里，而且老百姓都拥戴他。大家都要学他的样，做有出息的人。"大家不得不信服，帝喾是"执中"的，公平的，对儿子和对其他人一个样。"千里之国"的大夏是实沈带领大家一起奋斗出来的。实沈这个大夏之祖当得称职，实沈这个帝喾之子也当得称职。

"平等"这个字眼不少人以为是舶来品，是从洋人那里输入的。其实根本不是那样的，帝喾提倡的"执中"思想中，就包含着"平等"观念。《史记正义》在解读"执中而遍天下"一语时就明确无误地说："帝喾治民，若水之溉灌，平等而执中，遍于天下也。"帝喾办事是"平等而执中"。他懂得"顺民之义，知民之急"，他"取地之财而节用之，抚教万民而利诲之"。正因为如此，大家才信服他，真心诚意地拥他为天下之主，所谓："日月所照，风雨所至，莫不从服。"

帝喾还是礼乐文化的创始祖。《吕氏春秋·古乐》中说："帝喾令凤鸟天翟舞之。"凤鸟，是想象中的大型瑞鸟。天翟，长尾的彩色羽毛的野鸡。从舞蹈角度看，大概不是真的让这些动物上舞台跳舞，而是"凤凰舞""天翟舞"之类的仿生舞蹈。当时的帝喾既有想象力，又有爱心和仁心。每年的秋收过后，就要请各方人士来京城欢庆，这时，"凤鸟天翟之舞"就成了一场丰盛的文化盛宴了。更为别出心裁的是，他从各路请来的宾客，不尽是各路诸侯，还有不少"事农桑"的人物，相当于后世的"劳动模范"参与庆丰收集会，他这样做，体现的正是"平等而执中"的伟大观念。

到了孔子时，"执中"观已发展为中庸之道。孔子对"执中"为主旨的中庸之道的主题思想作了深入详尽的解释，主张为君者必遵循帝喾、尧、舜的传统，模仿文王、武王的执中思想而为之。据《中庸》一书记述：有一次，子路问什么是强大？孔子批评说："你问得不明确，是问南方的强大呢？还是问北方的强大呢？"子路说："自己也不明白要问什么，只是想到了强大这个问题。"后来，孔子对此作了明确的回答:"君子要随和,但不能随波逐流,这才是真正的强大!从根本上说,独立而不偏不倚,这才是真正的强大!一个国家政治清明,不改变志向初衷,这才是真正的强大!"孔子还用日常生活中浅显的例子说:"射箭的道理与君子的行为有相似的地方:假如没有射中靶子,就应反过来责求自己。实行君子的中庸之道,就好像是走远路,必须从近处开始,就如同是登高,必须从低处开始。《诗经》上说:'夫妻情投意合,协调有如琴瑟,兄弟和睦相处,快乐安顺长久。家庭美满,妻儿愉快。'这些话语的要旨在于教育人们自觉地进行自我修养、自我监督、自我教育、自我完善,把自己培养成为具有理想人格,达到至善、至仁、至诚、至道、至德、至圣、合内外之道的理想人物,共创'致中和,天地位焉,万物育焉'的太平和谐境界。"孔子的结论是要告诉大家,当政者以至于庶民百姓,都应该精心体会、始终如一坚持的是不偏不倚、人人平等的"执中"精神。

　　帝喾晚年在帝位传承上走了点小小的弯路。先是按照"挚在兄弟中最长"的原则,立挚为帝。可是,九年干下来,人们发现"挚不善",就把他革了下来,让"德盛"的放勋去当天子,他就是五帝中的第四帝尧。尧"富有天下"之后,生活上非常俭朴,住的是茅草屋,喝的是野菜汤,穿的是粗布服。更为主要的是,他听得进民众的意见,宫殿前设"欲谏之鼓",要道处立"诽谤之木",众人称之为——

富而不骄

　　"富而不骄",这是对五帝中第四帝尧帝的评价。何为"富而不骄"?一般人会以为,那还不简单吗,就是一个人富有了,生活过得安逸了，还是没有骄奢，而是能克勤克俭地过日子。这样解释当然没有全错，但是，用在尧帝身上，只能算是望文生义了。

这里可以讲一点帝喾晚年的史事变迁。据《史记·五帝本纪》上说，五帝中的第三帝"帝喾娶陈锋氏女，生放勋（即后来的尧帝）。娶娵訾氏女，生挚"。帝喾去世后，按照"挚于兄弟中最长"的原则，挚为帝，而放勋为唐侯。这是一点也没有问题的。一晃九年过去了，挚的天子之位坐不下去了，原因何在呢？当时公开的说法是"挚不善"，怎么个"不善"呢？当时，没有点明，后来才知道，那是因为他的"政微弱"，政治上的表现力太弱了。一旦当政以后，就骄横起来了，听不得不同的意见，恣意妄为。与唐侯放勋的"德盛"成了鲜明的对比。那时是原始社会末期，民主空气还比较浓厚，大家对挚的行为不满，有的地方还闹起来了，这样一来，挚的天子位子就不牢靠了，"乃率群臣造唐而致禅"，天子之位和平交接，弟放勋立，就成为帝尧。尧是五帝中的第四帝。人们对尧的总体评价是——富而不骄。

这里说的"富"，不是一般意义上的拥有大量财物，而是指"富有天下"，即当了天下的君主之后，尧善于总结经验教训，善于顺应历史潮流而行，善于把历史的思想财富化为自我的思想财富。正如《易·系辞上》指出的："富有之谓大业。"从兄长那里禅位而"富有天下"的尧帝，他的心里极不平静。据说，开初几天他一直睡不着，他一直在问自己："兄长挚为何为政九年就被赶下了台？是他的为政能力不强吗？是他的身边缺少辅佐之才吗？是他的人缘太差吗？"想来想去，觉得这些都不是。他有点百思不得其解了，于是，他带着这些问题求教于一位高龄的老臣，那老臣只对他说了一句话："为政者当富而不骄！"

"富而不骄"这四个字，牢牢地刻在尧的心上了。他的兄长挚是反面的典型。当然也有为天子"在位七十八年"勤勉为政终身不渝的父亲帝喾的正面光辉形象在。正面的典型和反面的典型都活生生地在他面前，最后他作出了坚定的选择：坚持走父亲那"富而不骄"之路，把天下治理好。在以后的岁月中，尧可以说是大业有成，但他一点也没有骄傲自大，而是兢兢业业。"富而不骄"成语化后，一般都用以指身居高位而仍能埋头苦干、不事张扬的人。

"富而不骄"的德性，在尧帝身上表现得十分完美。

尧掌管天下后，生活非常俭朴。住茅草屋，喝野菜汤，穿着的是用葛藤织就的粗布衣。《史记·五帝本纪》有载："（尧）黄收纯衣，彤车乘白马。"当时人称冕（帽子）为"收"，"黄收"，就是黄色的帽子。在《礼记》上有"野夫黄冠"的记述，说明尧外出时就像"野夫"那样戴着"黄冠"，其平民化是可想而知了。他穿的是"纯衣"，也就是素色而没有纹绣的衣服，这也是与平民打成一片的表现。至于"彤车乘白马"，这完全是古时的"王侯之乘"，赤红的车辆，纯白色的马匹，这是高贵身份的象征。身份上的高贵和生活上的绝对平民化集于一体，这就是尧帝。

尧的"富而不骄"也表现在善于倾听民众意见上。传说，他在简陋的宫门前设了一张"欲谏之鼓"，谁要对他或国家提什么意见或建议，随时可以在宫门前击打这面鼓，尧听到鼓声后，便立刻接见，并认真听取意见。为方便民众找到朝廷，他还让人在交通要道设立"诽谤之木"，即埋上一根木柱，木柱旁有人看守，民众有意见，可以向看守人陈述，如来人愿去朝廷，看守人会给予指引，陪同有意见的民众去见尧帝，并耐心听取其意见。由于能及时听到民众的意见，尧对百姓的疾苦就非常了解，对相关意见的处置也特别迅速。

尧帝不只自己是个德性高尚的天子，还十分善于把自己身上的美好德性传递给他人，传递给民众。《史记·五帝本纪》上说："（尧帝）能明驯德，以亲九族。九族既睦，便章百姓。百姓昭明，合和万国。"这里讲的是他坚持"以德治国"，坚持美德的传播和弘扬。尧帝亲自做出垂范表率，这是所谓的"能明驯德"。他身上的那种大德，影响了家庭中的成员，影响了家族成员的精神面貌，让九族的人员和睦相处，这就是"以亲九族"。然后进一步让那些大大小小的官僚（这里说的"百姓"实际上指的是"百官"）明白执行道德规范的必要性和重要性，这就是"便章百姓"，这里说的"便章"就是指有便于百姓（百官）觉悟的提高。百官的觉悟提高了，办事效率高了，反过来影响社会，影响天下，最后达到"合和万国"的目的。这里值得一提的是，尧帝思考的德性的良性传递，可说是日后中华传统文化所说的"修身—齐家—治国—平天下"的思想路线的先声。

对于"富而无骄"的问题，子贡曾专门请教于孔子，问："贫而无谄，富而无骄，何如？"子曰："可也。未若贫而乐，富而好礼者也。"其大意是，弟子子贡向孔子直白请教："如果有人能做到，贫穷时不去谄媚别人，富裕和有了地位后也不骄傲自大，这样的人总算可以了吧？"孔子回答得很干脆，也很有深意，他告诉弟子："这样的人只能说是不错了。只是还不如贫穷时仍能安贫乐道，富贵了仍然好礼，那样的人才真正了不得啊！"孔子希望他的弟子达到贫而乐道、富而好礼的理想境界，至于像尧帝那样掌控天下兴亡的天子，"富而不骄"所要求的就更加高了。

古代中国是以农立国的国家，因此，特别看重"农时"，"农时"亦称为"民时"。所谓"农时"和"民时"，指的是适宜播种、耕作、收获的时节。孟子说过，"不违农时，谷不可胜食也"，并认为这就是"王道之始也"。（《孟子·梁惠王上》）意思是说，如果不耽误耕作的农时，生产的粮食可以多得吃不掉，这才是真正的王道。为了解农时和民时，就必须了解天文制定历法。在中国历史上，尧帝最早实施了

"历象日月"，积极按日月星辰的运行轨迹安排农事，发展经济，改善民生，即所谓——

敬授民时

"敬授民时"还是讲五帝中的第四帝尧时的故事。上一讲说"富而不骄"，偏重于讲尧帝的德性和德教，这一讲是讲尧帝的授民以"时"，也就是弄懂天时与人事、地利之间的关系，从而更好地发展农耕经济。本讲重在讲述尧帝在推进天文历法的研究和农耕经济发展方面的贡献。

尧在中国历史上最早实施"历象日月"，也就是通过认真观察日月星辰运行变化的轨迹以制定历法，并积极引导民众按日月星辰的运行轨迹安排农时，发展经济，那就是所谓的"敬授民时"。在尧看来，这是一件最大的事儿，"信饬百官，众功皆兴"，要使百官都明白，这件事办好了，其他什么事都是可以办好的。

尧把这件事情看得很重。他让"羲"与"和"两人总管其事。在讲五帝中的第二帝颛顼帝时，讲过颛顼帝"乃命重、黎绝地天通，罔有降格"。这大约是在尧帝当政前二百多年的事，颛顼帝能把天事与地事（即人事）区分可来，而且派专人管理，这是天大的事，不只天象的研究进入了新时期，人事和民事的管理也开创了新局面。问题是，这样一个新时期和新局面在这二百多年来坚持下来了吗？从现有的文献资料看，是基本上坚持了下来，但又不够细致，也不够完备。于是，到了尧帝时，他采取的第一个举措就是：重新任命了管理天地大事的总管。"乃命羲、和，敬顺昊天，数法日月星辰，敬授民时。"（《史记·五帝本纪》）看了这段资料，你一定会想，原先颛顼帝派出分管天地之事的是"重""黎"二人，现在怎么改为"羲""和"二人了呢？这是不是实行人员上的大换血了呢？不是的。原来史书上这样说，"羲、和乃是重、黎之后"，羲、和分别是重、黎的后代。具体的人是换了，但家族没有换。尧帝从世代掌天官的"重"家族中，精心选出"羲"这个人来总管天文，又从世代掌地官的"黎"家族中，精心选出"和"这个人来总管地理。以"羲、和"代"重、黎"，主管的家族没有变，这样传统和经验必然也保存了下来。新推选出的羲、和两个人物，在尧帝看来，一定是最精当、最适宜的人选了。

尧把这件事做得很细。听说国家立意要解决"敬授民时"问题，大家都高兴得不得了，尤其是世代耕作的农民。有一天，尧帝的宫前来了一位农民模样的壮年人，他申言要面见尧帝，说有重要事报告。很快，尧帝接见了他。坐定后，他说："现在有了新的管理天文地理的官员，我们信得过他。但是，了解天文地理要下功夫，要派人定点观察，然后根据日月星辰的运行情况制定历法，以供农用，那样才能真正做到'敬授民时'呀！"尧帝听了兴奋异常，说："你说得好呀，说得真是好呀，你说定点观察，我们马上就做！你帮我们一起来干吧！"征得那位壮年农民的同意，就把他留在宫中与羲氏一起研究定点观察的事。

这是件功德无量的事，也是件艰难困苦的事。经过具体细致的研究，做出了这样的决定：设立四个星象的观察站，由羲氏以及和氏任总负责，那个有经验的壮年农民当总参谋，帮助一起出谋划策。

派羲仲带一大批人住在东方海滨叫旸谷的地方，观察日出的情况，以昼夜平分的那天作为春分，并参考鸟星的位置来加以校正。

派羲叔带一大批人住在叫明都的地方，观察太阳由北向南移动的情况，以白昼时间最长的那天为夏至，并参考火星的位置来加以校正。

派和仲带一大批人住在西方叫昧谷的地方，观察日落的情况，以昼夜平分的那天作为秋分，并参考虚星的位置来加以校正。

派和叔带一大批人住在北方叫幽都的地方，观察太阳由南向北移动的情况，以白昼最短的那天作为冬至，并参考昴星的位置来加校正。

在这过程中，尧帝一直切实地关注着这件事，只要有空，就到四个观察站去，同大家一起商量和解决问题。

经过十个年头的认真记录，并对记录作了细致的分析，最后以"二分"（春分秋分）、"二至"（夏至冬至）为界限，终于制定出了"岁三百六十六日，以闰月正四时"的中国第一部历书。20 世纪 70 年代，德国大学者维尔纳·施泰因的巨著《人类文明编年纪事》中，专门列出了"中国历法"一条，其中写到"公元前 2000 多年前，中国人开始使用循环阴历，19 年为一循环，在一循环中，12 年各为 12 个月，7 年各为 13 个月。"这大概是世界上最早的成文历法了。这位德国学者没有指明这部历法的具体创建者，但从时间上推断，应该指的就是尧时的那部历法。

星象的观察和历书的形成，都是为了农业的发展和民生的改善，也就是都是为了"敬授民时"。为了更好地了解春夏秋冬四时的变化，后来又选出张、火、虚、昴四颗星处于天之正中的时辰，以定民众的农作规范。《史记正义》引《尚书考》云："主春者，张昏中，可以种稷。主夏者，火昏中，可以种黍菽。主秋者，虚昏中，可以种麦。主冬者，昴昏中，可以收敛也。"这样，农耕过程中的种稷、种黍菽、种麦、以及收敛，都与张、火、虚、昴四颗星的移动变化紧密联系在一起了。这是天文学上的大进步，也是农业耕植学上的大进步。

把这些归结起来，"天子视四星之中，知民缓急，故云敬授民时也"。"敬授民时"包含着敬天爱民的可贵思想。由此，后人将帝尧的时代视为农耕文化飞跃进步的时代。当时是"信饬百官，众功皆兴"，那些当官的办事卖力，与民众一条心，又能按"民时"播种、耕作、收割，那样老百姓的日子就好过了，势必是万事都兴旺发达了。

　　在中国原始社会末期的长期发展过程中，形成了具有中国特色的上层领导人统治权交接和更替的礼仪文化制度，宋代大文人苏辙认定"自古帝王有禅让之礼"。（《龙川别志》）也就是通过推举、察访、试用和普遍征询民意等手段，物色出新的上层领导人来"接班"。中国历史上比较典型的禅让史例是——

唐虞禅让

　　"唐虞禅让"，这是讲五帝中第四帝与第五帝之间的政权交接的过程。我们在上面约略讲到了，帝喾去世后，最初九年由其长子挚继位，当时挚封其弟放勋为唐侯（地在今山西翼城一带）。放勋在唐地干出了一番事业，并以"德盛"著称，因此放勋后来成为尧帝后仍有"唐"的称谓。五帝中的第五帝舜之先曾封于虞，地在今山西平陆县。虞又有掌管山林川泽之官的含义，而舜又恰恰长期与山林川泽打交道，所谓"渔雷泽，陶河滨"，因此后以虞指舜。历史上把尧帝与大舜间的政权交接称为"唐舜禅让"。

　　何为"禅让"？"禅让"这个词实际上由"禅"与"让"两字组合而成。《史记索隐》称："禅者，传也。""禅"道出了"禅让"制度的主旨，就是要实现统治权的合理传承。"让"，是讲统治权传承的具体方式和方法。"让"当然有谦让、推辞的意思，但更深层的含义应是考察、征询和听取民众的意见，以达到"选贤与能"的终极目的。据说，尧帝那个时代，尧早就提出了禅让之意。群众中呼声比较高的一人是许由。但是，许由拒绝了，"许由隐于颍阳，闻尧欲禅，乃临颍洗耳"。

许由不贪图名利地位，认为让自己出仕的话污了耳朵，所以需要"洗耳"。"让"的实质是"推贤尚善曰让"。最后通过礼让，通过民主推举，选出会"使下"、能"善群"的贤人善人来，以引领整个社会的发展和前行。

"唐虞禅，夏殷周继"，这话是写在《孟子·万章上》中的一段经典，它深刻地揭示了原始社会后期实行的禅让制最终过渡到了三代的世袭制。"唐虞禅"的时候，已处于原始公社制社会的终极时期，家庭和家族的分化、少数氏族贵族对公有财产的占有，已略见私有化之端倪。实际上离"夏殷周继"只有一步之遥了。

但是，像尧这样的圣明天子，还在那里尽力坚持，力求让禅让制实施得近乎完美，力求体现大公无私的精神。在尧的晚年，为了选拔好自己的继承人实行了大胆的革新。这种革新的大致情况是这样的：先由群臣举荐德才兼备的贤能之士，经充分讨论，选出一人或若干人作为王位候选人。由尧帝亲自对其才能、人品等实施考察、了解，然后确定真正的禅让对象。禅让对象还要在实践中严加考察，实行若干年的"摄行天子之政"以后，如果上上下下都说好，才能算是合格了，才能让他正式当政就职。这个过程常常是漫长的，唐虞之间的禅让前前后后历时二十多年。

这种"选贤与能"的禅让制，在尧帝时是怎样实现的呢？《尚书》中讲了这样一则很有意思的故事。尧帝非常勤政，每年春、秋两次要集会诸侯，查询民情。尧帝当天子七十周年那年的春天，诸侯集会讨论完天下大事后，尧提出了这样一个问题："啊！四方的诸侯之长，我在位已经七十年了，你们说说，谁能顺应天命，接替我的职位呢？"

四方的诸侯之长谦恭地推让道："我们德才实在鄙陋低劣，真的不配接位，如果我们接位的话，是会辱没帝位的。"

尧帝紧接着又追问："你们说自己不行，那谁行呀？"

沉默了一阵子以后，有人站出来发言了。有个叫放齐的大臣带着讨好的口吻说："你的大儿子丹朱，有办事能力，待人又和善，天子一职就传给您的儿子丹朱吧！"

尧帝大声反问了一句："我的儿子丹朱这个人，真像你所说的那么好吗？"

这时，又有几个人站出来力挺丹朱。

尧帝实在听不下去了，愤然地站了起来，用十分肯定的口吻说："不行，绝对不行的！大家知道，我一共生养了十个儿子，他们一个都成不了气候。我清楚得很，我的大儿子丹朱是个不肖之子，其他几个更加不行了，都不足以管理天下。我不能为一家一姓之利而危害了天下大事啊！"

最后，尧几乎是用命令的口吻对众人说："就请大家到各处去寻找贤明之人，举荐隐匿在民间的能人，就是出身卑微一点的，也没什么关系嘛！"尧帝与各路诸侯相约，半年之后再好好议一议帝位的禅让问题。

很快，半年过去了。尧帝如期召开了专议帝位禅让的会议。尧帝说："在这半年中，各位辛苦了，大家都走访了不少地方，想必物色到了适宜于继位的人物了吧。"

这些大臣似乎在会前已经讨论过了，几个人用统一的口径向尧帝进言道："民间有位三十来岁还没有结婚的光棍汉，名叫虞舜，这是个很优秀的人选。"

帝尧说："对啊，我也有所耳闻了，他的情况究竟怎样呢？给我详细介绍一下吧！谁说呢？"

四方诸侯之长站了出来，说道："他是一个瞎子的儿子，父亲行事愚蠢而固执，后母悖谬不真实，兄弟名叫象，十分骄横，而舜却与他们能和谐相处，用孝行来感化他们，约束他们，使之不至于陷于邪恶。

他还在历山耕过田，在雷泽打过鱼，在黄河边上制作过陶器，各方面都尽职，干得特别出色。这样的人，大家都说应该向您郑重推荐。"

帝尧听了，很是高兴，说："这样的孝子，我可以先试用他。"

在以后的三年里，尧对舜进行了种种测试。先是把自己两个女儿嫁给他，观察他与两女相处所循的原则。还派了九个男子和他相处，以观察他在社会生活中的表现，看他能不能与各种性格的人相处，能不能团结所有的人。帝尧对两女说："你们与他相处，要必敬必戒，谨慎啊！"尧又让舜进入原始森林拓荒，舜能在暴风雨中都不迷失方向。看到这些，尧心里认为舜有"圣智"，便召来舜说："你谋划的事情都很周密，你所说的都能做到，现在三年的考察期已经到了，你摄行天子之政吧！"大家都觉得舜处世为人都不错，尧就决定把帝位传给他了。舜认为自己德行及智力不能胜任，再三推让，尧不同意舜的推托，一定要舜登帝位。

这些记载和传说都证明，禅让制在中国历史上的确是有的，而且相当严格，而"唐虞禅让"是帝位顺利交接的无比完满的典范之作。

民本是中华传统文化的特质之一。孟子与他的学生万章之间有过一番关于"禅让"究竟是怎么一回事的讨论。讨论的重心放在"禅让给哪一位是由谁决定"的这个问题上。是君王决定的？还是由上天决定的？还是由民众决定的？孟子巧妙地引用了一句古语，给出了极有说服力的答案——

天视自我民视，天听自我民听

"天视自我民视，天听自我民听"，这是亚圣孟夫子引用古人说的一句名言。它讲的还是"禅让"，这里要回答的重大问题是：像"禅让"这么一件大事，它的人选是由"上天"决定的呢？还是由"帝王"决定的呢？还是由"民众"决定的呢？本讲题目的那句名言，给出了完美的答案。

孟子是战国时代的著名儒学大师，他像孔子一样周游列国，弟子满天下。他的一名齐国籍的弟子叫万章，是个好问的孩子，孟老夫子很喜欢他，有问必答。《孟子》一书共七篇，其中有一大篇是记述他们师徒间的答问的。在《孟子·万章上》中，孟子与他的学生万章之间有一段十分精彩的讨论"禅让"的文字。

有一天，学生万章突然向老师发问："当年尧帝垂老的时候，听说是把天下送给了一个叫舜的人，请问老师，有这样的事吗？"

孟子看了一眼这个稚气十足的弟子，回答道："那是不可能的事，天子不可能轻易的把天下送给哪个人，再说，他也没有那个权力。"

万章紧追着又问："如果果真像老师说的不是尧帝送的，那么，舜作为一个平民百姓，他后来能得到天下，是谁给的呢？"

孟子加重了语气，一字一板地回答："是上天给的！"

万章有点迷惘了，又一次追问："上天凭什么把天下给舜而不给别人呢？"

对这一切，孟子早已成竹在胸，十分明确地告诉弟子，说："舜原先虽然说是个普普通通的老百姓，可是，他对家人有孝心，对他人有爱心，对社会有责任心，上天就是凭舜的优秀的品德和行事来决定这样做的，他被选中是上天的裁决。"

万章还是不放过，纠缠着没完没了地问道："上天又没有长眼睛，怎么看得到舜是否做了好事呀？上天又没有长耳朵，怎么听得到舜是否做了利国利民的善事呀？"

当听到万章说"天不长眼睛""天不长耳朵"时，孟老夫子火气上来了，因为孟夫子对上天是十分尊崇的。他大声地斥责道："不准你如此放肆地胡言乱语，说上天不长眼睛、上天不长耳朵，那可是对上天的极大不敬，以后不准如此乱说了。我告诉你《尚书·泰誓》中的一句名言，叫做'天视自我民视，天听自我民听'，从中你可以找到完整的答案。俗语不是这样说吗，'人在做，天在看'，人的所言所行，上天都听到了，也都看到了。"

万章被孟子的疾言厉色震慑住了，喃喃地小声说着："可是，老师您引用的《尚书·泰誓》上说的两句话，我真的还是不懂。"

孟子把其他弟子都找来，告诉大家："我给万章念了'天视自我民视，天听自我民听'这样一句经典的话语，他说听不懂。我怕听不懂的不会只是他一个人，你们不少人可能都听不懂，因此我让大家都来听一听。这句话最基本的意思大家都好好听着了，那话是在说：上天的确看到了人世间的一切，不过上天的观察是通过百姓的眼睛来实现的，也就是说，百姓就是上天的'眼睛'。上天也的确听到了人世的一切，不过上天的聆听是通过百姓的耳朵来实现的，也就是说，百姓就是上天的'耳朵'。最明白和最靠得住的，还是百姓啊！百姓就是国家真正的'天'啊！"

孟子这么一解说，他的弟子们感到心悦诚服。弟子们懂得了一个最基本的道理：民心高于一切，民意就是天意。

最有意思的是，尧帝百岁的时候，"尧知子丹朱之不肖，不足以授天下，于是乃权授舜"。这是有远见卓识的，也是出于公心的。但是，尧帝的三年丧期结束以后，舜感到自己当天下共主还不够格，提出把天子位让给尧帝之子丹朱，史书上称"舜让辟丹朱于南河之南"，也就是离开了尧都，让丹朱可以在尧都即天子位，自己回避到黄河之南的一个偏僻冷落的地方，准备在那个小地方踏踏实实地做点事。可是，接下来的奇迹出现了，可以归结为五个字："民心不答应"。《史记·五帝本纪》上是这样的记述："诸侯朝觐者不之丹朱而之舜，狱讼者不之丹朱而之舜，讴歌者不讴歌丹朱而讴歌舜。舜曰'天也'，夫而后之中国践天子位焉，是为帝舜。"

这段文字实在太精妙了。在"禅让"过程中，舜想充分展示那个"让"字的魅力，因此"让辟南河之南"，走得远远的，也一点不做作，应当说他的初心是真诚的。可是，民众不答应，民众需要像舜这样德才兼备的圣人来管理天下，而不需要丹朱这样的"不肖子"来把天下的局面搞乱。他们对"不肖子"敢于说"不"——朝觐不之丹朱，狱讼不之丹朱，讴歌者不讴歌丹朱。同样，他们对"圣明"者敢于肯定和赞许——民众的大部队投奔向大舜，诉讼之事信得过大舜，把讴歌献给大舜。在这里，文中用了"之"与"不之"两个动态的词汇，说明伟大的群众从来就是历史发展的真正主人，"之"与"不之"生动地写出了民众用"脚"投票的行为规范。一度过于谦让的大舜，终于感悟到民意就是"天也"的道理，于是最终应顺民意，而"后之中国，践天子位焉"。

"以孝治天下"是中华文化的精义，不管是当政者，还是普通民众，皆以"孝"为第一要旨。元代学者郭守正，辑录古今二十四位尽孝的典型人物事迹，编成《二十四孝》一书。因为虞舜的事迹排在第一位，而且其事迹又极为生动感人，因此人们习惯地把虞舜称之为——

天下第一孝

"天下第一孝"，是讲五帝中的第五帝舜的人品的。为何称大舜为天下第一孝呢？这里有个由头，得从一本影响中国国民性走向的图书说起。元代有位大思想家和大学者叫郭守正。他花了近十个年头精心辑录古今二十四位尽孝的典型人物事迹，按时代先后编辑成了影响古今数百年的《二十四孝》一书。因为虞舜排在该书的第一位，后世人们习惯地把虞舜称之为——天下第一孝。

虞舜的名字叫重华，生在陕州河北县的虞山地区，是有清晰血缘脉络的黄帝子孙。舜的父亲叫瞽叟，瞽叟的父亲叫蟜牛，蟜牛的父亲叫句望，句望的父亲叫敬康，敬康的父亲叫穷蝉，穷蝉的父亲就是五帝中的第二帝颛顼。从黄帝往下传，其中的一支传到第八代时，就是虞舜了。但是，因为"自从穷蝉以至帝舜，皆微为庶人"，因此这个家族也就少为人关注了。

从史料上看，舜的确是无愧于享有"天下第一孝"美称的先贤。

《史记》上是这样说的：舜的父亲瞽叟是个视力不好又十分糊涂的老人，"瞽叟"应该不是他的真名，而是坊间给他取的诨名。孔安国注云："无目曰瞽。舜父有目而不能分别好恶，故时人谓之瞽叟。"这里说的"时人"，就是当时的民众。舜原本有个慈祥善良的母亲，可惜五六岁时母亲亡过了，从此过上了孤苦伶仃的童年生活。自从父亲娶了后母后，他的日子更不好过。糊涂的老父只知道宠爱后妻和后妻生的那个叫象的孩子。后母凶狠忌妒，把舜看作眼中钉。后母生的那个弟弟象，既傲慢又自私，虽然比舜小了好几岁，但仗着父母的偏爱，想出各种办法欺凌兄长。老父亲则动不动就打他。这样的日子使舜度日如年。但是，即使在这样困难的境况下，他还是力求让家庭生活和谐一些。他"顺事父及后母与弟，日以笃谨，匪有解"。他把家庭环境之类的家务活干得有条不紊，挑水洗碗这样的苦活累活他都抢着干，还时不时地帮父母干一点农活。可是即使这样的"日以笃谨"，天天都干得认真，天天都小心谨慎，那狠心的后母和糊涂的父亲还是不满意，还是动不动就非打即骂，甚至暗算他。

为了减少摩擦，舜长到十二三岁后，就主动搬出了家，到外面过自食其力的独立生活了。"舜耕历山，渔雷泽，陶河滨，作什器于寿丘，就时于负夏。"他决心把过去孝顺父母的行动和心智，带给社会，带给他人。他干得十分出色，而且很快得到了人们广泛的认可。舜耕的那个历山，据说是在蒲州河东县一带，离舜的家乡有好长一段距离。他人生地不熟地来到那里，凭着超强的生活能力，很快融入了当地人群之中。《史记》上说："舜耕历山，历山之人皆让畔。"历山地区原先的民风不太好，为了争尺寸之地，常常争得死去活来。舜来到历山，以大孝大爱之心垂范于历山人，后来大家都认为舜的说法和做法是对的，于是从"历山之农相侵略"，后来变为"历山之人皆让畔"，这是多大的变化啊！后来，舜在雷池打鱼，在河滨制陶，在寿丘制作手工业品，都注意以德化人，每到一处，一处的风气就发生巨大的变化。

　　在十二三岁到二十岁之前的这段时日里，虞舜种过地，打过鱼，制作过陶器，编织过家用器具，还做过小贩。总之什么活都干过，什么苦都吃过。他每到一处，都以大爱和大孝的精神影响人，教育人。这样，他的名声也就一点点大了起来。连当时的天下共主尧帝，也知道民间出了个有德性的虞舜。

　　可是家里那些人还是信不过他，甚至走极端，企图想杀害他。二十岁前后发生了由家人设计的两大谋害事件——"涂廪事件"和"穿井事件"，对舜来说，这些是灾难，又是考验，但从客观的效果来说，又是对舜的大爱精神的一种提升。

　　大约当时舜还在外出"打工"期间。舜的父亲托人带信，要他抽时间回家"涂廪"。"廪"是放在庭院中的粮仓，四围用泥巴筑成，顶端用稻草之类覆盖。当时条件普遍很差，粮食都无法放在家中，以仓廪存之。为防漏水，一般一年要"涂廪"一次，也就是用泥巴修补粮仓一次。当时舜家父母年岁都大了，弟弟还年幼，让舜回家涂廪也算在情理之中。一回到家，舜发现父母显得特别热情，主动与他打招呼，还特意给他准备了好吃的。这倒使他感受到有些许温暖的同时，又多了个心眼。稍事休息后，父亲和后母就催他快去涂廪，他答应了，走上仓廪时，舜机警地随手拿了两只斗笠。哪里知道，他刚一爬上顶端，梯子就被抽去了，有人放了一把大火，想把他活活烧死。可他早有防备，"舜乃以两笠自扞而下"，他登上涂廪时带上的两只斗笠派上了大用场，他一手握一只斗笠，就成了鸟的两翼，轻而易举地飞了下来。这件事舜也不忙着去与父母论理，他相信这老两口终有一天会觉醒的。

过了些时日，舜父找舜谈话，说："家门口原先的那口井不能用了，你帮家里另挖一口井吧！"舜爽快地答应了，他一天天地挖了起来。在开挖过程中，舜的父亲、后母，还有那个也已长大了的后母生的弟弟象也时不时地来搭把手。舜一边干着，一边在想："他们又在想什么鬼主意呢？看来还得提防着！"于是，在挖井道的同时，偷偷地又在地下挖了个谁都不知的暗通道。井挖得很深了，有一天瞽叟与象一起突然把井道填死了。事成后，象还喜洋洋地说："这都是我出的好主意。"想不到舜另备了一个通道，到了危急关头，他已从通道"潜出"了。当舜突然出现在他们面前的时候，他们一个个都惊得目瞪口呆。舜却平静地对家人说："不要再这样了，我们一家人还是好好过日子吧！"原先想害死舜的家里人显得无地自容，一个个低下了头。

虽然父亲、后母、同父异母弟对他不好，但舜还是一如既往地孝顺父母，友爱弟弟。他在历山耕作时，打了粮食首先想到送给父母弟弟吃。他是个有良心的人，家里人虽待他不好，他在外头赚了一点钱却都往家里送，打了鱼也送往家里。史书上说："欲杀，不可得；即求，尝在侧。"其意是说，要想杀害他，没那么容易。可是，当父母需要他干点什么时，他会随时出现在父母身边。这是真诚的孝心啊！后来通过禅让舜管理天下大政，成了天子，对曾经亏待他的父母一如既往地尽其孝道，就是昔日挖空心思要害他的那个同父异母弟象也给安排了职务，让他得以自新。舜，这个天下第一孝者是名副其实的。

中国自古以来是十分重视家庭文化建设的国度，除了主张子女要孝敬父母和长辈外，还对家庭其他成员提出了相应的行为规范要求。这样一件基础性的文化建设工程，也是完善于舜帝时代的。舜帝认真反思了自己的家庭生活，并对当时社会的家庭生活做了广泛的调查分析，又充分吸收了历史典籍所传承的相关思想文化遗产，形成了以"父义、母慈、兄友、弟恭、子孝"为基本内涵的家庭行为规范准则，史称——

五常之教

"五常之教"，是讲五帝中的第五帝舜所推行的思想文化方面的最重大的举措，也是对中国社会发展起长期作用的举措。

当了天子以后，舜除了关注民生外，思考得最多的是，以怎样的正能量的思想观念，来统一和提升天下民众的行为水准。在他看来，这可是真正意义上的百年大计啊！他认真反思了自己的家庭生活，又充分总结和吸收了历史典籍上记载的相关文化遗产，初步形成了"五常之教"。

什么叫"五常之教"？这里可以把这个词组拆开来进行解读。"五"指的是五种行为规范，在舜帝时指的是"父义、母慈、兄友、弟恭、子孝"五种良好的行为规范，主要关注的是家庭关系，当然后来又有所发展了，"五常"的含义大为社会化了，对此，在后面还要讲到。"常"这字也很重要，指的是上述的五种规范要常行不衰、常期坚持，也就是古书上说的"应常行之"。最后是一个"教"字，这五种优秀的品格不会从天上丢下来，也不会随着人年龄的长大而自然形成，这要靠教育，要靠宣传，这就是"教"的大意。这样看来，"五常之教"是贯穿舜帝整个生命历程的一个伟大文化教育工程。

可以这样说，"五常之教"是发端于舜被四岳首领推荐去见尧帝的那个时间段的。在一次四岳会议上，讨论帝位继承人时，不少人都提到了舜这样一个生长于民间的杰出人物。尧帝说："我倒很想见一见这样一个奇人。"四方诸侯之长说："尧帝想见舜这个人，我们中的不少人也想见这个人，那我就把他请来同大家见见面吧！"于是不久，舜就第一次出现在高层会议上。四方诸侯之长代表大家对舜做了简单的介绍，他说："舜的祖上当过乐官，后来沦落为了平民，一连好几代都是不显眼的平民。他的父亲瞽叟是个心术不正的人，后母私心重，又不诚实，弟弟象很是傲慢，对舜这个兄长充满着偏见。一家人中，只有舜一人保持着高洁的黄帝遗风。在万分困顿中，舜能够力求主动地与父母、弟弟友好相处，以大孝的精神去感化那三个心术不正的家人。即使在面临生命危险的时候，舜的大孝之心也不改变，终于感化了三个铁石心肠的人。"尧帝听了，连连点头称是，说："好啊！舜这样的人好啊！他能把三个铁石心肠的人用孝心把他们感化过来，让这样的人去管理天下，还有什么不放心的呢？如果有一千个、一万个舜这样有孝心的人，天下的清平就太有希望了。"舜听了尧帝的话，也很感动，站起来表态："我要通过对社会的教育，尽快地培养出一千个一万个充满爱心的人。"

之后，舜辅助尧帝执政二十八年。尧帝去世后的第三年，舜就率百官外出巡视，考察民情民风。二月，巡守东方，登泰山，祭天地，接见东部地区的诸侯和民间代表。五月，巡守南方，至于南岳，也接见了南方诸侯和民间代表。八月，巡守西方，到了西岳，这次与诸侯的会见只花了一天时间，在西方的几个月里主要的精力用于了解民情民风。十一月，来到了北方巡守，把主要的精力也放在民情民风的调查上。回到京城后，舜率群臣先到太庙去礼拜，再用整头牛进行了最高规格的大祭。祭毕，发表了重要的讲演，其中说道："契，百姓不亲，五品不逊，汝作司徒，敬敷五教，在宽。"这话表面上是对担任司徒的契说，其实是在向全体官员发出警示。这无疑是一次极为重要的讲演，在上面短短不到二十字的文字符号中，透视出了极为丰富的文化信息：

其一，表示舜巡游天下后，掌握了不少基层的第一手资料，对天下人的文化素养是不够满意的。天下不少人处于"百姓不亲，五品不逊"人际关系的不和睦状态中。"百姓不亲"，指的是宗族之间的疏远，"五品不逊"指的是家庭中父母子女兄弟之间的关系不和顺。舜一点也没说假话，有问题说问题，实事求是。

其二，这问题要好好抓，作为专项来抓。什么叫"敬敷五教"？就是要把"五教"作为一个专项认认真真地抓起来。"敬敷"就是要以敬业的精神敷补这个漏洞，把"五教"这件事办好。这是中国文献史上第一次把"五常之教"形诸于笔墨，见之于文字。这是大舜之功。

其三，五常之教各个部门都要抓，但要有专门机关，那就是司徒。司徒，又名司土，原先主要是与土地打交道的，现在改过来，主要管教化，抓"五常之教"。这是政治思想文化格局上的大变化。

其四，负责的部门注意了，抓"五常"不能急，不能粗暴，"在宽"，就是要宽厚待人，循序渐进，让人一点点改过来，最终形成良好的社会风气。舜自己对父母、对弟弟就是"在宽"的典范。

为了声张"五常之教"，舜对"五常"作了明确的定义。"布五教于四方，父义、母慈、兄友、弟恭、子孝。"（《史记·五帝本纪》）父义，当父亲的要教人以正义。母慈，当母亲的要教人以慈爱。兄友，当兄长的要待人以友情。弟恭，当弟妹的要懂得恭敬兄长。子孝，当子女的要学会孝顺父母与长者。为了让这"五常之教"人人知晓，舜让人张贴告示，"布五教于四方"。这是老祖宗留给后世极为珍贵的文化遗产。在之后的古代社会中，"五常之教"一直是社会教育的根本大纲。

一切都定下来以后，舜开始寻觅施政教民的优秀群体。他把目光集中在"八恺""八元"这两组社会群体上。所谓"八恺"，就是世传的高阳氏的八大才子，"恺"是快乐、和乐的意思。这八大才子最擅长的是使人与人之间的关系变得更加和谐和乐一些。所谓"八元"，就是世传的高辛氏的八大才子，"元，善也"，这八大才子最擅长的是引导人做善事、发善心。令人感到可惜的是，这"八恺"和"八元"团队的人们，不知什么原因，在尧帝时代一个都没有受到重用，原因是什么，史书上只说"尧未能举"。舜决定切切实实地弘扬"八恺""八元"的求实精神，找他们来谈，让他们重新出山。《史记·五帝本纪》上说："舜举八恺，使主后土，以揆百事，莫不时序。举八元，使布五教于四方，父义、母慈、兄友、弟恭、子孝，内平外成。"这段文字似乎在告诉人们，在用人上舜比尧还行，取得的效果也更好些。

其实，"五常之教"也是不断发展的。舜帝时期是"父义、母慈、兄友、弟恭、子孝"之道，主要还是家庭道德的范畴，春秋以后，直至汉代，发展为"仁、义、礼、智、信"五大信条，这是用以调整、规范君臣、父子、兄弟、夫妇、朋友等人伦关系的行为准则。在西汉董仲舒的《春秋繁露》中，在对孟子提出的"父子有亲，君臣有义，夫妇有别，长幼有序，朋友有信"的"五伦"道德规范基础上，做了进一步的发挥，提出了三纲原理和五常之道。把孟子提出的"仁、义、礼、智"扩充为"仁、义、礼、智、信"，后称"五常"。这"五常"贯穿于中华伦理的发展过程中。

"职责"观念是社会文明的重要标志。那么，在中国古代社会，何时开始有较为明确的分职定责观念呢？据相关资料记载，在五帝时代的前四帝时，中央核心集团是有了，但职责并不分明，往往一件大事出来了，就临时推举谁去干，文献上明确说是"未有分职"。到了五帝中的第五帝舜时，中央二十二大员才有了明确的分工，开创了"各司其职"的新时代和新局面，称为——

分职定责

"分职定责"里的"职责"观念是社会文明的重要标志。在中国古代，随着统一局面的形成，随着中央对地方把控的强化，职责观念才渐次形成和发展。

在五帝前四帝时，中央的核心集团是有的，但并不稳定，职责分工更是并不明确。往往一件大事出来了，就临时推举谁去干。像治水这样的大事，都是临时推举平水土的大员的。《史记·五帝本纪》有载："舜得举用事二十年，而尧使摄政。摄政八年而尧崩。三年丧毕，让丹朱，天下归舜。而禹、皋陶、契、后稷、伯夷、夔、龙、倕、益、彭祖自尧时而皆举用，未有分职。"这里所说的"举用"，只是推举某某到中央工作，遇有大事时，可以与中央大员一起议政，中央有了决议，可以代表中央到地方去行使职权，甚至代表中央发号施令，但一般没有专职。"未有分职"，就是明确说当时还没有明确的"分职"观念。

这就清楚地告诉人们，到尧帝的时候，职责观念尚未清晰地形成。上面说到的禹、皋陶、契、后稷等人，一定意义上说算是中央的人，但一大半时间是在地方。就拿契来说，史书上说"尧封契于商"，所以一般情况下，契是居于商洛地区的，后来商人东移，那就扎根在东部地区了。可他在中央干什么？一时还说不清。在当时也没有这样的观念。大约到尧帝当政的中后期，洪水滔天，而且延续时间特别长，治水成了天下的第一要务。治水任务急如水火，中央就要有人去专门管理。大家都推大禹，禹说我太年轻，不够格，推给契、后稷、皋陶三位，而三个人都说，我们不行，还是大禹行，他父亲就是干治水的，他跟着他父亲干了多少年了，有相当多的经验。后来中央一权衡，还是让禹来主抓，而让契和后稷协理，皋陶就不参与了。这是尧帝后期的事。这可能就是中国历史上"分职"制的初始。

当时的情况还是"因事找人"，尚无定职，尚无定员。真正意义上的"分职定责"自舜帝时起，更严格意义上说，起自舜时的大禹治水的成功。

大禹治水给人的影响和启示是全方位的。大禹治水为何能成功呢？原因可能是多方面的，而其中有一个稳定的、持续时间相当长的以大禹为首的治水领导团队，显得特别重要。禹的治水，上承其父的辛勤劳作。其父经九年时间的努力，虽然是失败了，却为禹的治水提供了反面的经验教训。禹走马上任后，又经历了十三年孜孜不倦的奋斗和摸索，才有了比较完整的战胜洪水的经验。这还不算，治水成功后，他又亲自率众人周行九州，"禹行自冀州始"，继而兖州，继而青州，继而徐州，继而扬州，继而荆州，继而豫州，继而梁州，继而雍州，把天下九州又重走了一遍。大家以为："这样该可以了吧！"大禹说："不行，还不行，还得导山导水，把山山水水再认真清理一遍，才能杜绝后患，才能真正说得上放心了。"于是，又开始"导九山""导九河"的巨大工程，最后是引诸水"东北入于河"。这样的巡行九州和导山导水，又花足了十年的时间。看，禹是跟父亲治水九年，直接治洪十三年，巡行和导山导水又十年，加起来共三十二年，治水大业都是由大禹一个人主管着的，最后大家都承认了，"唯禹之功为大"，一个"唯"

字，说明大家对禹在治水过程中的作用的充分肯定，也可算是对"分职"的充分肯定。

舜帝是大禹治水的目睹者，也是最积极的支持者。大禹治水成功后，舜"谋于四岳"，算是为大禹庆功，也是经验的总结会。

舜帝先说了些庆贺嘉奖的话，然后指名对大禹说："禹，你给大家说几句吧！"

大禹回答："我没什么好说的，还是让大家说吧！"

舜帝坚持说："还是你说，大家都希望你说说怎么会干得那样出色的，我们都知道，治洪那可不是件简单的事。"

大禹想了想，说："我说心里话吧，因为我父亲是治水'功之不成'而受诛的，这让我很伤心，又给我造成了巨大的压力。因此舜帝把治水的重任交给我以后，我会时时感到重任在肩，职责所在，不能玩忽，怀着这样的心态，我才会有'劳身焦思，居外十三年，过家门而不敢入'的行动。我要说的是，要干好一件事，没有一点压力是不行的。"

大禹说罢，舜帝马上接过话头说："禹说得好，我相信他说的是真心话。我特别欣赏他说的那样一句话：'重任在肩，职责所在，不能玩忽'，这是最重要的，我们今后看来要办好事，就是要讲职责，讲责任。"

这是一个结束，也是一个开始。从此以后，官员们不分职守地吃"大锅饭"时代过去了，代之以"各司其职"的新时代。舜帝给下属的训词是："各以其职来贡，不失厥宜。"（《史记·五帝本纪》）就是说，你们中的任何人，不管官大官小，都要在自己的职责范围内干好自己的事，为天下做出应有的贡献，其贡献大小要与你的职务相宜。

舜帝干事很实在，也很果敢，说干就干，马上"命十二牧"提出了分职定责的方案，并马上作出了相关重大决定。这些决定大约可以归结为三个方面：

第一，把中央职能部门分为二十二部，有二十二大员任职，"汝二十有二人，敬哉"，任其职，还得敬其业，"敬业"这个观念被历史地推了出来。这二十二部中有些是十分著名的，如大禹分管水土部，后稷分管百谷部，契分管五教部，皋陶分管五刑部，益分管山林部，等等。

第二，舜帝不只要求大臣们"敬业"，还别出心裁地称职务为"天职"，这一提法也被后世继承了下来。舜帝对在职的二十二人说，这些职责，不是我强加在你们身上的，而是上天要你们做的，"惟时相天事"。既然是"天事"，那任职者当然应当尽"天职"了。

第三，建立起了严格的官僚考评制度。"三年一考功，三考绌陟"，三年进行一次大的考核，按考核结果决定升降。后世的人们对舜帝的评价极高，"天下明德皆自虞帝始"，所谓"明德"云云，当然要从当官者做起了。

"梅、竹、兰、菊"四种花卉都是人们最钟爱的，世间称之为"四君子"。竹子是一种多年生的木质植物，常绿、茎圆、中空、挺直、有节、坚韧，竹子的这些品性都会使人为之神往，并拟人化为一种崇高人格，早在《诗经》中就有多篇咏竹的诗章。一生奋斗的舜帝，时人喻之为竹也是不为怪的事。据传，"帝崩，二妃啼，以涕挥竹，竹尽斑"，这一典故世人称之为——

斑竹一枝千滴泪

舜帝劳顿了一生，最后病故在南巡的路途中，舜帝的二妃娥皇、女英闻之大悲，于是留下了这样美丽的神话传说——斑竹一枝千滴泪。

舜年二十岁的时候，已经以孝闻天下了。三十岁的时候"尧荐之"，让这个出身于平民的年轻人来到自己身边工作，还时不时地让他下去体察民情，了解和解决老百姓的实际问题，这些都是为禅让帝位于他做准备。"舜入于大麓，烈风雷雨不迷，尧乃知舜之足授天下。"到了舜五十岁的时候，尧帝觉得舜成熟了，开始让他"摄行天子事"。在摄政期间，舜干得很出色，"行厚德，远佞人，蛮夷率服"，在民族团结上干出了相当出色的成绩。

舜五十八岁的时候，年迈的尧帝去世了，舜为之守丧三年，到六十一岁时正式登上帝位。舜一登上帝位，就面临千年未遇的大水灾。当时是"洪水滔天"，大半个中国淹没在洪水之中。新登上帝位的舜大胆地起用了罪臣鲧的儿子禹，让他担任治水大臣，并给了他极大的支持和信任，对他说了这样极具鼓舞力的话："嗟，然！禹，汝平水土，维是勉哉！"（《史记·五帝本纪》）其意是说，啊呀，我认为你是最棒的人选！大禹，你去率领民众治平大水，只要你勉力而为，我会全力支持你的！这话给大禹多大的鼓舞啊！后来，舜给了大禹人力、物力、财力上的最大支持，还几次亲自到治水前沿慰劳治水大军。在舜的支持下，老臣后稷、契、皋陶，都成了禹的得力助手，精于百工的垂这个人，成了大禹的技术顾问，地方的实力派"四岳"也全力支持大禹。可以说，这次治水的成功，一半功在大禹，一半功在舜帝，这在历史上应该重重记上一笔。

上一讲说到了舜帝的一大贡献是"分职定责"，形成了一个有实权、有工作能力的二十二人的中央领导核心。这里还可以作一点重要的补充。在这二十二人中，有两个职业部门值得重视。"皋陶为大理，平，民各伏得其实。伯夷主礼，上下咸让。""大理"是管理司法的，有了这样一个部门，社会的安定就有了保障。另外，又有了"礼"部，人与人之间关系就融洽了。"大理"与"礼"的结合，实际上是礼治与法治有机结合的先导。舜还创造性地设立了"十二牧"，也就是十二位监察巡视大员，史书上有"十二牧行而九州莫敢辟违"的说法，也就是有了十二牧作为中央的耳目在天下各方巡行，那些九州的地方官哪还敢为非作歹？更不敢做违抗中央的事了。这也是舜在历史上的重大贡献。

舜也一直坚持着尧帝制定的"五岁一巡狩，群后四朝"的规矩，这一规矩尧帝是制定了，但由于当时条件的限制，实际上没有推行下去。所谓"五岁一巡狩"，就是当天子的人，每五年到各地去巡视一次。表面上是一边巡视，一边狩猎。这一制度舜坚持了，并具有考察四方业绩、检验地方对中央忠诚度的作用。一次，舜帝发出了巡狩四方的公告，在一个寒冬腊月的傍晚，突然出现在北国一个冷僻的诸侯小国，那里的诸侯王却毫无准备，实际上根本不把中央的公告当回事。舜帝大怒，把那诸侯王带回中央，并将所有九州牧和诸侯王集聚到中央，对该王严肃处置，并警示各方。自此以后，地方再也不敢藐视中央了。同时，中央规定，每五年中有四年要那些"群后"到京都来，朝见天子，汇报工作，贡献礼品。这样做当然是为了加强中央集权，防止地方势力的分裂活动。在这点上，舜也严格执行，谁不来朝见，就要予以查处。

舜也像尧帝一样预先考虑了继位者。舜即位二十二年的时候，已是八十出头的老人了，这一年"舜乃预荐禹于天"，让治水立下了大功的禹帮他一起治理天下大事。舜践帝位三十九年的时候，他已是百岁的高龄老人。

这一年正当巡狩之年。同僚们都劝他："舜帝，你要好好保重自己的身体，你高龄了，这次你就不用亲自巡狩了。"

可是，舜怎么也不同意，说："我早已公告天下，巡狩是天子亲作亲为之事，我怎么可以食言呢?"

舜身边的人看舜身体实在不怎么好，进一步劝导他："禹现在摄行天子事了，就让禹率众巡狩，这样做，与天子亲作亲为的原则也是不相违背的啊!"

舜重重地摆了摆手，要大家不要再说什么了。他坚持认为不能坏了尧帝定下的规矩。依旧坚持带病"南巡狩"，结果是"崩于苍梧之野"。

舜帝死于巡狩途中的消息一传出，民众都像是死了亲人一样失声痛哭，悲痛万分。《博物志》上说："帝崩，二妃啼，以涕挥竹，竹尽斑"，这是一个美丽的神话故事，说娥皇、女英接到噩耗之后，悲痛欲绝，她们赶紧乘船沿湘江南下，去为丈夫奔丧，痛哭不止，一直哭得两眼流出血泪来。泪珠洒在竹子上面，染得竹子满身斑斑点点，成为斑竹，后来，姐妹两人投水而死。后人为了纪念娥皇、女英，在湘水旁建立庙宇。传说姐妹两人死后都成了湘水女神，娥皇为湘君，女英为湘夫人。她们的墓在衡山上面。湘水出口处的洞庭湖君山上出产一种竹子，竹子上面有斑斑点点紫晕的纹痕，传说为两姐妹的血泪所化而成。人们将这种竹子起名"斑竹"，又名"湘妃竹"。"斑竹一枝千滴泪"，就是说的这个故事。尽管这是神话传说，但其中寄寓着民众对无私献身于国家事业的舜帝永远的哀思和怀念。

舜帝去世后，帝位传到了治水功臣大禹的手里，中国帝位传承的历史进入了一个以传子制度为基本特征的新时代。

图书在版编目(CIP)数据

成语里的万年中华史. 远古五帝卷 / 郭志坤, 陈雪
良著. --上海：上海书店出版社, 2024.7
ISBN 978 - 7 - 5458 - 2281 - 6

Ⅰ.①成… Ⅱ.①郭… ②陈… Ⅲ.①汉语-成语-
通俗读物②中国历史-三皇五帝时代-通俗读物　Ⅳ.
①H136.31-49②K209

中国国家版本馆 CIP 数据核字(2024)第 063261 号

责任编辑　俞芝悦
封面设计　郦书径

成语里的万年中华史：远古五帝卷

郭志坤　陈雪良　著

出　　版　上海人民出版社　上海书店出版社
　　　　　（201101　上海市闵行区号景路 159 弄 C 座）
发　　行　上海人民出版社发行中心
印　　刷　江阴市机关印刷服务有限公司
开　　本　640×965　1/16
印　　张　15.25
字　　数　180,000
版　　次　2024 年 7 月第 1 版
印　　次　2024 年 7 月第 1 次印刷
ISBN 978-7-5458-2281-6/K·471
定　　价　59.00 元